Autorengruppe Sozioökonomische Bildung

Was ist gute ökonomische Bildung?

Leitfaden für den sozioökonomischen Unterricht

Autorengruppe Sozioökonomische Bildung

Was ist gute ökonomische Bildung?

Leitfaden
für den sozioökonomischen Unterricht

Tim Engartner, Gerd-E. Famulla, Andreas Fischer,
Christian Fridrich, Harald Hantke, Reinhold Hedtke,
Birgit Weber, Bettina Zurstrassen

Bibliografische Information der Deutschen Nationalbibliothek

Die Deutsche Nationalbibliothek verzeichnet diese Publikation in der Deutschen Nationalbibliografie; detaillierte bibliografische Daten sind im Internet unter http://dnb.d-nb.de abrufbar.

www.wochenschau-verlag.de

Umschlaggestaltung: Ohl Design
Gedruckt auf chlorfrei gebleichtem Papier
Gesamtherstellung: Wochenschau Verlag
Titelbild: © Daylight Photo – stock.adobe.com
ISBN 978-3-7344-0830-4 (Buch)
E-Book ISBN 978-3-7344-0831-1 (PDF)

Inhalt

1 An Stelle eines Vorworts

Liebe Leserinnen und Leser,
ökonomische Bildung ist dringend notwendig; denn die Ökonomisierung aller Lebenswelten erfordert es, ökonomische Phänomene erkennen zu können, ökonomisches Denken zu fördern sowie die Fähigkeit, ein fundiertes Analysieren, Verarbeiten und Kombinieren von Informationen zu entwickeln.

Ökonomische Bildung ist also wunderbar geeignet, um der Dynamik und den Herausforderungen der ökonomischen Entwicklung gerecht zu werden. Somit trägt sie dazu bei, die Lernenden in die Lage zu versetzen, rationale Ideen für effiziente Strategien entwickeln und umsetzen zu können. So liest es sich jedenfalls in der einschlägigen Tagespresse und in einigen fachdidaktischen Publikationen, die hoffen, dass die Leserinnen und Leser ihre Überlegungen aufgreifen und ein Mehr an ökonomischer Bildung umsetzen.

Aber man muss die Ausführungen schon genauer studieren, um festzustellen, dass hier allerhöchstens die halbe Wahrheit dargestellt wird. Denn oft wird lediglich herbeigewünscht, dass in den Unterrichtsstunden mehr Zeit und Raum für die Auseinandersetzung mit finanziellen Problemen oder das Lesen von Versicherungsverträgen gegeben wird.

Zudem lohnt es sich, in die Unterrichtsmaterialien hineinzuschauen, die unter dem Etikett ökonomische Bildung firmieren, um zu sehen, was dort tatsächlich geboten wird: Häufig beschränken sie den Unterricht darauf, die Lernenden in ein eindimensional ausgerichtetes wirtschaftswissenschaftliches Denkmuster einzuführen.

Nichts gegen ein fundiertes wirtschaftswissenschaftliches Wissen – mit Blick auf die Lebenswelten der Schülerinnen und Schüler fördert solch ein Wissen jedoch kaum ein problem- oder handlungsorientiertes Erkennen und Lernen. Denn es schöpft nicht das vollständige Lernpotenzial aus, weil der Fokus auf wirtschaftlichen Standardmodellen und Daten liegt, die in oftmals wenig erhellende Texte gekleidet werden. Lebensnahe, mehrperspektivische Interessen und Erfahrungen der Lernenden bleiben ausgeschlossen, so dass ein individuelles (inter)subjektives Vorgehen eher gehemmt als gefördert wird. Das so angeeignete Wissen ist nur bedingt geeignet, Zusammenhänge zu erkennen bzw. selbst herzustellen, geschweige denn kritisch zu reflektieren. Es bleibt inspirationsarm und – aus unserer Sicht problematischer – favorisiert eine eindimensional ausgerichtete wirtschaftswissenschaftliche Perspektive und eine monoparadigmatische Weltsicht.

So zeigt sich beim genaueren Hinsehen, dass „traditionelle“ ökonomische Bildung ein problemorientiertes, entdeckendes Erkennen und Lernen in und von komplexen Realitäten nicht bzw. allenfalls in Ansätzen ermöglicht. Die Hoffnung, dass das Hinterfragen, Analysieren und Reflektieren (unterschiedlicher) ökonomischer Perspektiven angeregt wird, bleibt damit unerfüllt.

Wir haben uns davon nicht entmutigen lassen. Auf unserer Suche nach Zugängen, die es den Lernenden erlauben, die Einflussfaktoren, Wechselwirkungen und Widersprüche von bzw. zwischen wirtschafts- und gesellschaftspolitischen Herausforderungen wahrzunehmen, zu bewerten und Alternativen zu entwickeln, haben wir Grundgedanken einer sozioökonomischen Bildung entwickelt. Sie zielt darauf ab, dass Schülerinnen und Schüler sozioökonomische Kompetenzen erwerben, um die Multiperspektivität und Kontroversität ihrer Lebenswelten, aber auch von sozialwissenschaftlichen Sichtweisen zu erfassen.

Dazu benennen wir Themen für die sozioökonomische Bildung, skizzieren Methoden und erörtern grundsätzliche Herausforderungen und Perspektiven, die sie mit sich bringt. Wir sind davon überzeugt, dass eine sozioökonomische Bildung dem *Bildungs*auftrag der Schule gerecht wird, also die Lernenden *bildet*, statt sie nur zu einem einseitig ökonomisch orientierten Handeln zu qualifizieren.

Natürlich ist es nicht immer einfach, sozioökonomische Bildung zu realisieren. Im Rahmen unserer Beschäftigung mit der komplexen Materie haben wir viele Gründe kennengelernt, die dies erschweren. Dennoch sind wir fest davon überzeugt, dass sich die Mühe lohnt; denn wirtschaftliche Themen sind nicht allein mit dem Blick auf „das“ Ökonomische zu fokussieren, sondern im gesellschaftspolitischen Gesamtzusammenhang zu betrachten. Es geht also nicht um das Isolieren von „Problemträgern“, sondern um ein Zusammenspiel im großen Ganzen. Damit erweitern sich zugleich die unterrichtlichen Gestaltungs- und Handlungsspielräume.

Die Mehrdeutigkeiten, die mit der Ökonomisierung unserer Lebenswelten einhergehen, können in einem sozioökonomischen Unterricht abgebildet und erörtert werden. Die Herausforderungen vielschichtig geprägter ökonomischer Lebenswelten lassen sich mit all ihren Facetten thematisieren. Dabei werden paradigmatische Dilemmata anerkannt und reflektiert. Gerade dieses Bestreben, dass die Lernenden die komplexen Zusammenhänge der ökonomischen Lebenswelten subjektiv erschließen, macht die sozioökonomische Bildung lebendig und (nicht nur) kognitiv herausfordernd.

Kurzum: Sozioökonomische Bildung ist zugleich handlungs- und ergebnisorientiert und darüber hinaus offen für unterschiedliche Perspektiven und Lösungsansätze. Sie bietet damit ein hohes Innovationspotenzial für jeden Unterricht und für die daran beteiligten Akteure.

Wir hoffen, dass wir Sie neugierig gemacht und Ihr Interesse geweckt haben, wünschen Ihnen viel Vergnügen bei der Lektüre und noch mehr Freude dabei, in Ihrer eigenen Arbeit mit unseren Gedanken zu spielen.

Auch wenn wir unsere Beiträge untereinander diskutiert haben, bleibt selbstverständlich jede Autorin und jeder Autor allein für seine und ihre Beiträge verantwortlich. Besonders danken möchten wir Johanna Heimann, die das Lektorat für dieses Buch besorgt und mit ihrer Sachkenntnis und Sorgfalt zur besseren Lesbarkeit der Texte beigetragen hat. Dank gebührt auch Gabi Schulte für die konsequente Korrektur der Literaturangaben. Diese findet man für alle Kapitel im Literaturverzeichnis am Ende des Buches.

Autorengruppe Sozioökonomische Bildung

2 Einleitung

Das vorliegende Buch will Einblicke gewähren, Impulse setzen, Aktivitäten anregen und Orientierung geben. Dazu illustrieren wir Ideen, Perspektiven und Leitlinien sozioökonomischer Bildung, die aus unserer Sicht sowohl die zeitgemäße wie auch die zukunftsträchtige Ausprägung ökonomischer Bildung darstellt. Zugleich skizzieren wir unterrichtsrelevante Themen und Methoden sozioökonomischer Bildung, stellen Handlungsspielräume mit Blick auf die curricularen Rahmenbedingungen vor und leuchten disziplinäre Zugänge sowie methodologische Verknüpfungen aus.

Hintergrund des Buchprojekts ist die zuletzt nochmals intensivierte Debatte über die Frage, welche Ziele, Inhalte und curricularen Perspektiven ökonomischer Bildung identifiziert werden können bzw. sollen. So finden sich inzwischen zahlreiche, mitunter verstreute Veröffentlichungen zu Zielen, Leitideen und Praktiken sozioökonomischer Bildung. Diese Debatten griff im Jahr 2012 eine Tagung an der Universität Bielefeld zum Thema „Was ist Sozioökonomie, was ist sozioökonomische Bildung?" auf (vgl. Fischer/Zurstrassen 2014a). Um dem wissenschaftlichen Diskurs ein Forum zu bieten, wurde im Oktober 2016 die Gesellschaft für sozioökonomische Bildung und Wissenschaft (GSÖBW) gegründet. Die GSÖBW will eine theoretisch informierte, empirisch fundierte, sozialwissenschaftlich begründete und politisch relevante Forschung und Lehre im Feld der ökonomischen Bildung anregen – und zugleich die (schul)praktische Umsetzung sozioökonomischer Bildung befördern.

Überdies wollen wir danach fragen, unter welchen Voraussetzungen ökonomische Bildung zukunftsfähig ist. Reicht es aus, Schülerinnen und Schüler mit Faktenwissen, Modellen, Konzepten und Theorien zu konfrontieren – dies alles in der wohlwollenden Absicht, ihnen lebensbereichernde Perspektiven zu eröffnen? Unseres Erachtens kann die ausschließliche Orientierung an den Wirtschaftswissenschaften jedenfalls keine zukunftsorientierten und persönlich bedeutsamen Perspektiven im Sinne einer problem-, situations- und lebensweltorientierten Bildung bieten.

Zudem teilen wir die Auffassung, dass nur sozioökonomische Bildung dazu beitragen kann, Persönlichkeiten zu fördern, die allgemeingebildet und sozialkompetent sind, weil sie ihre ökonomisch geprägten Lebenswelten verstehen, in ihnen angemessen handeln und das eigene Handeln differenziert einzuordnen wissen. Dazu müssen Resonanzräume geschaffen werden, in denen die Lernenden ermutigt werden, sich mit der Vielfalt von Wirtschaft und Gesellschaft auseinanderzusetzen, in denen Neues und Querliegendes thematisiert werden kann, aber auch erlebte Orientierungslosigkeit, Unsicherheiten und Widersprüche zur Sprache kommen, um damit konstruktiv umgehen zu lernen. Letztlich geht es um sensible Problemlagen, komplexe Konflikte und diffizile Abwägungen, d.h. um politische, historische, soziologische, psychologische und damit nicht nur ökonomische Fragen, wenn Schülerinnen und Schüler Wirtschaft und wirtschaftliches Handeln in ihren individuellen und gesellschaftlichen Bezügen zu deuten versuchen und sich darüber bilden wollen.

Dass das nicht einfach ist, verdeutlicht Thomas Bauer in seinem lesenswerten Essay „Die Vereindeutigung der Welt. Über den Verlust an Mehrdeutigkeit und Vielfalt“. In Zeiten geringer Ambiguitätstoleranz erscheinen uns „in vielen Lebensbereichen (...) Angebote als attraktiv, die Erlösung von der unhintergehbaren Ambiguität der Welt versprechen. Diese gelten ihren Anhängern und Jüngern als besonders zeitgemäß und fortschrittlich und haben vielfach die Diskussionshoheit in ihrem jeweiligen Feld erobert. Demgegenüber wird Vielfalt, Komplexität und Pluralität nicht als Bereicherung empfunden“ (Bauer 2018: 30).

Dieser „Vereindeutigung“ stellen wir uns mit dem vorliegenden Buch entgegen. Statt eines Kanons standardisierter Lehr-/Lern-Arrangements über Wirtschaft und Gesellschaft stehen Vielfalt, Komplexität und Pluralität von Lebenssituationen im Mittelpunkt unserer Betrachtung. Schülerinnen und Schüler brauchen die Möglichkeit, „ihre Welten“, d.h. auch ihre „Wirtschaftswelten“ aktiv zu erkunden, um ihre subjektiven Weltbilder, ihre Alltagsvorstellungen, ihre Vorerfahrungen sowie ihre Präkonzepte zu reflektieren.

Gewählte Zugänge zur sozioökonomischen Bildung

Die in diesem Band abgedruckten Beiträge sind in sich abgeschlossen und können daher auch einzeln gelesen werden. Dennoch sind sie miteinander verwoben, ergänzen sich und überraschen die Leserinnen und Leser bestenfalls immer wieder mit neuen Perspektiven, auch zu Sinnfragen in ökonomischen Situationen: Schließlich ist auch Wirtschaft mehrdeutig und deshalb gesellschaftlich und individuell interpretationsbedürftig. Solche Situationen lassen sich nicht eindeutig definieren, d.h. allein mit zweckrationalem Kalkül kann man sie nicht angemessen bewältigen. Vielmehr kommt unterschiedlichen Kulturen und Werten, Motiven und Rechtfertigungen sowie Netzwerken und Interessenlagen eine verstärkte – und empirisch belastbare – Bedeutung zu. Ob reale Situationen individuell oder kollektiv als rein ökonomische, überwiegend ökonomische, kaum ökonomische oder nicht ökonomische Situationen interpretiert werden, ist weder vorgegeben noch natürlich. Das zeigt sich beispielhaft an der Repolitisierung und Remoralisierung von Konsumentscheidungen, wie sie bei Fair-Trade-Produkten vorkommen. Die „realen" Situationen sind mithin – zumindest in Teilen – interpretierte und akzeptierte Situationen. Dies ist nur ein Aspekt der sozioökonomischen Bildung; auf viele andere gehen die Beiträge in diesem Band ein, die wir an dieser Stelle kurz vorstellen möchten.

Wer sich mit dem Bildungsanspruch sozioökonomischer Bildung befassen möchte, dem bieten die beiden Beiträge *„Sozioökonomische Bildung – Grundgedanken"* und *„Sozioökonomische Bildung bildet!"* eine erste Orientierungsmöglichkeit. Hier wird erläutert, dass der sozioökonomische Bildungsansatz zuvorderst ausgehend von Bildungszielen gedacht wird, weil sich sozioökonomische Bildung weniger von wissenschaftlichen Bezugsdisziplinen her begründen lässt. Die lernenden Subjekte rücken ins Zentrum der wissenschaftlichen, curricularen und unterrichtspraktischen Aktivitäten. Ausgehend vom lernenden Subjekt und unter dessen Einbeziehung steht zunächst die Frage im Mittelpunkt, welche Vorstellungen von Wirtschaft und Gesellschaft vorherrschend sind und welche Bedeutung sie für Schülerinnen und Schüler haben (Gegenwartsbedeutung). Zugleich wird erörtert, welche Relevanz diese Vorstellungen von Wirtschaft und Gesellschaft für die Lernenden angesichts ihrer (potenziellen) Entwicklungsfähigkeit haben (Zukunftsbedeutung). Kurzum: Sozioökonomische Bildung strebt die Förderung kritischer Handlungsfähigkeit an und verzichtet darauf, allein wirtschaftswissenschaftliches Wissen zu vermitteln. Sie nimmt die Problemlagen der Lernenden ernst, fördert und fordert so eine kritisch reflektierte Auseinandersetzung mit der Welt der Wirtschaft, die auch das normativ geprägte Nachdenken darüber, wie sich die Welt der Wirtschaft alternativ darstellen könnte, einschließt.

Wirtschaftliches Denken und Handeln bedarf also der Verständigung mit anderen. Dies zu ermöglichen, stellt eine zentrale fachdidaktische Herausforderung für die Lehrenden dar. Der Beitrag *„Welches Wirtschaftsverständnis passt zum sozioökonomischen Unterricht?"* bietet Hinweise darauf, was unter dem Gegenstandsbereich Wirtschaft verstanden wird bzw. mit welchem Verständnis von Wirtschaft im Unterricht gearbeitet werden kann. Er macht deutlich, dass in der Gesellschaft mehrere kollektiv geteilte mentale Modelle vom Gegenstandsbereich Wirtschaft existieren. Nicht nur Lehrkräfte und Lernende haben diese in ihren Köpfen – auch die Sozialwissenschaften gründen auf überaus heterogenen Vorstellungen von Faktoren, Mechanismen und Kausalitäten, welche die Wirtschaft kennzeichnen. Wenn im Unterricht über Wirtschaft gesprochen wird, ist folglich immer zu klären, was genau unter dem Begriff zu verstehen ist. Hier bieten die Ausführungen Orientierungen an, indem unterschiedliche Sichtweisen von Wirtschaft skizziert werden.

Der Beitrag *„Was ist relevantes sozioökonomisches Grundwissen?"* knüpft hier an und skizziert Zugänge einer subjekt- und lebensweltorientierten sozioökonomischen Bildung in gesellschaftlicher Verantwortung. Erneut wird deutlich, dass das sozioökonomische Grundwissen aus der Perspektive der *Subjekte* entlang relevanter sozioökonomisch geprägter Lebenssituationen zu ermitteln ist, in denen sie individuelle Entscheidungen treffen müssen. Dies gilt ebenfalls für all jene wirtschaftlichen Entwicklungen, die die Schülerinnen und Schüler beurteilen und mitgestalten können sollten. Auch hier bieten die Ausführungen Orientierungen an: Es wird eine Heuristik vorgestellt, die hilft, die gesellschaftlichen Akteure, Ordnungen und Institutionen (Lebenswelten), die Denkschemata der Wirtschafts- und Sozialwissenschaften (Wissenschaft) und die gesellschaftlichen Werte (Verantwortung) systematisch zu erfassen.

Relevante und interessante sozioökonomische Themen zu identifizieren ist nicht trivial. Deswegen bieten wir in diesem Band verschiedene Ansatzpunkte dafür an. So geht der Beitrag *„Wie findet man Themen für die sozioökonomische Bildung?"* auf Prinzipien ein, die einen Weg aufzeigen, wie Wirtschaft als einer der spannendsten Gegenstandsbereiche im Unterricht adressiert werden kann. Die Exemplarität stellt zunächst ein zentrales Auswahlkriterium dar, sodass die Lernenden anhand der gewählten Themen verallgemeinerungsfähige Strukturen und Funktionsweisen einer modernen, funktional ausdifferenzierten Gesellschaft entschlüsseln können. Weitere konstitutive Leitlinien sind – neben der Subjektorientierung – die Prinzipien der Problem- und der Konfliktorientierung. Die Ausführungen beschränken sich nicht auf Auswahl- und Gestaltungsprinzipien für die Themenwahl im Kontext sozioökonomischer Bildung. Vielmehr werden exemplarisch „Geld", „Konsum", „Arbeit" und „Globalisierung" als Kernthemen der sozioökonomischen Bildung näher beleuchtet.

Hier knüpft der Beitrag *„Konsum in der sozioökonomischen Bildung"* unmittelbar an, wobei Konsum nicht nur als ein passiver Akt begriffen wird. Konsumieren ist ein aktiver Prozess der Schülerinnen und Schüler zur Gestaltung ihrer Lebenswelt und zur Herausbildung, Erhaltung, Absicherung und Vertiefung ihrer Identitäten. Deswegen sollte das Konsumieren im Unterricht nicht negativ oder moralisch aufgeladen thematisiert werden. Eine wesentliche Herausforderung der sozioökonomischen Bildung besteht darin, konsumierende Schülerinnen und Schüler mit ihren individuellen kognitiven, affektiven, motivationalen und sozialen Ausprägungen in unterschiedlichen Informationsverarbeitungsprozessen zu begreifen.

Eng verknüpft mit dem Konsum ist die Auseinandersetzung mit Tauschhandlungen auf Märkten. Die Ausführungen *„Märkte in der sozioökonomischen Bildung"* machen darauf aufmerksam, dass wir es mit unzähligen sogenannten Tauschhandlungen auf Märkten zu tun haben. Solche Markthandlungen sind nicht allein ökonomisch, sondern zugleich sozial eingebettet. Dadurch entwickeln sich stabile Strukturen, an denen sich verschiedene Akteurinnen und Akteure orientieren und so ihrerseits zur Stabilisierung beitragen. Zu den stabilisierenden sozialen Phänomenen zählen Netzwerke, Normen oder formale Institutionen wie Unternehmensformen, Wettbewerbsrecht oder Lohnarbeit, material-soziale Phänomene wie Kommunikationstechnologien, Kalkulationssoftware, Vergleichsportale im Internet oder die Ordnung der Warenpräsentation in Onlineshops. Auch in diesem Beitrag wird eine für das Unterrichten anregende Heuristik angeboten, aus der deutlich wird, wie der Markt aus den unterschiedlichen Denkschulen der Neoklassik, des Institutionalismus oder der Konventionenökonomik erfasst und bewertet wird.

Diese Auseinandersetzung mit den unterschiedlichen Interpretationen vom mikroökonomischen Konzept des Einzelmarkts kann mit makroökonomischen Betrachtungen der Marktwirtschaft verknüpft werden. Dies illustriert anschaulich die Abhandlung über *„Marktwirtschaften in der sozioökonomischen Bildung"*. Es wird verdeutlicht, dass Marktwirtschaften als Systeme begriffen werden können, die sich aus lokalen, regionalen, nationalen, supranationalen und globalen vielfältig miteinander verflochtenen Märkten zusammensetzen. Zugleich bestehen Marktwirtschaften aus anderen Institutionen wie Privateigentum, Vertrags- und Steuerrecht, Unternehmensformen, Freihandelszonen, Tarifverträgen oder Verbraucherschutz. In dem Beitrag wird erläutert, warum ein gelingender didaktischer Zugang von der Europäisierung und Internationalisierung heutiger Marktwirtschaften und ihrer Institutionen ausgehen sollte: So können liberale und koordinierte Marktwirtschaften in Europa und der übrigen Welt, die in der sozialwissenschaftlichen Forschung unter dem Sammelbegriff „Varianten des Kapitalismus" erörtert werden, unterschieden sowie deren zentrale Merkmale erfasst, beschrieben, geordnet und verglichen werden. Es können nationale Ähnlichkeiten und Unterschiede herausgearbeitet werden, die für das Verständnis der gegenwärtigen internationalen Verflechtung der Wirtschaft und der Möglichkeiten und Grenzen von Wirtschaftspolitik von großer Bedeutung sind.

Markt und Marktwirtschaft spielen auch in der Berufsorientierung eine zentrale Rolle, wie im Beitrag *„Berufsorientierung in der sozioökonomischen Bil-*

dung" herausgearbeitet wird. Berufsorientierung kann markttheoretisch betrachtet als Problem der Passung von Angebot und Nachfrage begriffen werden. Von den Akteurinnen und Akteuren auf den Arbeitsmärkten werden Flexibilität und eine hohe Anpassungsfähigkeit gefordert. Ausgehend von den Markt- und Machtverhältnissen sind es indes meist die Schülerinnen und Schüler (als zukünftige Arbeitnehmerinnen und Arbeitnehmer), denen die Anpassungsleistung mit Blick auf ihre zukünftige Erwerbsarbeit politisch zugewiesen wird. Entsprechend gilt es für die berufliche Orientierung in der sozioökonomischen Bildung, dass Schülerinnen und Schüler deuten und reflektieren können, in welchen politischen, ökonomischen und gesellschaftlichen Strukturen sie handeln und wie diese ihr Leben beeinflussen. Die Ausführungen unterbreiten Vorschläge, wie im Unterricht eine Berufsorientierung als arbeitsmarktpolitisches Steuerungsinstrument, als Gesellschaftspolitik, aber auch aufklärend im Sinne der Schüler-/Subjektorientierung gedeutet werden kann.

Wenn nach den Themen für eine sozioökonomische Bildung gesucht wird, ist zu klären, inwieweit sie auch curricular verankert sind. Im Beitrag „*Welche curricularen Handlungsspielräume existieren für die sozioökonomische Bildung?*" wird deutlich, dass – trotz der Unterschiede im deutschen föderalen Schulwesen, bei Schulformen und Schulstufen – die Inhaltsfelder einander ähnlich, wenngleich unterschiedlich akzentuiert sind. Zu den curricularen Kerninhalten zählen die in diesem Band angesprochenen Themen wie *Konsum-Haushalt-Geld*, *Arbeit-Beruf-Unternehmen* sowie *Wirtschaftsordnung und Wirtschaftspolitik* unter Berücksichtigung europäischer und internationaler Beziehungen. Die Analyse macht deutlich, dass sich auch im Rahmen der curricularen Vorgaben wichtige Bildungsziele der sozioökonomischen Bildung verfolgen lassen. In der thematischen Auseinandersetzung sollen die Schülerinnen und Schüler urteilen, entscheiden, handeln und mitgestalten können und es zeigt sich, dass die Curricula ausreichend Interpretationsspielraum bieten, einseitige ökonomische Perspektiven zu erweitern, um deutlicher auf Gefährdungen und Behinderungen durch ökonomische Entwicklungen hinzuweisen. Zugleich können gesellschaftliche Einflüsse auf individuelle ökonomische Entscheidungen hinterfragt, individuelle Handlungsspielräume reflektiert sowie Optionen kollektiver Unterstützung und politische Gestaltungsoptionen vertiefend analysiert werden.

Dabei entstehende Schwierigkeiten thematisiert der Beitrag „*Wie erreicht man sozioökonomische Multiperspektivität und Kontroversität?*", in dem darauf hingewiesen wird, dass ein nur schwerlich zu überwindendes Hindernis für multiperspektivisch angelegte Lehr-/Lernprozesse darin liegt, dass Wirtschaft und Gesellschaft zumeist entlang wirtschaftswissenschaftlicher (Güte-)Kriterien rezipiert, analysiert und debattiert werden. Entlang der Themen *Markt, Geld und Wettbewerb* wird beispielhaft illustriert, wie ein disziplinärer Monismus vermieden werden sowie eine interdisziplinäre – sprich: multiperspektivisch-kontroverse – Lehr- und Lernkultur im sozioökonomischen Unterricht erreicht werden kann. Dazu ist es erforderlich, die enge Verflechtung und die wechselseitigen Interdependenzen der Gegenstandsbereiche „Politik", „Wirtschaft" und „Gesellschaft" stärker in den Mittelpunkt zu stellen, um entsprechende Denkweisen, Kategorien und Methoden der Politikwissenschaft, Wirtschaftswissenschaft und Soziologie zu integrieren.

Didaktische Leitlinien wie Multiperspektivität, Kontroversität, aber auch Pluralität und Wissenschaftsorientierung liegen dem Politik- und Wirtschaftsunterricht zugrunde, sollten indes nicht zu Lasten der Subjektorientierung gehen. Wie dies vermieden werden kann, skizziert der Beitrag *„Wie knüpft man an sozioökonomische Vorstellungen und Erfahrungen der Lernenden an?"*. Unter anderem werden vier Möglichkeiten vorgestellt, wie Lehrpersonen mit Alltagsvorstellungen von Schülerinnen und Schülern umgehen und einen Konzeptwechsel einleiten können. Die Strategien umfassen das Konfrontieren, Anknüpfen, Umdeuten und Umgehen von Alltagsvorstellungen in der Absicht, die sozioökonomischen Kompetenzen und das Wissen der Schülerinnen und Schüler zu erweitern.

Im Beitrag *„Welche Lehr-Lern-Methoden eignen sich für den sozioökonomischen Unterricht?"* wird nicht nur ein Überblick über Unterrichtsmethoden gegeben, die es den Schülerinnen und Schülern ermöglichen „ihre Welten" aktiv zu begreifen und dabei ihre Vorstellungen und subjektiven Weltbilder, ihre mentalen Repräsentationen der (sozialen) Umwelt oder Alltagsvorstellungen, Vorerfahrungen, subjektiven Theorien bzw. Präkonzepte zu reflektieren. Es wird auch gezeigt, dass beim Lernen über Wirtschaft diskursive Zugänge in der herkömmlichen ökonomischen Bildung eher zu kurz kommen. Allerdings lässt sich im Rahmen von simulierenden und mitgestaltenden Lehr-Lern-Methoden forschendes und diskursives Arbeiten sinnvoll einbinden. Da es „die geeignete Methode" auch für die sozioökonomische Bildung nicht gibt, kommt es vor allem darauf an, die Reflexionspotenziale bei den Schülerinnen und Schülern zu erweitern und dazu komplexe Lehr-Lern-Arrangements wie zum Beispiel Betriebserkundungen, Expertengespräche, Experimente, Planspiele, Zukunftswerkstätten, Fallstudien, Nutzwertanalysen, Rollenspiele, Pro- und Contra-Debatten sowie Dilemmamethoden stärker in den Vordergrund zu stellen, um die komplexe Matrix von Wirtschaft und Gesellschaft schülerorientiert adressieren zu können.

Der Beitrag *„Lässt sich die Idee der sozioökonomischen Bildung in beruflichen Schulen umsetzen?"* verlässt den allgemeinbildenden Bereich und erörtert, inwiefern die Idee der sozioökonomischen Bildung in der beruflichen Bildung realisiert werden kann. Dort wird nach dem sogenannten Lernfeld-Konzept unterrichtet. Das bedeutet schlicht, dass der berufsbezogene Unterricht nicht mehr in Unterrichtsfächer unterteilt und fachwissenschaftlich strukturiert ist. Nicht mehr fachwissenschaftliche Theorien, sondern berufliche Handlungssituationen sollen Ausgangpunkt der Lehr-Lern-Arrangements sein. Auf ideentheoretischer, bildungstheoretischer, kategorialer und didaktisch-prinzipieller, kompetenztheoretischer sowie curricularer Ebene wird deutlich, dass das Lernfeld-*Konzept* ganz im Sinne der sozioökonomischen Bildung ein mehrdimensionales Handeln in gesellschaftlicher und ökologischer Verantwortung in den Mittelpunkt stellt, das integrative, sozialwissenschaftliche Zugänge fokussiert. Jedoch offenbaren die konkreten Lernfeld-*Vorgaben*, dass im Unterrichtsalltag eher monoperspektivisch ausgerichtetes betriebswirtschaftlich-kaufmännisches und volkswirtschaftliches Denken gefördert wird, das vor allem auf systematischem wirtschaftswissenschaftlichem Wissen basiert.

Überhöhte Erwartungen an Lehrende?

Der Überblick über dieses Buch illustriert, dass sich die sozioökonomische Bildung in erster Linie den lernenden Subjekten verpflichtet fühlt. Sie sollen ihre Fähigkeiten und Fertigkeiten (weiter) entwickeln, um mit ihren Bedürfnissen, Erwartungen, Wertvorstellungen, Erfahrungen sowie mit Chancen und Gefährdungen im Kontext ökonomischer und gesellschaftlicher Herausforderungen eigenverantwortlich umgehen zu können.

Die Beiträge machen deutlich, dass eine sozioökonomische Bildung dringend nötig und praktisch möglich ist. Didaktische Prinzipien und Leitlinien unterstützen Lehrerinnen und Lehrer dabei, den sozioökonomischen Unterricht vorzubereiten und umzusetzen. Die hier vorgestellten Themen finden sich im ökonomischen und gesellschaftspolitischen Alltag wieder. Die unterschiedlichen wissenschaftlichen Bezugsdisziplinen bieten vielfältige und anregende Denkgebäude, Konzepte und Modelle an, wie die komplexen Themen systematisch mit und von Schülerinnen und Schülern bearbeitet werden können.

Gewiss stellt die sozioökonomische Bildung hohe Erwartungen an die Lehrkräfte, die daher in ihrer fortschreitenden Professionalisierung durch dieses Buch Impulse, Orientierung und Unterstützung erfahren sollen – auch an den Stellen, an denen vor allem strukturelle Probleme wie etwa einseitige Lehr-Lern-Materialien und Curricula die Arbeit erschweren.

Dabei sind Wirtschaft und Gesellschaft als „Diskurswelt" zu begreifen, in der Präferenzen geschaffen und verändert sowie Erwartungen formuliert und wirtschaftliche Handlungen koordiniert werden. Dies findet intersubjektiv, also in Interaktion mit anderen Subjekten statt. Dieser Diskurs beschränkt sich nicht auf den Unterrichtsprozess allein. Auch die Curricula sind Kommunikationsmittel, die produktiv zu interpretieren sind. Die Idee der sozioökonomischen Bildung kann daher sehr wohl im Alltag der Schulen Anwendung finden. Sozioökonomische Bildung muss dort umgesetzt werden, wo Lehrerinnen und Lehrer ihren Unterricht bildungswirksam machen und dann, wenn Schülerinnen und Schüler nicht nur über Wirtschaft lernen, sondern auch ihre Persönlichkeit bilden wollen.

Die fachdidaktische Forschung ist weiterhin gefordert. Sie muss in empirisch gesättigter Form Antworten auf die Frage geben, wie Unterricht so gestaltet werden kann, dass sich Schülerinnen und Schüler mit wirtschaftlichen Phänomenen auseinandersetzen (wollen). Damit sind weitere grundsätzliche Fragen verknüpft: Wie geht man mit den heterogenen Lebenswelten im Unterrichtsalltag um? Inwieweit können Lehrende Einblick in die Lebenswelten der Lernenden erhalten? Wie können Lernende angeleitet werden, ihre (wirtschaftlich geprägten) Lebenswelten zu kommunizieren, zu analysieren und zu reflektieren? Zugleich hängt die Deutung wirtschaftlicher Phänomene mit Fragen von Macht und Herrschaft zusammen. Zusammenfassend kann somit gefragt werden: Wie wird ein wirtschaftliches Phänomen wahrgenommen? Wie kann es ggf. anders wahrgenommen werden? Und was folgt schließlich aus den unterschiedlichen Wahrnehmungen? Hier gilt es, weitere Vorschläge zu unterbreiten, wie ein gelingender sozioökonomischer Unterricht arrangiert werden kann. Einige (Vor-) Überlegungen dazu finden sich in dem vorliegenden Buch. Wir laden Sie herzlich ein, mit uns weiter nach unbeantworteten Fragen und möglichen Antworten zu suchen.

Autorengruppe Sozioökonomische Bildung

GERD-E. FAMULLA

3 Sozioökonomische Bildung – Grundgedanken

Mehr oder andere ökonomische Bildung?

Obwohl ökonomische Bildung heute auf breite gesellschaftliche Akzeptanz trifft und in allen Bundesländern zumindest als Anteilsfach in einem Fächerverbund unterrichtet wird, fordern Wirtschaftsverbände und Vertreterinnen und Vertreter der Wirtschaftsdidaktik erneut ein Pflichtfach Wirtschaft an allen Schulen der Sekundarstufe I (Retzmann u.a. 2010; Seeber u.a. 2012). Dabei scheint es nur vordergründig um das Schließen von Wissenslücken zu gehen. Bei näherer Betrachtung des Engagements bildungspolitischer Akteure im Bereich „ökonomische Bildung" werden nicht nur partikulare Interessen sichtbar (vgl. Weber 2010b). Mit der Forderung nach einem Schulfach Wirtschaft ist vor allem die Expansion der Inhalte der konventionellen ökonomischen Bildung verbunden, die sich eng am Mainstream der Wirtschaftswissenschaften orientiert.[1] Der hierin enthaltene „ökonomische Ansatz" (Becker 1993) rationalen Verhaltens findet im Modell des eigennutzmaximierenden *Homo oeconomicus* seinen paradigmatischen Ausdruck.[2]

Dieses Modell steht nicht erst seit der jüngsten Banken- und Finanzkrise in der Kritik (Me'M Denkfabrik für Wirtschaftsethik 2012). Zumal aus bildungstheoretischer und -praktischer Perspektive sind eine Reihe von Kritikpunkten geltend zu machen, die die Weiterentwicklung und Konsolidierung eines erweiterten Ansatzes („sozio"-)ökonomischer Bildung nahelegen.

1 Nicht zu verwechseln mit dem eigenständigen Ansatz der Konventionenökonomik.

2 Dabei schließt der ökonomische Rationalitätsbegriff das Streben nach Nutzen- bzw. Effizienzmaximierung ein.

Kritik an der konventionellen ökonomischen Bildung

Zur empirischen Relevanz des Homo oeconomicus-Modells

In der neoklassischen Wirtschaftstheorie ist der *Homo oeconomicus* („Wirtschaftsmensch") das Modell eines Nutzenmaximierers. Dieser wählt in einer Entscheidungssituation unter der Annahme konstanter individueller Präferenzen diejenige Alternative, die ihm den größten Nutzen bzw. größten Gewinn verspricht. Der *Homo oeconomicus* ist also der „Idealtyp eines Entscheidungsträgers, der zu uneingeschränkt rationalem Verhalten (Rationalprinzip) fähig ist" (Springer Gabler o.J.). Neben rationalem Verhalten und Nutzenmaximierung verfügt der *Homo oeconomicus* über die vollständige Kenntnis seiner wirtschaftlichen Entscheidungsmöglichkeiten und ihrer Auswirkungen sowie über vollkommene Information über alle Märkte (vollständige Markttransparenz). Unstreitig eignet sich das wirtschaftswissenschaftliche Modell des Homo oeconomicus zur Beschreibung von Handlungsmustern unter der Annahme eines vollständig rationalen Entscheidungssubjekts. Daher wird dieses Modell auch als „ökonomischer Ansatz" (Becker 1993) oder „Rationalverhaltensansatz" (Loerwald/Müller 2012, 439) bezeichnet, mit dem idealtypisches Verhalten von Individuen erklärt bzw. prognostiziert werden soll.

Es ist jedoch die Frage zu klären, wie es um die empirische Relevanz des Homo oeconomicus, d.h. auch um dessen Verankerung im Bewusstsein der Menschen steht. Gehört ökonomische Rationalität zur anthropologischen Grundausstattung des Menschen, wie Beckers ökonomischer Ansatz nahezulegen scheint? Unter Verweis auf empirische Forschungsergebnisse der Psychologischen Ökonomik wird jedenfalls bestritten, dass ökonomisch rationales Handeln und eine nutzenmaximale Entscheidung außerhalb des wirtschaftswissenschaftlichen Modelldenkens überhaupt möglich sind (vgl. Kahneman 2012, 508).

Gleichwohl werden die Menschen in der sozioökonomischen Wirklichkeit zunehmend wirtschaftlichen Imperativen unterworfen, z.B. am Arbeitsmarkt (Aktivierungsstrategien), im Arbeitsprozess (Rationalisierung), im Konsumbereich (Werbung) oder im Bereich sozialer Sicherung (private Vorsorge), die in hohem Maße als Anwendungen ökonomischer Rationalität (Stichwort: Ökonomisierung) verstanden werden können. Hier stellt sich schließlich auch die Frage nach der Bedeutung bzw. Funktion einer ökonomischen Bildung.

Beispiel: Wie wenig die in der konventionellen ökonomischen Bildung zentrale Annahme rationalen Handelns mit dem wirtschaftlich-sozialen Leben der Subjekte zu tun hat, wird beispielhaft durch eine empirische Studie zur

> privaten Vorsorge („Riester-Reform") belegt (Bode/Wilke 2014). Danach ist die Vorstellung, dass die Menschen sich nach ausgiebiger Recherche am Markt eigenständig für die optimale Versicherungspolice entscheiden, eine Illusion. Jedenfalls seien Sachargumente oft nicht entscheidend, die Materie sei zu komplex und die Zukunft nicht vorhersehbar. Mit der Einführung der „Riester-Rente" ist es jedoch unter Verweis auf die Autonomie und rationale Entscheidungsmöglichkeit gelungen, dem Einzelnen das bislang staatlich geregelte Problem der Altersversorgung aufzubürden. Soll die schulische Bildung ihn darauf vorbereiten?

Vertreterinnen und Vertreter des ökonomischen Ansatzes unternehmen erhebliche curriculare und bildungspolitische Anstrengungen, um den *Homo oeconomicus* in den Lehrplan aller allgemeinbildenden Schulen in Deutschland zu integrieren. Krol u.a. (2011, 204) jedenfalls stellen fest, „(...) dass rationale Entscheidungskompetenz originäres ökonomisches Bildungsziel ist (...)" und nach Retzmann (2012, 52) soll „ökonomische Bildung (...) dazu beitragen, dass Menschen mit knappen Mitteln besser, resp. effizient wirtschaften können ...".

Ökonomische Bildung steht demnach vor der Frage, ob sie die Ökonomisierung von Entscheidungssituationen durch die Lehre von der umfassenden Anwendung des Kosten-Nutzen-Kalküls kritiklos befördern möchte, oder ob sie den Lernenden gegenüber die Vielfalt von Motiven – z.B. emotionalen – anerkennt und sie nicht allein auf die ökonomische Nutzenmaximierung festlegt.[3] Bei der konventionellen ökonomischen Bildung, die sich exklusiv am *Homo oeconomicus* bzw. ökonomischen Ansatz orientiert, scheint die Hauptaufgabe in Bezug auf die zu bildenden Menschen klar: „Der ökonomische Ansatz identifiziert sie immer schon als jene nutzenmaximierenden Marktsubjekte, zu denen sie erst gemacht werden und sich selbst machen sollen" (Bröckling 2007, 90). „Ein Homo oeconomicus zu werden, ist auch ein Bildungsprogramm" (ebd., 95).

---

3 Bei seiner institutionenökonomischen Analyse am Beispiel des Ausbildungsmarktes stößt auch Thomas Retzmann an die Grenzen ökonomischer Rationalität, wenn es um den Erhalt der internationalen Konkurrenzfähigkeit deutscher Unternehmen geht: „Gutgemeinte Ratschläge oder Versuche, das Duale System der Berufsausbildung stärker oder gar vollständig auf der individuellen, kalkulatorischen ökonomischen Rationalität zu fußen, mithin die Steuerung menschlichen Handelns auf dem Gebiet der Berufsausbildung vollständig den wirtschaftlichen Anreizen zu überlassen, könnten sich gar als kontraproduktiv erweisen" (Retzmann 2000, 24f.).

Der Rationalverhaltensansatz in der „Egoismusfalle"

Mit der Effizienzorientierung als Bildungsaufgabe bewegen sich Vertreterinnen und Vertreter der konventionellen ökonomischen Bildung im Widerspruch zu ihrem eigenen Bildungsverständnis, demzufolge „Bildungsprozesse kein abstraktes ‚Eigennutz-Training'" darstellen und „die Dimension der (sozialen) Verantwortung" berücksichtigen (Loerwald/Müller 2012, 448). Denn wie anders als als Streben nach dem maximalen Eigennutz soll man die Wahl der individuell günstigsten Alternative verstehen? Auch dadurch, dass die Autoren zwischen zwei Annahmen des Rational-Choice-Modells (Rationalität und Eigennutz) unterscheiden und im Wesentlichen nur dem Rationalitätsaxiom Bildungsqualität zusprechen (ebd., 447 f.), befreien sie dieses nicht schon aus der ‚Egoismusfalle' und machen es somit auch nicht zu einer pädagogisch legitimen Kategorie sozialer Verantwortung.[4] Das Individuum, dessen Rationalität in der Fähigkeit zur Auswahl der für es selbst günstigsten Alternative besteht, bleibt egoistisch.

Die ökonomische Rationalität geht zwar, wie die Autoren schreiben, „von einer offenen, demokratischen Gesellschaft mündiger Bürgerinnen und Bürger aus" (ebd., 448), aber sie erzeugt oder stärkt sie nicht, sondern gefährdet sie eher durch ihre alleinige Konzentration auf individuell nützliches Verhalten. Für den Ordoliberalen Wilhelm Röpke *(Röpke 1979, 83)* steht jedenfalls fest: *„Dem Individualprinzip im marktwirtschaftlichen Kern muss das Sozial- und Humanitätsprinzip im Rahmen die Waage halten …"*

Die „Herstellung" des ökonomisch rational handelnden Akteurs

Die konventionelle Bildung unterwirft die Subjekte den scheinbar objektiven, aus Systemerfordernissen abgeleiteten ökonomischen bzw. fachlichen Kompetenzanforderungen. Handlungsfähig sein heißt danach vor allem, von außerökonomischen Dimensionen bzw. Motiven abstrahieren zu lernen und (eindimensional) das wirtschaftliche Effizienzziel anzuwenden. Gesellschaftspolitisch verbindet sich hiermit eine Position, die die Lösung gesellschaftlicher Probleme vor allem durch Vermarktlichung („Steuerung durch Anreize") und Verbreitung des Effizienzdenkens erwartet.

Wenn auch zu bestreiten ist, dass ökonomische Rationalität zur anthropologischen Grundausstattung des Menschen gehört, so ist es doch möglich, dass die anreizkompatible Gestaltung der sozialen Welt erst die anreizorientierten Akteure schafft bzw. ihren Anteil in der Bevölkerung vermehrt. Dieser Sachverhalt wird mit der These von der Performativität oder Performanz wirtschaftlicher

4 Zur näheren Begründung des Rationalitätsbegriffs als „Variable" vgl. Hedtke 2019, 30 ff.

Theorien gedeutet, „die heute zu den einflussreichsten Konzepten wirtschaftssoziologischer Forschung gehört" (Beckert/Deutschmann 2009, 11). Danach gibt es keine „natürliche" Existenz von rational handelnden Akteuren, Tauschgütern sowie Wettbewerbsmärkten, vielmehr werden diese „hergestellt", indem sie aus ihren sozialen bzw. moralischen Kontexten „entflochten" werden (Walker 2014, 122 ff.). Das heißt, es geht bei der Auseinandersetzung mit dem ökonomischen Ansatz nicht länger um den Nachweis einer Diskrepanz zwischen ökonomischer Theorie und tatsächlichem Handeln der Akteure, als vielmehr darum, „die ökonomische Theorie als ein Instrument zu untersuchen, mit dem die Akteure wirtschaftliche Handlungsfelder gestalten" (ebd.).[5]

Auf die einleitend gestellte (paradoxale) Frage schließlich, ob es den *Homo oeconomicus* oder eine Rationalität des Handelns in der wirtschaftlichen Realität gibt, lässt sich nun mit dem Performanztheorem antworten. M. Callon (1998, 22): „(Y)es, *homo oeconomicus does exist*, but is not an a-historical reality; he does not describe the hidden nature of the human being. He is the result of a *process of configuration* …" (Hervorh. EMW; zit. nach Walker 2014, 124 f.). Das heißt, die Wirtschaftswissenschaften, wie die sich eng auf sie beziehende ökonomische Bildung, haben wirklichkeitskonstitutiven Charakter.

Entscheidend für die Beurteilung der Wirkungsmächtigkeit des ökonomischen Ansatzes ist nicht die strukturelle Unerreichbarkeit oder das Verfehlen des (fiktiven) Nutzenmaximums, sondern „der Prozess der *Ausblendung* sozialer, kultureller und/oder normativer Einflüsse, der dann zum Tragen kommt, wenn Akteure sich in ihrem Handeln an soziotechnischen Artefakten (wie etwa dem Rechnungswesen bzw. den Parametern ökonomischer Effizienz; GEF) orientieren" (Walker 2014, 125).

Am Beispiel des Rechnungswesens bzw. den hieraus abgeleiteten Parametern ökonomischer Effizienz, wie beispielsweise Produktivität, Wirtschaftlichkeit und Rentabilität, lassen sich die Herstellung des ökonomischen Akteurs bzw. Techniken der Subjektivierung konkretisieren. Wenn in Handlungssituationen außerökonomische Einflüsse ausgeblendet werden und zugleich die exklusive Anwendung des ökonomischen Ansatzes bzw. der entsprechenden Kalkulationsinstrumente gefordert wird, prägen diese zunehmend „das reale wirtschaftliche Handeln und gewinnen so an empirischer Geltung" bis hin zur „Betrachtung

5 Judith Butler spricht von „Performativität" als „ständig wiederholende und zitierende Praxis, durch die der Diskurs die Wirkungen erzeugt, die er benennt" (Butler 1997, 22; vgl. a. Krell 2013, 14).

der eigenen Bildung und Ausbildung als Humankapitalinvestition" (Hedtke 2019, 32).[6]

Vom Homo oeconomicus zum unternehmerischen Selbst[7]

Der gesellschaftliche Ökonomisierungsdruck wird durch die konventionelle, am Rationalhandlungsmodell orientierte und mit universellem Anspruch auftretende ökonomische Bildung verstärkt. Dabei geht es um Kompetenzen, die das „urteilende und handelnde Individuum befähigen, mit knappen Mitteln besser (effizienter) zu wirtschaften – *gleich in welchem Gegenstandsbereich*" (Retzmann u.a. 2010, 17; Hervorh. GEF). Das bedeutet, den ökonomischen Ansatz schließlich auch auf sich selbst anzuwenden. Konventionelle ökonomische Bildung befördert auf diese Weise eine Subjektivierungsform, nach der sich jeder Einzelne als „unternehmerisches Selbst" deuten soll (Bührmann 2012; Bröckling 2017, 321ff).[8]

Im Unterschied zum *Homo oeconomicus*, der allgemein den Typus des nutzenmaximierenden Entscheiders verkörpert, steht sein „Abkömmling" (ebd., 12), das unternehmerische Selbst, für einen von der Politik gewollten Handlungstyp, der sich zur Bewältigung individueller und gesellschaftlicher Problemlagen selbst als Unternehmen bzw. unternehmerisch verstehen soll. Er ist die neoliberale Antwort auf den Sozialstaat.[9] Zumal in Zeiten „erodierender Kerninstitutionen der organisierten Moderne", wie zum Beispiel der Flexibilisierung des Normalarbeitsverhältnisses, der Entgrenzung zwischen Familie und Erwerbsar-

6 Gertraude Krell hat näher die „Fabrikation von Wirtschaftssubjekten" und die damit verbundenen Machtwirkungen innerhalb und außerhalb des akademischen Feldes untersucht (Krell 2013).

7 Vgl. eine ausführlichere Darstellung hierzu bei Famulla (2017).

8 Bührmann differenziert zwischen *Subjektivierungsform* auf der programmatischen Ebene, wonach sich die Menschen als unternehmerisches Subjekt deuten *sollen*, und der *Subjektivierungsweise* auf der empirisch-faktischen Ebene, wonach sich die Menschen *tatsächlich* jeweils als unternehmerisches Selbst wahrnehmen. Die poststrukturalistische Dekonstruktion des cartesianisch-kantischen Subjektbegriffs geht wesentlich auf Foucault zurück. An die Stelle des Subjekts ist in der sozialwissenschaftlichen Forschung der Begriff der Subjektivierung getreten, dabei geht es vor allem es um Fragen wie die nach dem Werden von Subjektivität oder nach den Techniken der Subjektivierung.

9 Foucault: Die Regierung soll nach neoliberaler Vorstellung „auf die Gesellschaft selbst einwirken, auf ihre Struktur und Zusammensetzung. Im Grunde soll sie – und hierdurch soll ihr Eingreifen ihrem Ziel näher kommen, d.h. der Einrichtung eines Marktes, der allgemein die Gesellschaft regelt – diese Gesellschaft beeinflussen, damit die Wettbewerbsmechanismen in jedem Augenblick und an jedem Punkt des sozialen Dickichts die Rolle eines regulierenden Faktors spielen können" (Foucault 2006, 206f.).

beit und des Rückbaus des Sozialstaats, ist ein Wandel moderner Subjektivierung hin zum unternehmerischen Selbst zu verzeichnen (Bührmann 2012). Von Seiten der Politik – gestützt durch wissenschaftliche Beratung – soll der Einzelne wieder stärker in die Verantwortung für soziale Risiken einbezogen werden.

Hierzu passt eine ökonomische Bildung, die sich curricular wesentlich am *Homo oeconomicus* bzw. unternehmerischen Selbst orientiert. Ob und welche ökonomischen Kompetenzen wir tatsächlich brauchen, hängt aber entscheidend davon ab, wie wir zum Ökonomisierungsprozess stehen, der seit Ende der 1980er Jahre verstärkt voranschreitet (Engartner/Krisanthan 2014). Dieser zeigt sich zum Beispiel durch Flexibilisierung der Arbeitswelt, Privatisierung öffentlicher Dienstleistungen, „Neue Steuerung" in der öffentlichen Verwaltung, mehr Wettbewerb im Bildungs- und Wissenschaftsbereich, Wandel der Bildung vom öffentlichen zum privaten Gut etc.

Innerhalb dieses Ökonomisierungsprozesses erscheint z.B. die Sorge um den Arbeitsplatz, die Gesundheit oder die Ausbildung zunehmend als individuelle Verantwortung und verdeckt die häufig dahintersteckende systematische Überforderung des Einzelnen (vgl. Meißner 2010, 250). Ökonomische Bildung als Stärkung des unternehmerischen Selbst hätte dann die Funktion, die Subjekte auf diese systematische Überforderung einzustimmen (vgl. Kap. 13). Sie sollen möglichst früh lernen, das Effizienzkalkül auf sich selbst anzuwenden. Es geht um die Verbesserung der *wirtschaftlichen* Situation eines Individuums.

Grundgedanken sozioökonomischer Bildung

Lernende Subjekte stehen im Zentrum

Sozioökonomische Bildung (SÖB) ist traditionsreiche ökonomische Bildung (Weber 2014a), die sich weniger von wissenschaftlichen Bezugsdisziplinen als bildungstheoretisch von Bildungszielen her begründet und die lernenden Subjekte ins Zentrum ihrer wissenschaftlichen, curricularen und unterrichtspraktischen Aktivitäten stellt (vgl. Kap. 11). Sozioökonomische Bildung zielt auf die Entwicklung bzw. Förderung kritischer Handlungsfähigkeit der Subjekte statt auf bloße Akkumulation von wirtschaftswissenschaftlichem Wissen. Sie respektiert das grundsätzlich multimotivisch angelegte Denken und Handeln der Lernenden, nimmt ihre Bedürfnisse und Probleme ernst und ermöglicht eine kritisch reflektierte Befassung mit der Wirtschaftswelt. Weiterhin verortet sie die Funktion ökonomischer Bildung im historischen Verhältnis von Wirtschaft und Gesellschaft.

Wirtschaftliches Denken und Handeln bedarf der Verständigung mit anderen. Der subjektive Sinn, den wir unserem Handeln beimessen, erwächst nicht aus isolierter individueller Sinngebung, sondern entsteht in der Regel in sozialen Kontexten (Hedtke 2014b, 88).[10]

Die Subjekte sollen darin gestärkt werden, individuelle und gesellschaftliche wirtschaftliche Problemlagen zu erkennen, zu verstehen und zu bearbeiten. Anstelle des Leitbilds „autonomes Subjekt", das sich im Homo oeconomicus verkörpert und das sich – im Zuge seiner poststrukturalistischen Dekonstruktion[11] – weitgehend als Fiktion erwiesen hat,[12] unterstreicht sozioökonomische Bildung die „Autonomie *und* soziale Verbundenheit als menschliche Grundbedürfnisse" (Keller 2011, 15 ff.) und vertritt als Bildungsziel, zugleich selbstbestimmt *und* solidarisch mit anderen handeln zu lernen. Der in den Wirtschaftswissenschaften und der konventionellen ökonomischen Bildung im Zentrum stehende *Homo oeconomicus*, dessen Präferenzen als autonom und exogen gebildet angenommen werden, wird in der SÖB als ein Akteurmodell neben anderen (wie *Homo sociologicus*, Identitätsbehaupter und *emotional man*) angesehen (Schimank 2007, 19 ff.).

Reflexion des Verhältnisses von Wirtschaft und Gesellschaft

Die sozioökonomische Bildung reflektiert das historisch spezifische Verhältnis von Wirtschaft und Gesellschaft und registriert, dass der Gegenstandsbereich Wirtschaft im Kontext der Kultur einer Gesellschaft auf verschiedene Weise ab-

---

10 „Wir sind durchwebt von den Sinnvorstellungen und Bedeutungen anderer Menschen – Bedeutungen, die wir niemals selbst gewählt haben und die dennoch den Rahmen bilden für unser Verständnis von uns selbst und der Welt" (Eagleton 2010, 111 f.; zit. bei Hedtke 2014b, 88).

11 Zur Kritik am Subjektbegriff aus philosophisch-sozialwissenschaftlicher Sicht vgl. Famulla 2017, 5 ff.

12 … dass „das Subjekt im Sinne eines souveränen Akteurs, der autonom und selbsttransparent sein Leben gestaltet, nicht mehr ist als eine bewusstseinsphilosophische Fiktion" (Graefe 2010, 289); s. a. Meißner 2010, 274): Es „kann die besondere historische Problematik dieser Subjektivität heraus gearbeitet werden, die in der naiven Annahme besteht, die inneren Bedürfnisse dieser Subjekte seien als authentischer Ausdruck ihres Wesens zu verstehen und könnten daher als normativer Maßstab genommen werden. Es lässt sich erkennen, dass diese Subjektivität selbst in ihrer kritischen Distanz noch konstitutiv in die gesellschaftlichen Verhältnisse verwoben ist, gegen die sie sich richtet. Damit kann wiederum begründet werden, dass das autonome authentische Subjekt nicht nur kein adäquater Hoffnungsträger, sondern vielmehr Teil des Problems ist. Wird dieses authentische Subjekt in seinen historischen Bedingungen rekonstruiert, dann zeigt sich, dass es das Individuum in die gesellschaftliche Form einer Identität einschließt und es dazu zwingt, sich als autonom zu präsentieren."

gegrenzt werden kann, z.B. als Realitätsbereich, Handlungstyp, gesellschaftliches Teilsystem etc. (Hedtke 2019, 15 ff.). Sie legt einen materialen Begriff von Wirtschaften (Produktion, Verteilung, Konsumtion von Gütern und Dienstleistungen in der Gesellschaft) zugrunde, befasst sich aber auch mit dem formalen Handlungstyp, dem zweckrational-kalkulativen Handeln, welches in der Wirtschaft, aber auch in nichtwirtschaftlichen Bereichen wie Kultur, Bildung, öffentlicher Verwaltung und den Sozialwissenschaften heute zunehmend angewendet wird. Die sozioökonomische Bildung geht davon aus, dass das Wirtschaftliche dem Gesellschaftlichen nachgeordnet sein sollte (dienende Funktion der Wirtschaft gegenüber der Gesellschaft) und dass „die Ausdifferenzierung der Wirtschaft als (teil-)autonomes Teilsystem der Gesellschaft für einen relevanten Typus der Relationen von moderner Gesellschaft und Wirtschaft" steht (Hedtke 2014b, 92). Sie unterstellt weiterhin, dass „das Wirtschaften eine gesellschaftliche Aktivität" und „die Durchsetzung der Autonomie der Wirtschaft ein sozialer Sachverhalt ist" (Baecker 2008, 113). Gegenüber den Wirtschaftswissenschaften beklagt die sozioökonomische Bildung nicht die Diskrepanz zwischen Modell und Realität, sondern geht davon aus, dass Akteure mit wirtschaftswissenschaftlichem Wissen (Mainstream) wirtschaftliche Handlungsfelder gestalten (Performativität) (Beckert/Deutschmann 2009). So verändert die Anwendung von Methoden des Rechnungswesens zu Rationalisierungszwecken nicht nur das Denken und Handeln der Lernenden, sondern nachdrücklich auch die wirtschaftliche Realität. „Die Wirtschaftswissenschaft beschreibt die Wirtschaft nicht, sondern erzeugt sie erst, indem sie diese formatiert und performiert" (Maeße 2014, 107). So werden durch das betriebliche Rechnungswesen Ausgaben zu „Kostenarten", betriebliche Abteilungen zu „Kostenstellen" und die hergestellten Produkte zu „Kostenträgern".

Weil sich die sozioökonomische Bildung von Anfang an sozialwissenschaftlich versteht, vermeidet sie „Einseitigkeiten und Vernachlässigungen" (Weber 2010a, 105) konventioneller ökonomischer Bildung und berücksichtigt etwa die wichtigen sozialen Voraussetzungen des Wirtschaftens, wie sie am Beispiel des Marktes verdeutlicht wurden (Beckert 2007, Richter/Furubotn 2010, 344 f.).

Die sozioökonomische Bildung befasst sich mit dem Spannungsverhältnis zwischen Wirtschaft und Politik und richtet ihr besonderes Augenmerk auf die unterschiedlichen Verwirklichungschancen von Individuen und Gruppen und berücksichtigt, dass die weitere Ökonomisierung von Lebensbereichen unterschiedlich beurteilt wird. Hierzu gehört das Nachdenken über Vorstellungen von einem guten Leben ebenso wie die Konfrontation mit unterschiedlichen Wertmaßstäben wie monetärer Effizienz, sozialer Vernunft, Menschenrechten oder

Verwirklichungschancen (Hedtke 2014b, 91). Die SÖB ergreift grundsätzlich Partei für die Kinder und Jugendlichen, deren Bildung und Entwicklung ihr obliegt. Insofern kommt den Lernenden auch ein entscheidendes Gewicht bei der Auswahl von Problemen zu, die sie als ihre eigenen ansehen und unterrichtlich zu bearbeiten sind.

Vielfalt an Handlungsoptionen

„Das Modell des eigennützigen Maximierungshandelns erlangt in der modernen Gesellschaft als verwissenschaftlichte Rationalisierung, verbreitetes Verhaltensmuster, politisches Steuerungsideal und normative Erwartung reale Relevanz" (Hedtke 2014b, 105). Statt aber die *Rationalitätsfiktionen* (Schimank 2006) zu stärken, fasst die sozioökonomische Bildung die *Komplexität* und *Kontingenz* der wirtschaftlichen Handlungsoptionen ins Auge. Sie ist nicht fixiert auf ein Paradigma, eine Rationalität; apriori wird keine Methodologie, keine spezielle Handlungstheorie, keine spezielle Wissensform bevorzugt. Sie geht davon aus, dass die herausgehobene wirtschaftliche Rationalität sich bei wirtschaftlichen Entscheidungen von beispielsweise Konsumenten, Arbeitskräften und Versicherungsnehmern mit gesellschaftlichen Konventionen, Emotionen und sozialen Beziehungen mischt (Schimank/Volkmann 2012, 181). Sie registriert darüber hinaus, dass die sozialen Räume wirtschaftlichen Handelns aus machtstrukturellen Gründen und wegen unüberwindbarer Ungewissheit die Anwendung rationaler Optimierungskalküle weitgehend unmöglich machen und nur Konventionen, Institutionen, Normen, Routinen oder Vorbilder Orientierungs- und Entscheidungshilfe bieten (Beckert 1997).

Sozioökonomische Bildung ist pluralistische Bildung

Der Pluralismus ist ein Kernmerkmal moderner Gesellschaft und ihrer Teilsysteme (vgl. Kap. 7). Er schlägt sich u.a. in Wirtschaft, Politik, Wissenschaft, Werten und Rationalitäten nieder und ist Ausdruck der Freiheit im Denken und Leben einer Gesellschaft (Hedtke 2014b, 84, 104ff.). Die Lernenden setzen sich mit verschiedenen Leitbildern, Theorien und Praktiken des Wirtschaftens auseinander. Im engeren Sinne begründet die SÖB ihren Pluralismus mit dem wissenschaftlichen Pluralismus, der zumal in den Sozialwissenschaften auf eine lange Tradition zurückblicken kann. Dies lässt sich anhand konkurrierender Paradigmen, Wahrheitskriterien, Methodologien und Theorien aufzeigen. Anstatt beispielsweise nur über einen einzigen, den neoklassischen bzw. grenzproduktivitätstheoretischen Arbeitsbegriff unterrichtet zu werden, eröffnet sich für die Lernenden im Rahmen einer sozioökonomischen Bildung die Möglichkeit –

durch den theoriegeschichtlichen, den interdisziplinären wie auch den interessengeleiteten Blick auf *Arbeit* – den (veränderbaren) Charakter von Arbeit aus unterschiedlichen Perspektiven zu studieren (Famulla 2010). Doch für die SÖB ist nicht nur das sozialwissenschaftliche Wissen bedeutsam (Vorsicht Szientismusfalle!). Es gibt auch einen Pluralismus der Wissensformen, d.h. ebenso bildungsrelevant ist das Berufs- und Organisationswissen, das Schul- und Vermittlungswissen wie auch das Alltags- und Lebensweltwissen der Lernenden. Alle vier Wissensformen werden in der SÖB systematisch miteinander verknüpft (Relationierung), um den Lernenden bedeutsame Probleme der Wirtschaft und des Wirtschaftens besser verständlich zu machen (Grammes 1998).

Resümee

Eine ökonomische Bildung, die sich nicht – auch nicht indirekt – an der ideologischen Absicherung einer „wachsende(n) Zahl neo-sozialer Regierungsprogramme zur *Aktivierung subjektiver Lebensgestaltungsverantwortung*“ (Kessl 2005, 11) beteiligen möchte, müsste sich als grundsätzlich „kritisch“ gegenüber der umfassenden Anwendung des wertmäßigen Effizienzziels bzw. dem ökonomischen Ansatz verstehen. Die Auseinandersetzung um ein eigenes, allgemeinbildendes Schulfach Wirtschaft, das sich monoparadigmatisch am *Homo oeconomicus* orientiert, hat nicht nur eine wissenschafts- und bildungspolitische Dimension. Letztlich geht es darum, ob auch über das Vehikel der ökonomischen Bildung die Legitimation für die weitere Ökonomisierung der Gesellschaft und neoliberale Reformen gestärkt wird.

Die sozioökonomische Bildung ist insofern dezidiert *normativ*, als sie das Wirtschaftliche dem Gesellschaftlichen nachordnet, d.h. der Wirtschaft gegenüber der Politik und Gesellschaft nur eine dienende Funktion zuschreibt. Es geht ihr in erster Linie um die lernenden *Subjekte* und deren Fähigkeit, wirtschaftliche Sachverhalte nicht nur – aber auch – nach monetären Erfolgsmaßstäben zu beurteilen, sondern vor allem nach den Verwirklichungschancen für alle Menschen und nach ihren Wirkungen auf Menschenrechte, Humanisierung und Nachhaltigkeit. So gesehen verhilft die sozioökonomische Bildung dem *Homo oeconomicus* zur sozialen Integration. Sie ist *problemorientierte* Bildung, sie orientiert sich weniger am Geltungsanspruch wissenschaftlicher Disziplinen, als vielmehr an der Existenz individueller und gesellschaftlicher Problemlagen und der Entwicklung von *kritischer Handlungsfähigkeit*, mit der dem Ökonomisierungsdruck Widerstand geleistet werden kann. Sie greift auf alle Wissensformen zurück, sofern sie bildungsrelevant sind und zur Bewältigung von Problemlagen beitragen können. Sie ist *sozialwissenschaftliche Bildung*, die aus verschiedenen Disziplinen das Wissen und Können zum Verständnis der Wirtschaft und des Wirtschaftens vermittelt (Hippe 2010). Als exemplarische Bereiche gelten die Bildungsfelder „Arbeit und Beruf" bzw. „Berufsorientierung" (Kahsnitz 2014, 307ff.) sowie „Haushalt und Haushaltsführung", da mit ihnen am ehesten an den Vorstellungen der Lernenden über ein „gutes Leben" – auch in seiner wirtschaftlichen Dimension – angeknüpft werden kann (vgl. Kap. 8). Die sozioökonomische Bildung geht von einem *Pluralismus* der Paradigmen, Werte etc. aus und hält es für unabdingbar, sich mit mindestens einer alternativen Position auseinanderzusetzen. Weiterhin geht sie grundsätzlich von einer *Diversität* der wirtschaftlichen Motive, Wertvorstellungen, Lebensformen und Lebenssituationen von Individuen und Kollektiven aus. Dabei wird die *Homo-oeconomicus*-Motivation inklusiv seiner Varianten als relevanter Spezialfall angesehen. Es steht die didaktische Sichtweise vor der Disziplinorientierung und es verbinden sich Lebenswelt-, Problem- und Wissenschaftsorientierung zu einem Konzept, bei dem das subjektzentrierte Lernen im Vordergrund steht.

Übersicht 1: Merkmale konventioneller und sozio-ökonomischer Bildung

Merkmal	*Konventionelle ökonomische Bildung*	*Sozioökonomische Bildung*
Bildungsgegenstand	Wirtschaftswissenschaften	Realbereich Wirtschaft und dafür relevante Einzelwissenschaften
Bildungsziel	Ökonomisierung des Denkens und Handelns	Kontextbezogene Reflexion wirtschaftlichen Denkens und Handelns
Wissenschaftsbezug	Wirtschaftswissenschaften	Sozialwissenschaften
Disziplinbezug	Monodisziplinär	inter- und transdisziplinär
Paradigma	Monoparadigmatisch	Multiparadigmatisch
Zugang zum Gegenstand	Theoretisch	Empirisch
Rationalität	quasi anthropologisch: Homo oeconomicus	Soziokultureller Akteur
Weltbild	Mechanistisch	Kulturalistisch
Normativität	verdeckt	offen normativ
Wissen	Wissenschaftswissen, Begriffs- und Modellwissen	wissenschaftliches, pragmatisches und subjektives Wissen

Darstellung in Anlehnung an Hedtke 2014b, 112

Tipps zum Weiterlesen

Engartner, Tim (2018): Eckpfeiler sozioökonomische Bildung – oder: Zur Bedeutsamkeit der Kontextualisierung ökonomischer Frage-und Problemstellungen. In: Engartner, Tim/Fridrich, Christian/Graupe, Silja/Hedtke, Reinhold/Tafner, Georg (Hg.): Sozioökonomische Bildung und Wissenschaft. Entwicklungslinien und Perspektiven. Frankfurt/M., S. 27–52.

Hagedorn, Udo/Kölzer, Carolin (2014): Arbeit, Subjekt und Gesellschaft. In: Bundeszentrale für politische Bildung (Hg.): Ökonomie und Gesellschaft. Zwölf Bausteine für die schulische und außerschulische politische Bildung. Bonn, S. 255–282.

Hedtke, Reinhold (2018): Das Sozioökonomische Curriculum, besonders Kap. 5: Sozioökonomiedidaktische Prinzipien. Frankfurt/M., S. 95–235.

Lenger, Alexander (2018): Ökonomisierungsprozesse und die Soziologie ökonomischen Denkens als Grundlage der (sozio-) ökonomischen Bildung. In: bwp@, 35/2018, Ökonomisierung in der Bildung und ökonomischen Bildung. Online: http://www.bwpat.de/ausgabe35/lenger_bwpat35.pdf (Zugriff 21.1.2019).

BIRGIT WEBER

4 Was ist relevantes sozioökonomisches Grundwissen?

Was ist die didaktische Herausforderung?

Die Frage des relevanten sozioökonomischen Grundwissens ist eine zentrale fachdidaktische Grundfrage. Die Bestimmung eines relevanten Kerns sozioökonomischen Wissens würde die Chance bergen, mit Hilfe eines überdauernden Instrumentariums und Grundgerüsts aktuelle Veränderungen analysieren zu können und sie würde andererseits einen Maßstab bieten, eine adäquate curriculare Verankerung unabhängig von der Fächerorganisation zu identifizieren. In Zeiten der „Kompetenzorientierung" liegt ein solcher Kern nur noch begrenzt als „Stoffkatalog" vor. Solche trugen schon in der Vergangenheit nicht zwangsläufig den Möglichkeiten der Erarbeitung Rechnung, sondern fungierten auch zur Legitimation des Stundenvolumens im Rahmen der Fächerkonkurrenz.

Die erste Herausforderung ergibt sich daraus, dass sich die Wissenschaften als eine Quelle für das relevante sozioökonomische Grundwissen immer weiter spezialisieren und darüber hinaus sich auch neben den stark formalisierten Wirtschaftswissenschaften weitere Wissenschaften – wie etwa die Politische Ökonomie, die Wirtschaftssoziologie, -geschichte und -psychologie – mit wirtschaftlichen Phänomenen befassen – und es zwischen diesen sowohl zu gegenseitigen Abgrenzungen als auch Verschränkungen sowie auch zu sich widersprechenden oder auch differenzierend ergänzenden Erkenntnissen kommt. Das Erkenntnisinteresse dieser Wissenschaften zielt nicht zwangsläufig darauf, das sozioökonomische Grundwissen zu bestimmen, das ein Individuum benötigt, um sich in der wirtschaftlichen Welt zu orientieren, um in ökonomisch geprägten Handlungssituationen vernünftige Entscheidungen zu treffen und um sozio- und politisch-ökonomische Herausforderungen zu beurteilen und mitzugestalten.

Die zweite Herausforderung ergibt sich daraus, dass unterschiedliche Interessengruppen – wie Unternehmer-, Branchen-, Arbeitgeber- und Finanzdienstleisterverbände einerseits, Arbeitnehmer-, Verbraucher-, Sozial- und Umweltverbände andererseits – divergierende Vorstellungen davon haben, was Kinder und Jugendliche über „die" wirtschaftliche(n) Welt(en) wissen sollten. Sie begründen ihre Zielvorstellungen zumeist mit falschen Vorstellungen oder Einstellungen der Lernenden und wollen ihrer – für vernachlässigt gehaltenen – spezifischen Perspektive mehr Geltung oder Akzeptanz verschaffen. Während dabei vordergründig oft das Interesse des Individuums betont wird, mag das Engagement auch dadurch begründet sein, dass „mündige" Konsumenten bzw. Arbeitnehmer einer solchen „staatlichen Bevormundung" nicht mehr bedürftig seien, sodass etwa staatliche Regulierungen zum Schutz schwächerer vor mächtigeren Gruppen begrenzt werden.

Die dritte Herausforderung ergibt sich angesichts der Dynamik sich verändernder Märkte sowie der Komplexität ökonomischer, sozialer, rechtlicher, politischer – und dabei eng miteinander verflochtener – Entwicklungen, sodass die Bestimmung eines solchen relevanten Wissens alles andere als trivial ist.

Die vierte Herausforderung entwickelt sich durch die Vorstellungen der Lernenden selbst über ökonomische Konzepte, Phänomene, über sozioökonomische Zusammenhänge, aber auch Gestaltungsmöglichkeiten (vgl. Kap. 8). Diese sind soziokulturell und -ökonomisch beeinflusst, sie können weder mit der aktuellen sozioökonomischen Dynamik Schritt halten noch auf dem Stand der divergierenden und vielseitigen Erkenntnisse der Wissenschaften sein. Sie können Probleme, Ursachen und Handlungsspielräume sowohl unter- als auch überschätzen und sich eigene Zielvorstellungen ausbilden.

Ist unzureichendes ökonomisches Wissen tatsächlich immer relevant?

Zahlreiche Wissenstests wetteifern um den Nachweis des ökonomischen oder finanziellen „Analphabetentums". Nach einer Studie von Jo Leinert (2004) konnte nicht einmal die Hälfte der Befragten die Sicherheit von Anlageformen angemessen einschätzen oder wussten um die Kündigungskosten von Kapitallebensversicherungen nach den ersten Jahren des Abschlusses. Der Bankenverband (2003, 2006, 2009) bescheinigt den telefonisch befragten Jugendlichen regelmäßig fehlendes Wissen über Geld und Finanzen, auch wenn sie außer zum Verständnis von Angebot und Nachfrage sowie der Inflation eher Bewertungen zur Sozialen Marktwirtschaft, zum Wettbewerb, zu Unternehmensgewinnen und zur Globalisierung, zur Selbstverantwortung oder staatlicher Verantwortung sowie zur Bedeutung von Banken abgeben sollen. Wissenschaftlich fundierter zielte die Studie von Hurrelmann u.a. (2010, 2013) weniger auf das spezifische Wissen, sondern eher auf die Einschätzung zur Alterssicherung und die eigene Vorsorgebereitschaft ab.

In Zusammenarbeit mit dem Verhaltensökonomen Armin Falk ermittelte die ZEIT die Kenntnis konkreter ökonomischer Fakten, darunter die letztjährige Rate der Inflation, des Wirtschaftswachstums, der Arbeitslosenquote, den DAX-Stand, die Höhe des Arbeitslosengeldes I und II, die Besteuerung unterschiedlicher Einkommen sowie die Vermögensverteilung. Abgefragt wurden auch ökonomische Konzepte – wie etwa das Zusammenspiel von Angebot und Nachfrage, Opportunitätskosten, Kaufkraft, Risikostreuung und das Denken in Wahrscheinlichkeiten (Heuser 2018). Zwar erfordert das Beurteilen von Politikkonzepten die Auseinandersetzung mit Fakten, auch hängt die Akzeptanz und Einschätzung von Demokratie und Wirtschaftsordnung von realistischen Einschätzungen ab, jedoch ist es kaum möglich, bei solchen Größen auf dem Laufenden zu bleiben, wie Armin Falk (2018) im Interview selbst indirekt zugibt.

Mit dem Minimal Economic Knowledge Test (Wobker u.a. 2014) sollte neben Wirtschaftspolitik vor allem alltägliches ökonomisches Wissen zu Finanzen, Arbeit und Konsum getestet werden. Völlig daneben lagen die meisten befragten Erwachsenen bei der Einschätzung des durchschnittlichen monatlichen Haushaltseinkommens und beim Einkommenssteueranteil desjenigen Dezils mit dem höchsten Einkommen. Nur wenige kannten den Begriff Humankapital, konnten die Schuldentilgung angemessen ermitteln oder wussten, dass es keine gesetzliche Rücknahmepflicht bei Nicht-Gefallen gibt (Wobker et al 2010). Eher unbeachtet blieb ein Ergebnis, dass auch bei den Autoren Verwunderung auslöste, denn „participating in an economics course did not enhance minimal economic knowledge" (Wobker et al. 2014, 231).

Demgegenüber zielte der wirtschaftskundliche Bildungstest (Beck/Krumm 1998) eher auf ökonomische Grundbegriffe und die modellorientierte Anwendung ökonomischer Denkschemata der Mikro- und Makroökonomie sowie internationaler Beziehungen. Gefragt wird nach der ökonomisch korrekten Definition von Geld, Nachfrage, Bruttoinlandsprodukt, der angemessenen Anwendung von Begriffen wie Knappheit, Opportunitätskosten, Produktivität, Real- und Nominaleinkommen, öffentlichen Gütern, der Handelsbilanz sowie ökonomischen Erklärungen der Lohnhöhe, der Funktionsweise der Marktwirtschaft, der Wirkung von Preisänderungen und wirtschaftspolitischen Instrumenten.

Die meisten Studien stellen Unterschiede im Hinblick auf Geschlecht, Alter, Bildungsstand und verfügbares Einkommen fest. Der zunächst plausible Zusammenhang von Bildungsstand und finanziellem Wissen gibt insofern zu Verwunderung Anlass, als nichtgymnasiale Schulformen und Berufskollegs ökonomische Fächer verpflichtender vorhalten als etwa Gymnasien oder das Studium. Dass auch beim Wirtschaftsnachwuchs mit Blick auf ökonomische Alltagsfragen „Ahnungslosigkeit" konstatiert wurde (Manager-Magazin 2004), war lediglich eine vereinzelte Zeitungsmeldung wert und wurde kaum weiterverfolgt, aber erneut durch Wobker u.a. (2014) bestätigt.

Auch wenn angesichts der Abfrage sich dynamisch verändernder Fakten sowie der Reproduktion und Anwendung wirtschaftswissenschaftlicher Konzepte in Multiple Choice Tests durchaus Zweifel an der Relevanz eines solchen Wissens angebracht ist, beziehen sich die o.g. Studien immer wieder auf gesellschaftliche Herausforderungen, die dem Individuum persönliche Entscheidungen abverlangen. Die Studien zielen aber zumeist darauf, Bereitschaften bzw. Restriktionen zu erheben.

„Ob das erfragte Wirtschaftswissen für die jeweilige Situation dienlich, sinnvoll, erforderlich, notwendig und unumstritten richtig ist, ob es dieses Wissen überhaupt gibt, wird nicht hinterfragt" (Weber 2010b, 96). Was also wäre ein für die Zukunft tragendes relevantes Grundwissen, im Angesicht welcher Probleme sowie der Interessen und Bedarfe welcher Zielgruppen?

Welche didaktischen Zugänge bieten sich an?

Bisherige wirtschaftsdidaktische Überlegungen nähern sich der Frage nach einem relevanten ökonomischen Grundwissen auf unterschiedlichen Ebenen an, die im Folgenden kurz skizziert werden.

(1) Bestimmung ökonomisch relevanter Inhaltsfelder

Um die Frage nach den bedeutsamen Inhaltsfeldern einer sozioökonomischen Bildung zu stellen, für die das sozioökonomische Grundwissen relevant ist, liefert der Lebenssituationsansatz erste wichtige Antworten. Nach Ochs/Steinmann (1978) sollen vor allem solche ökonomisch geprägten Lebenssituationen behandelt werden, die für die Bedürfnisbefriedigung aller Menschen gemäß der Maslow'schen Bedürfnispyramide relevant sind, die gegenwärtig behindert oder künftig gefährdet sein können und deren Entscheidungs- und Handlungsspielräume unter- oder überschätzt werden. Identifiziert werden solche Lebenssituationen, die sich aus den Lebensbereichen Konsum und Arbeit ableiten lassen. Steinmann (1997) erweiterte die Lebenssituationsorientierung um Entwicklungen zur Wohlstandsgesellschaft sowie zur sozialen, ökologischen und internationalen Gesellschaft, da sich einerseits Lebenssituationen und gesellschaftliche Entwicklungen wechselseitig beeinflussen und andererseits somit individuelle, solidarische und politische Gestaltungsoptionen erfordern. Damit sollte vor allem dafür gesorgt werden, dass aus dem unendlichen Universum der sich immer weiter spezialisierenden Wissenschaften das für das Individuum Lernbedeutsame ausgewählt wird. Weniger im Blick auf das Individuum, aber vom Ergebnis her ähnlich, konzentrierte sich Kaminski (1996; 2008) auf jene aus dem Wirtschaftskreislauf abstrahierten Sektoren Haushalt, Unternehmen, Staat und Ausland, ergänzt um die Wirtschaftsordnung und die Berufsorientierung. Im Gegensatz zu den didaktischen, subjektorientierten Leitfragen des Lebenssituationsansatzes geht es hier vor allem darum, ein wirtschaftswissenschaftlich geprägtes Verständnis für die Beziehungen der Sektoren untereinander zu entwickeln.

(2) Bestimmung des ökonomisch relevanten Fundaments bzw. Kerns

Unter Berücksichtigung der kategorialen Bildung suchten etwa Hermann May (2004), Erich Dauenhauer (1997) und Klaus Peter Kruber (1997) nach jenen elementaren, prinzipiellen und typischen *Kategorien* als Kern ökonomischen Denkens. Vor allem Klaus Peter Kruber (1997) hat die Kategorien auf eine breitere, politisch-ökonomische und ökonomisch-ethische Basis gestellt. Diese Kategorien sollten auch nicht lediglich fachsystematisch erarbeitet werden, sondern in fachdidaktische Leitfragen eingebettet werden. Zu diesen Kategorien gehörten (hier gekürzt) Knappheit und Wahlentscheidungen, Nutzen-Kosten-Überlegungen/Risiko, Arbeitsteilung/Spezialisierung, Marktkoordination/Wettbewerb, Wirtschaftskreislauf, Interdependenz/Zielkonflikte, Wandel/Instabilität, soziale Ungleichheit/ökologische Probleme, Staatseingriffe (Wirtschafts- und Sozialpolitik), Interessenkonflikte, Wertbezüge mit politischen Auseinandersetzungen, Wirtschaftsordnung, Gestaltung und Legitimierung im demokratischen Staat (Kruber 1997, 66f). Mit solchen Kategorien soll ebenfalls dem spezialisierten Detailwissen der Fachwissenschaften Grenzen gesetzt werden. Dieser Kern wurde allerdings von Seiten der Unternehmer als zu eng erachtet (vgl. Klein 2011), weshalb sie Wissen zu Unternehmen und zum Arbeitsmarkt ergänzen wollen. Demgegenüber ist Vertreterinnen und Vertretern sozioökonomischer Bildung das gegenwärtige curriculare Wissen zu eng auf die Marktwirtschaft und zu wenig auf politisch-ökonomische Zusammenhänge ausgerichtet (vgl. Hedtke 2016: vgl. Kap. 16).

(3) Identifizierung ökonomischer Denkweisen

Zwar betonen Vertreterinnen und Vertreter politischer Bildung, Wirtschaft bereits hinreichend zu berücksichtigen und auch nach der Kultusministerkonferenz (KMK 2011, 2008) gilt wirtschaftliche Bildung bereits als vielfältig und unterschiedlich verankert. Für den Wirtschaftsdidaktiker Gerd Jan Krol (2001) ist ökonomische Bildung aber ohne Ökonomik nicht denkbar. Gerade die ökonomische Verhaltenstheorie liefere einen wichtigen Erklärungsbeitrag, die Kluft zwischen individueller und gesellschaftlicher Rationalität zu verstehen und biete einen Ansatzpunkt für politisch-ökonomisch gestaltbare gesellschaftliche Dilemmasituationen. Vor allem das Denken in den Kategorien der ökonomischen Verhaltenstheorie, das Denken in Kreisläufen und das Denken in Ordnungen sollten demnach den spezifischen Kern der ökonomischen Bildung ausmachen.

Gefahren einseitiger Ausrichtungen ökonomischen Grundwissens

Um nicht nur Lernen über Wirtschaft, sondern auch wissenschafts- und subjektorientiertes Lernen zu ermöglichen, sind alle drei Perspektiven unverzichtbar (vgl. Weber 2005). Sozioökonomisch relevant ist, welcher Perspektive die Zielfunktion und welcher die instrumentelle Funktion zugeschrieben wird: Sind die Bewältigung der eigenen ökonomisch geprägten Lebenssituationen und die Mitgestaltung an gesellschaftlichen Schlüsselproblemen zentral – oder ist es allein und vorrangig der Erwerb wirtschaftswissenschaftlich relevanter Denkschemata?

(1) Differenzierung auf von Interessengruppen gefordertes ökonomisches Wissen?

In der jüngeren Vergangenheit fokussierte sich die Diskussion um die ökonomische Bildung stark auf scheinbar vernachlässigte Bereiche, die es zudem erlaubten, den fachlich ökonomischen Beitrag stärker unter Beweis zu stellen. So erscheint die *finanzielle Bildung* stärker ökonomisch ausgerichtet als die Konsumentenbildung, die *Entrepreneurship-Education* dominanter unternehmerisch als eine breiter aufgestellte Arbeits- und Berufsorientierung (vgl. Kap. 13). Auch wenn die wirtschaftsdidaktischen Überlegungen in beiden Fällen keine Beschränkung auf Alltagsentscheidungen anstreben, erfolgt dabei eine scheinbar auf rationale Entscheidungskompetenz zielende Engführung, die sowohl Selbstüberschätzung zur Folge haben könnte als auch biografisch zum Teil als verfrüht erscheint und ökonomische Unsicherheit nur begrenzt berücksichtigt. Wird die ökonomische Perspektive auf finanzielle Bildung und Entrepreneurship verengt, wird – vielleicht unbeabsichtigt – eine einseitige Akzeptanz der privaten Altersvorsorge und die Unternehmerperspektive forciert.

(2) Ausrichtung auf Grundkonzepte und „den" Denkansatz der Wirtschaftswissenschaft?

Retzmann/Seeber et al. (2010/2012) adaptierten den Lebenssituationsansatz von Ochs/Steinmann. Im Gegensatz zu diesen zielten sie allerdings auf die Förderung einer ökonomisch rationalen, stark an Effizienz orientierten Entscheidungsfähigkeit, Kaminski/Eggert (2008) zielen vor allem auf das Verständnis der Beziehungen der ökonomischen Sektoren analog zum Denken in Kreisläufen und schließlich auf die Einbettung in ökonomische Systeme und von Politik beeinflussbare Ordnungen. Die von Ochs/Steinmann (1978) noch hinterfragten Gefährdungen und Behinderungen werden bei einer engen Fokussierung auf ökonomisches Referenzwissen eher vernachlässigt. Die ethisch und konfliktorientiert ausgerichtete Kompetenz als ursprünglicher Konsens der Vertreterinnen und Vertreter ökonomischer Bildung wurde gegenüber dem leitenden Urteilskriterium Effizienz deutlich zurückgefahren.

(3) Kritische Infragestellung ökonomischer Basiskonzepte?

Allerdings sind auch manche Vertreterinnen und Vertreter einer kritischen politischen Bildung vor solchen Einseitigkeiten nicht geschützt. Sie stellen z.T. den ökonomischen Denkansatz grundsätzlich in Frage und laufen Gefahr, einem ebenso einseitigen, dichotomen und überwältigendem Weltbild Vorschub zu leisten, wenn etwa Märkte, Soziale Marktwirtschaft, Wirtschaftswachstum oder Globalisierung vor allem aus der Perspektive von Nachhaltigkeit und Gerechtigkeit kritisiert werden, ohne auch nur in Ansätzen ein Verständnis für Konzept, Funktion und Leistung zu ermöglichen. Ebenso einseitig ist es, problematische Entwicklungen in der Unternehmenslandschaft zu verurteilen, sich aber nicht mit den Entstehungsbedingungen von Gütern und Einkommen in Unternehmen für anonyme Märkte auseinanderzusetzen. Es dient auch kaum der Mitgestaltungsfähigkeit, wenn Effizienz von vorneherein verdammt wird, ohne ihren Wert als Beurteilungskriterium zum Vergleich alternativer Strategien heranzuziehen. Verschenkt werden zudem Erkenntnis- und Gestaltungsmöglichkeiten für die Bewältigung sozialer Dilemmata in anonymen Gruppen, wenn die ökonomische Verhaltenstheorie von vorneherein verworfen wird.

Mögliche Zugänge zur Bestimmung sozioökonomischen Wissens

Relevantes Wirtschaftswissen aus der Perspektive unterschiedlicher Expert(inn)en

In einer Befragung zum relevanten Wirtschaftswissen zählten Wissenschaftlerinnen und Wissenschaftler aus der Volks- und Betriebswirtschaftslehre, der Wirtschaftssoziologie und der politischen Ökonomie relativ unabhängig von der jeweiligen Disziplin Märkte, Unternehmen, Institutionen, Wirtschaftspolitik und die Internationalisierung/Globalisierung sowie die sozialen Herausforderungen zu den bedeutenden Wissensbereichen. Soziologen und Politische Ökonomen räumten der Beziehung Wirtschaft und Gesellschaft, Arbeit und Konsum, Geld und Eigentum ein bedeutenderes Gewicht ein als die Ökonominnen und Ökonomen. Diese bezogen sich deutlicher auf den Wirtschaftskreislauf, Risiko, Unsicherheit und Innovationen, ökologische Herausforderungen und die volkswirtschaftliche Gesamtrechnung. Auch sie blendeten die Beziehungen des ökonomischen Systems zum gesellschaftlichen System nicht aus, schenkten aber den Arbeitsbeziehungen im Unternehmen und – mit Ausnahme der finanziellen Transaktionen – auch dem wirtschaftlichen Handeln der privaten Haushalte wenig Beachtung (vgl. Weber 2019a).

Absolutes oder relatives sozioökonomisches Wissen

Angesichts der Herausforderung, dauerhaftes sozioökonomisches Grundwissen zu bestimmen, mag eine sozioökonomische Grundhaltung eher eine gewisse Skepsis gegenüber absolutem Wissen bedingen, ohne allerdings der Beliebigkeit Vorschub zu leisten. Vielmehr versteht sie wissenschaftliche Beiträge als Suchprozess zum vorläufigen Verständnis der Welt. Trotz unterschiedlicher Positionen halten die meisten Ökonomen überwiegend die relative Knappheit für eine, Entscheidungen erfordernde Grundtatsache. Zugleich sehen sie Leistungsanreize als ein bedeutsames Instrument zur Wohlstandssteigerung an und begründen komparative Vorteile für beide Seiten aus einem freiwilligen, auf Spezialisierung beruhenden Handel (Alston et al. 1992; Frey et al. 1984). Dennoch scheinen selbst grundlegende ökonomische Konzepte wie der Markt oder das Unternehmen weniger präzise geklärt zu sein, als anzunehmen wäre: „Obwohl die Ökonomen behaupten, dass sie die Funktionsweise des Marktes untersuchen, hat der Markt in der modernen Wirtschaftstheorie eine noch unbestimmtere Rolle als das Unternehmen,“, kritisiert Ronald Coase (1988, 7). Die Institutionenökonomen Rudolf Richter und Eirik Furubotn ergänzen, dass ein idealer Markt angesichts der Transaktionskosten mit Orientierungslosigkeit, Argwohn und Zeitverlust verheerende Folgen zeitigen würde (2010, 389). Gerade in der Wirtschaftspolitik existieren vielfältige Kontroversen, die auf unterschiedlichen Paradigmen beruhen.

Besondere Herausforderungen sozioökonomischer Konzepte

Ökonomische Prozesse lassen sich nicht allein über das Alltagsverständnis erschließen. Sie zu verstehen kann nicht als selbstverständlich vorausgesetzt werden. Dies gilt sowohl für die Marktkoordination als Prozess, der die Wirtschaftspläne von Anbietern und Nachfragern über Preise koordinieren soll. Es gilt ebenso für die Entstehung gesamtwirtschaftlicher Ungleichgewichte, etwa über den sich verstärkenden Ausfall gesamtwirtschaftlicher Nachfrage, der bedingt, dass das staatliche Handeln nicht mit dem Handeln privater Haushalte gleichgesetzt werden kann. Vor allem ist es aber nicht selbstverständlich, Wirtschaften als Abwägungsprozess jenseits von Alles oder Nichts zu begreifen, wie etwa maximale Gewinne gegen minimale Entfaltung, minimale Kosten bei maximaler Sicherheit, bestmögliche Allokation bei vernachlässigbarer Distribution. Zudem sind häufig Entscheidungen unter Unsicherheiten zu treffen, bei denen Ziel- und Interessenkonflikte existieren und sowohl das Handeln als auch die Unterlassung unbeabsichtigte Folgen erzeugen mögen. Mehr von dem einen heißt dabei häufig weniger von dem anderen – zumindest kurzfristig. Langfristig mögen manche Zielkonflikte unter Berücksichtigung von Interdependenzen ein anderes Gewicht erlangen. So lassen sich etwa Löhne aus unterschiedlichen Perspektiven betrachten: sie stellen für die Unternehmen Kosten dar und müssen erwirtschaftet werden, sie sind Einkommen, mit denen Güter erworben und Nachfrage entfaltet werden kann, sie bieten Qualifikationsanreize und stellen als Preis für Arbeit auch Knappheitsindikatoren dar. Unterschiede mögen aber ebenso durch Machtunterschiede, gesellschaftliche Einflüsse und Diskriminierung bedingt sein. Weitere Beispiele sind etwa die Betrachtung des Sozialstaats als Kostgänger oder als Produktivkraft, des Staates als Störfaktor oder als Garant und notwendiger Reparaturbetrieb des ökonomischen Systems.

Sozioökonomisches Wissen und eine sozioökonomische Grundhaltung: Anregungen

Das sozioökonomische Grundwissen ist aus der Perspektive der *Subjekte* entlang relevanter sozioökonomisch geprägter Lebenssituationen zu ermitteln, in denen sie individuelle Entscheidungen treffen müssen, sowie entlang der Herausforderungen sozio-ökonomischer Entwicklungen, die sie beurteilen und mitgestalten können sollten. Dies ist eingebunden in die „reale" *Lebenswelt*, in denen private und gesellschaftliche Akteure handeln, die durch unterschiedliche Koordinationsformen in Beziehung zueinander stehen, von unterschiedlichen Institutionen und Ordnungen gegenwärtig beeinflusst werden, die interdependent, aber auch gestaltbar sind. Die *Wissenschaften* liefern systematische Zugänge, Analysemuster, Urteilsmaßstäbe sowie Methoden der Erkenntnisgewinnung. So betrachtet können sach-, problem- und entscheidungsorientiert gewonnene Ergebnisse und Konflikte zu *gesellschaftlichen Werten* unter Berücksichtigung unterschiedlicher Betroffener reflektiert werden, die in der herkömmlichen ökonomischen Bildung oft einseitig verengt werden (vgl. Markierung der Übersicht 2).

Bedeutsam ist dabei aber nicht zuletzt eine sozioökonomische Grundhaltung mit dem Interesse Verengungen, Einseitigkeiten und Verzerrungen aufzuspüren. Diese betrachtet das Subjekt nicht als von gesellschaftlichen Einflüssen und Traditionen völlig losgelöstes und völlig frei entscheidendes Individuum, vielmehr hinterfragt sie die gesellschaftlichen Einflüsse ebenso wie die ökonomischen Restriktionen der ökonomisch bedeutsamen Situationen auf Behinderungen und Gefährdungen eines menschenwürdigen Lebens. Sie analysiert Lösungsmöglichkeiten auf der individuellen, solidarischen und gesellschaftlichen Ebene mit einer gewissen Skepsis sowohl hinsichtlich eines grenzenlosen Vertrauens in die Kräfte des Marktes, die Allmacht des Staates, die umfassende Weisheit des Individuums oder der Individuen als Masse. Vor allem aber versucht sie einseitigen Perspektiven vorzubeugen. Dies bedeutet einerseits, ökonomische Basiskonzepte nicht von vorneherein als allein kritikwürdig anzusehen, gleichzeitig aber auch nicht vorauszusetzen, dass den Lernenden die disziplinäre Erkenntnisperspektive und deren Reichweite bekannt sein dürfte. Das Alltagsverständnis und die Verwendung solcher Begriffe wie Markt und Preis, ja selbst von Wirtschaft, ist eben nicht identisch mit deren wissenschaftlicher Betrachtung. Es bedeutet andererseits ebenso, die Bestandteile einer subjekt- und lebensweltorientierten sozioökonomischen Bildung in gesellschaftlicher Verantwortung offenzulegen und zueinander ins Verhältnis zu setzen.

Übersicht 2: Bestandteile einer subjekt- und lebensweltorientierten sozioökonomischen Bildung in gesellschaftlicher Verantwortung

	Subjekt	Lebenswelt	Wissenschaft	Verantwortung
	Individuelle Entscheidungsfelder – Gesellschaftliche Herausforderungen	**Gesellschaftliche Akteure, Koordination, Ordnungen, Institutionen**	**Denkschemata der Wirtschafts- und Sozialwissenschaften**	**Gesellschaftliche Werte**

Mikroebene	Bedeutsame individuelle Entscheidungsfelder
	• Bedürfnisse/Interessen/ Lebensgestaltung
	• Arbeit/Beruf/Erwerb
	• ***Konsum***/Freizeit/***Vorsorge***
	• Interessenvertretung/ Politisches Engagement
		Akteure
		• ***Private Haushalte***/Lebensgemeinschaften
		• Betriebe/***Unternehmen***
		• Politik (Gruppen/Verbände/ Parteien/Massenmedien)
		• ***Staat*** (Parlament, Regierung, Justiz)
		• Supra- und internationale Organisationen
			Analysemuster
			• ***Knappheit***
			• ***Kosten-Nutzen***
			• ***Anreize-Restriktionen***
			• Normen-Traditionen
			• Interessen, Status, Identität
			• Macht/Gewalt/Herrschaft/ Kontrolle
			• Konflikt/Konsens/Kompromiss
			• Legitimation
			
			Zielorientierte Urteilsmaßstäbe
			• Legitimität
			• Effektivität (Wirksamkeit)
			  • Interdependenzen
			  • Nebenfolgen/Zielkonflikte
			  • Ambivalenzen/Risiken
			  • Stabilität/Wandel
			• ***Effizienz*** (Kosten-Nutzenverhältnis)
			• Durchsetzbarkeit
			• Praktikabilität
			
			Erkenntnisgewinnung
			• ***Modelle/Kritik***
			  • Homo oeconomicus
			  • Marktmodell
			  • Kreislaufmodell
			• Empirie
			• Indikatoren
			• Theorie
			• Ideologiekritik
				• Humanität Menschenwürde
				• ***Freiheit***
				• Entfaltung
				• Partizipation
				• ***Wohlstand***
				• Sicherheit
				• Solidarität
				• Gerechtigkeit
				• Gleichheit/ Gleichberechtigung
				• Emanzipation
				• Nachhaltigkeit

Mesoebene		**Koordination** • ***Arbeitsteilung***/Spezialisierung • Konkurrenz ***(Wettbewerb)***/ Kooperation • Netzwerke • ***Markt*** • Hierarchie		
Makroebene	**Kollektive gesellschaftliche Herausforderungen** • Politische Entwicklungen (Demokratie, Emanzipation) • ***Ökonomische Entwicklungen*** (Konjunktur-Struktur-Krisen, Arbeitslosigkeit, Inflation) • Soziale Entwicklungen (Sozialstruktur, Ungleichheit, Armut) • Ökologische Entwicklungen (Umweltbelastung/ -schutz) • Internationale Entwicklungen (Frieden, Entwicklung, Migration)	**Ordnungen/Institutionen** • Politische Ordnung (Demokratie, Wahlen, Gewaltenteilung, Gesetz) • ***Wirtschaftsordnung (Marktwirtschaft)*** • Sozialordnung (Sozialstaat) • Rechtsordnung (Grundrechte, Verfassung) • Supra- und internationale Ordnung		

Quelle: erweitert nach Weber 2013, 14

Tipps zum Weiterlesen

Hedtke, Reinhold (2008): Ökonomische Denkweisen. Eine Einführung. Multiperspektivität, Alternativen, Grundlagen. Schwalbach/Ts.

Weber, Birgit (2010b): Wirtschaftswissen zwischen Bildungsdefiziten und Unsicherheiten. In: Zeitschrift für Didaktik der Gesellschaftswissenschaften, 1/2010, S. 91–114.

Weber, Birgit (2013): Zwischen Subjekt, Lebenswelt, Wissenschaft und Verantwortung. Ökonomische Bildung im Spannungsfeld der Interessen. In: GW-Unterricht, 132, S. 5–16.

Weber, Birgit (2019): Bedeutsames Wirtschaftswissen aus wissenschaftlicher Perspektive. In: dies. (Hg.): Alltagswissen, Wissenschaftswissen und sozioökonomische Bildung. Frankfurt/M. (in Vorbereitung).

5 Welche curricularen Handlungsspielräume existieren für die sozioökonomische Bildung?

Was ist die didaktische Herausforderung?

Lernen über Wirtschaft findet an Schulen in unterschiedlicher Weise statt – in außercurricularen Aktivitäten, etwa der Berufsorientierung, in Wettbewerben wie „Jugend gründet" oder „Jugend testet" oder in Nachhaltigkeitsprojekten. Sie findet darüber hinaus in Fächern statt, in denen man es nur begrenzt vermutet, sei es als Reflexionsgegenstand in Religion oder Ethik, als Einflussfaktor in Geographie oder Geschichte oder auch als Anwendungsfeld in den Sprachen und Mathematik bis hin zu Sport, Kunst und Musik. Von besonderem Interesse ist in diesem Beitrag aber nicht das Lernen über oder an Wirtschaft, sondern die fachliche curriculare Verankerung sozioökonomischer Bildung, die darauf ausgerichtet ist, dass die Lernenden nicht nur ökonomische Zusammenhänge, sondern auch ihre Vernetzung mit der sozialen Welt verstehen und im Rahmen ökonomischer Zusammenhänge mündig und verantwortlich entscheiden, urteilen und handeln und diese auch individuell, solidarisch und politisch mitgestalten.

Eine solche curriculare Verankerung ist – nicht nur, aber auch – im deutschen föderalen Schulwesen von Bundesland zu Bundesland, von Schulform zu Schulform und über die Stufen unterschiedlich organisiert. Sie startet mit einer sozialwissenschaftlichen Perspektive im Sachunterricht, die sich Politik, Wirtschaft und Gesellschaft widmet und die in den meisten Bundesländern die Auseinandersetzung mit Konsum und Freizeit, Arbeit und Beruf beinhaltet. Dabei geraten bereits sozioökonomische Herausforderungen wie Armut, Arbeitslosigkeit, ungleiche Lebensbedingungen bzw. die Rolle der Politik im Blick auf Mangel oder Verfügbarkeit öffentlicher Güter in den Blick (vgl. Weber 2015). Hochgradig differenziert ist die Verankerung in der Mittelstufe. Hier wird Wirtschaft als „Lerngegenstand" entweder in arbeitsorientierten Fächern (Stichwort: Arbeitslehre) – vor allem an nichtgymnasialen Schulformen – oder in Fächern der politischen Bildung (Stichwort: Sozialkunde) integriert. Vor allem für das Gymnasium wurden politisch-wirtschaftliche Integrationsfächer konzipiert. In wenigen Bundesländern existieren wirtschaftlich-rechtliche Fächer, neuerdings auch Wirtschaft/Berufsorientierung (vgl. Weber 2014b). In der gymnasialen Oberstufe ermöglichen die Ankerfächer Politik, Politik-Wirtschaft, Wirtschaft und Sozialwissenschaften die Auseinandersetzung mit ökonomischen Fragen – jedoch lediglich als eine Wahloption im gesellschaftswissenschaftlichen Fächerspektrum. Einige Bundesländer verpflichten zwar zu zwei Halbjahren politische Bildung, allerdings ohne curriculare Vorgaben (vgl. Weber 2007). An den kaufmännischen Berufskollegs wird Wirtschaft in Volks- und Betriebswirtschaftslehre ausdifferenziert, in nicht-kaufmännischen wird eher die Kombination Wirtschafts- und Sozialkunde bzw. Wirtschaft und Politik angeboten.

Integrationsfächer mit einem breiteren Anspruch sind also eher der Normalfall als die Ausnahme. Dies gilt auch für viele europäische Länder, in denen oft weder eine die Wirtschaft integrierende politische Bildung noch ein eigenständiges Fach Wirtschaft oder aber Wirtschaft in anderen Konstellationen existiert, etwa in Österreich eng mit Geographie oder in Frankreich eng mit Gesellschaft gekoppelt. Auch in Deutschland sind manche Wirtschaftsfächer wie „Wirtschaft und Recht" im Kern ebenfalls Integrationsfächer. Sie scheinen ebenso wie „Politik und Wirtschaft" oder „Wirtschaft und Technik" eine weitere fachliche Dimension einzubeziehen. Es ist offensichtlich, dass durch die Fächernamen das, was ökonomische oder auch sozioökonomische Bildung ausmacht, kaum angemessen erschlossen werden kann. Die folgende Darstellung will Gemeinsamkeiten und Unterschiede der Fächerzugänge erhellen. Sie basiert im Wesentlichen auf einer aktuellen Curriculumanalyse zur Sekundarstufe I (Weber 2019b), in der die potenziellen Ankerfächer im Blick auf Ziele, ihre inhaltliche Struktur, ihre Inhalte und Kompetenzen untersucht wurden.

Gemeinsamkeiten und Unterschiede didaktischer Zugänge

Die Fächerkonstruktion ist entscheidend für a) die Ziele, zu denen das jeweilige Fach beitragen soll, b) die Konstruktion der inhaltlichen Struktur, c) die Konzeption der Inhaltsfelder sowie d) die angestrebten Kompetenzen.

Ziele potenzieller Ankerfächer ökonomischer bzw. sozioökonomischer Bildung

Auch die Zielsetzungen der (eher) *ökonomischen Fächer* verweisen auf die Auseinandersetzung des Individuums mit seiner eigenen Existenz unter Berücksichtigung sozialer, politischer, ökologischer, ökonomischer und rechtlicher Dimensionen und Zusammenhänge, wie etwa in dem Fach „Wirtschaft und Recht" in Thüringen (TH WR GY 2012, 5), dem von Wirtschaft dominierten Fach „Arbeit-Wirtschaft-Technik" für Gymnasien in Mecklenburg-Vorpommern (MV AWT GY 2002, 13) oder „Wirtschaft und Beruf" im Saarland (SL BW GMS 2014, 2). Betont wird, dass das Individuum sich gesellschaftlichen Problemen und Herausforderungen stellen soll (TH WR GY 2012, 5) und sich aktiv gestaltend und sozial- und eigenverantwortlich engagieren sowie sich mit wirtschaftlichen Angelegenheiten auf demokratischer Grundlage auseinandersetzen soll, so in „Wirtschaft" in Niedersachsen (NI W OS 2013, 5). Für „Wirtschaft und Rechtslehre" in Bayern (BY WR GY 2016) heißt es, dass in der Gesellschaft wirtschaftliche und rechtliche Rahmenbedingungen mitgestaltet und solidarisch Verantwortung für andere übernommen werden soll.

Die *arbeitsorientierten Curricula* beschränken sich eher auf die Bewältigung und Mitgestaltung arbeitsorientierter Lebenssituationen in privaten Haushalten und Unternehmen und zielen stärker auf die eigene Lebensgestaltung.

Die Fächer der *politischen Bildung* streben den mündigen, aber auch konfliktfähigen Bürger mit reflektiertem und kritischem Urteils- und Handlungsvermögen hinsichtlich gesellschaftlicher, wirtschaftlicher und politischer Probleme an. Soweit sie Wirtschaft integrieren, zielen sie vor allem auf das Verständnis der Interdependenzen von Gesellschaft, Politik und Wirtschaft.

Hingegen betonen die *gesellschaftswissenschaftlichen* Fächer, die vor allem an Gesamtschulen neben Politik auch Geographie und Geschichte integrieren, stärker die Handlungsfähigkeit zur gesellschaftlichen Mitgestaltung von Schlüsselproblemen.

So zielt gegenwärtig kein Fach in den Fächergruppen, die ökonomische Bildung beheimaten, darauf, diese von ihren gesellschaftlichen und politischen Zusammenhängen zu lösen. Auf dieser Zielebene unterscheiden sich die Fächer vor allem dadurch, ob sie

- Urteils-, Entscheidungs- oder Handlungsfähigkeit stärker betonen,
- auf die eigene Lebensgestaltung, das Verständnis ökonomischer Zusammenhänge oder die Beurteilung gesellschaftlicher Probleme zielen,
- den Blick auf die vernetzten Ebenen des Wirtschaftens richten, dabei gesellschaftliche Bezüge nicht ausblenden bzw. gesellschaftliche, politische und soziale Interdependenzen fokussieren.

Die Fächerkonstruktion ökonomischer Ankerfächer

Identifiziert man die Inhaltsfelder der Ankerfächer für ökonomische Fragestellungen in der Sekundarstufe I (siehe Übersicht 3), erscheint zunächst selbstverständlich, dass die eher *ökonomischen Fächer (W)*, wie „Wirtschaft und Recht" oder „Wirtschaft/Berufsorientierung" die Inhaltsfelder stärker ausdifferenzieren, die sowohl in der ökonomischen als auch der sozioökonomischen Bildung als bedeutsam gelten (vgl. auch => Weber: Grundwissen). Bemerkenswert ist, dass allein das Unternehmen als Inhaltsfeld in allen *Wirtschaftsfächern* vertreten und damit die unternehmerische Perspektive besonders stark verankert ist. Dies gilt für andere ökonomisch relevante Inhaltsfelder nicht in dem gleichen Maße, noch nicht einmal für die Berufsorientierung (vgl. Kap. 13).

Übersicht 3: Inhaltsfelder in den Ankerfächern ökonomischer Bildung in der Sekundarstufe I (in Prozent)

<table>
<tr><th>Inhaltsfelder ⇩ Fächergruppen ⇨</th><th>GW</th><th>PSK</th><th>PW</th><th>AWT</th><th>W</th></tr>
<tr><td>Partizipation, Demokratie, politisches System, Herrschaft</td><td>100</td><td>100</td><td>100</td><td>0</td><td>0</td></tr>
<tr><td>Individuum, Gesellschaft, Sozialordnung, Sozialstaat</td><td>88</td><td>91</td><td>67</td><td>0</td><td>9</td></tr>
<tr><td>Umwelt</td><td>75</td><td>27</td><td>33</td><td>0</td><td>18</td></tr>
<tr><td>Recht</td><td>75</td><td>64</td><td>33</td><td>25</td><td>46</td></tr>
<tr><td>Medien</td><td>0</td><td>27</td><td>17</td><td>17</td><td>0</td></tr>
<tr><td>Europäische/Internationale Beziehungen, Globalisierung</td><td>75</td><td>91</td><td>83</td><td>0</td><td>64</td></tr>
<tr><td>Wirtschaft/Wirtschaftsordnung/Soziale Marktwirtschaft</td><td rowspan="2">50</td><td>56</td><td>100</td><td>50</td><td>55</td></tr>
<tr><td>Arbeit</td><td>27</td><td rowspan="3">33</td><td>67</td><td>46</td></tr>
<tr><td>Unternehmen</td><td>0</td><td>0</td><td>58</td><td>100</td></tr>
<tr><td>Beruf</td><td>0</td><td>0</td><td>100</td><td>46</td></tr>
<tr><td>Staat/Gesamtwirtschaft</td><td>0</td><td>0</td><td>0</td><td>17</td><td>73</td></tr>
<tr><td>Konsum/Haushalt</td><td>0</td><td>0</td><td>17</td><td>67</td><td>91</td></tr>
<tr><td>Geld</td><td>0</td><td>0</td><td>0</td><td>25</td><td>36</td></tr>
<tr><td colspan="6">Zugrunde gelegt wurde jeweils ein Lehrplan der jeweiligen Fächergruppe pro Bundesland soweit das entsprechende Fach im jeweiligen Bundesland überhaupt vorhanden war. Fächergruppen: AWT: Arbeit-Wirtschaft-Technik/Arbeitslehre; GW: Gesellschaftswissenschaften/-lehre; PSK: Politik-Sozialkunde; PW: Politik und Wirtschaft; W: im engeren Sinne ökonomische Fächer (Wirtschaft und Recht; Wirtschaft/Berufsorientierung)</td></tr>
</table>

Quelle: Daten aus der Curriculumanalyse von Weber 2019b

Die *Fächer Politik bzw. Sozialkunde* (PSK) und Gesellschaftslehre (GW) begnügen sich eher mit einem wenig aussagekräftigen Inhaltsfeld „Wirtschaft" oder „Wirtschaftsordnung". Dieses Feld kann Private Haushalte/Konsum, Arbeit/Beruf/Unternehmen, Wirtschaftsordnung und -politik durchaus integrieren. Allerdings besteht in einzelnen Fächern im Blick auf Konsum/private Haushalte sowie Beruf/Arbeit/Unternehmen ein gewisser Nachholbedarf. Lediglich die Fächer Politik-Wirtschaft (PW) lassen hier mehr Differenzierung erkennen (vgl. auch Weber 2017).

Die *arbeitsorientierten* Fächer (AWT) richten die wirtschaftliche Mikroperspektive vor allem auf Arbeit und Beruf sowie auf den Konsum. Die gesamtwirtschaftliche Ebene wird kaum berücksichtigt und auch im Pendant Politik/Sozialkunde oft vernachlässigt, da Wirtschaft dem arbeitsorientierten Fach zugeordnet scheint. So wird strukturell die individuelle Verantwortung stark in den Vordergrund gerückt. Entsprechend existieren in allen Fächerkonstruktionen gewisse Einseitigkeiten.

Gerade durch die strikte Trennung von Politik und Wirtschaft ergeben sich Konsequenzen für die Zielrealisierung sowie strukturell bedingte Verzerrungen und Einseitigkeiten. So ist schon angesichts der Stundenverfügbarkeit zu bezweifeln, dass politisch-gesellschaftswissenschaftliche Fächer ökonomische Bezüge und enger ökonomische Fächer gesellschaftliche und politische Bezüge angemessen herstellen. Verzerrungen sind insofern denkbar, als einerseits aus gesellschaftlich-politischer Perspektive Wirtschaft vor allem als Problem erzeugendes Feld angesehen werden mag, das nur durch politische Grenzen in Schach zu halten sei. Andererseits birgt die ökonomische Perspektive eine systemimmanente Sachzwanglogik, wonach private Haushalte und Unternehmen in ihrer Einbindung in Märkte lediglich begrenzte, statische Handlungsspielräume zu haben scheinen. Dies steht selbst dem eigenen Anspruch entgegen, der das Denken in Alternativen fördern und somit der Innovationsfähigkeit dienen will. Die Gestaltungsmöglichkeiten lediglich auf das ökonomische Bestehen innerhalb dieser Funktionslogik zu richten, beschränkt den kreativen Geist auf nachahmende und anpassende Selbstoptimierung und Wettbewerbsfähigkeit.

Zielorientierte Strukturierung der Inhaltsfelder

Sowohl in der sozioökonomischen als auch ökonomischen Bildung werden ähnliche Inhaltsfelder – bei unterschiedlichen Akzentuierungen – für relevant gehalten, in denen Individuen sich mündig und verantwortlich orientieren, in denen sie urteilen, entscheiden, handeln und mitgestalten können sollen. Dazu zählen etwa Konsum-Haushalt-Geld, Arbeit-Beruf-Unternehmen sowie Wirtschaftsordnung und Wirtschaftspolitik unter Berücksichtigung europäischer und internationaler Beziehungen. Mündig eigene Ziele zu verfolgen, erfordert ebenso, sich der gesellschaftlichen Einflüsse auf die eigenen Entscheidungen bewusst zu werden, was des Verständnisses für die Einbettung in die institutionelle Ebene und der Berücksichtigung der Gestaltungsspielräume von privaten

Haushalten, Unternehmen und Staat bedarf. Ebenso ist ein Verständnis für die Koordinationsbedarfe in arbeitsteiligen und vernetzten Systemen erforderlich, die in einen gegenwärtigen rechtlichen Rahmen eingebunden, aber politisch gestaltbar sind. Ökonomisch-ökologische und ökonomisch-soziale Zielkonflikte existieren auf allen Ebenen, einschließlich der internationalen. Sie erfordern nicht allein individuelles Entscheiden, sondern auch kooperatives und politisches Gestalten.

Gemäß einem solchen Verständnis ergibt sich eine inhaltlich bildungsorientierte Struktur der Inhaltsfelder, die gleichermaßen auf Tüchtigkeit und Emanzipation, auf Aufklärung und Kritik, auf Mündigkeit und Verantwortung ausgerichtet sind (Weber 2013). In den Kernlehrplänen der unterschiedlichen Fächergruppen der Sekundarstufe I im deutschen Bildungssystem konnten nach dieser Struktur ca. 25 bildungsorientierte sozioökonomisch konkretisierte Ziele für die drei Inhaltsfelder identifiziert werden. Die meisten Kompetenzerwartungen der Kernlehrpläne lassen sich diesen zuordnen, auch wenn sie in den Kernlehrplänen als Kompetenzerwartungen bzw. Performanzen einerseits sehr spezifisch operationalisiert oder andererseits sehr allgemein formuliert werden.

Die Übersicht 4 zeigt die inhaltlich konkretisierten Ziele in den Kernlehrplänen nach Inhaltsfeldern, die zwar nicht in allen Kerncurricula umfassend präsent sind, dem sich aber die spezifischen Kompetenzerwartungen zuordnen lassen. Die auf die Inhaltsfelder bezogenen Ziele zeigen – soweit man ihre Relevanz teilt –, dass für jene ökonomisch und sozioökonomisch bedeutsamen Inhaltsfelder eine Abgrenzung ökonomischer, politischer, rechtlicher oder gesellschaftlicher Dimensionen kaum angemessen realisierbar ist.

Eine sinnvolle Konkretisierung stellt für die Curriculumentwicklung gegenwärtig noch eine Herausforderung dar. Diese hat den Spagat zu bewältigen, weder zu spezifische, fast lernzielhafte Detailkenntnisse zu forcieren, bei denen ein fundamentales Verständnis und die eigentlichen Ziele aus dem Blick geraten, noch sich in beliebigen Leerformeln mit unbegrenzten Interpretationsspielräumen zu ergehen. Auch aus der Perspektive der Subjektorientierung ist die Konkretisierung der Kompetenzerwartungen nicht trivial (vgl. Kap. 3 und 11): Dürfen subjektorientierte Ziele überhaupt in operationalisierbare Standards konkretisiert werden? Droht nicht ihre Vernachlässigung im Falle des Verzichts? Auf jeden Fall erfordern sie einen curricularen Freiheitsspielraum.

Übersicht 4: Sozioökonomisch konkretisierte Ziele in Kernlehrplänen (Sek. I)

<table>
<tr><th></th><th>Konsum – Haushalt – Geld</th><th>Arbeit – Beruf – Unternehmen</th><th>Wirtschaftsordnung und Wirtschaftspolitik</th></tr>
<tr><td rowspan="2">Individuelle Entscheidungen treffen</td><td rowspan="2">Konsumentscheidungen reflektierter treffen</td><td>Individuelle Berufs- und Lebensperspektiven entwickeln und Berufswahlprozess planen</td><td rowspan="2">Eigene Position in Märkten reflektieren und wirtschaftliche Koordinationserfordernisse erklären</td></tr>
<tr><td>Begründete und informierte erste Berufswahlentscheidung treffen und Bewerbungsprozess angemessen gestalten</td></tr>
<tr><td>Gesellschaftliche Einflüsse erkennen</td><td>Konsumentscheidungen selbstbestimmter treffen</td><td>Äußere Einflüsse auf die Berufswahl erkennen, Handlungsspielräume erweitern</td><td>Wirtschaftssysteme vergleichen</td></tr>
<tr><td>Koordinationsbedarf verstehen</td><td>Rolle von Konsumenten auf Märkten reflektieren</td><td>Arbeitsteilung erklären und beurteilen, betriebliche Arbeitsplätze auf ihre Arbeitsbedingungen untersuchen und bewerten</td><td>Aufgaben und Funktion von Märkten, Preisbildung, Wettbewerb erklären, Auswirkungen analysieren und beurteilen</td></tr>
<tr><td>Management im Haushalt, Unternehmen, Staat reflektieren</td><td>Mit Ressourcen im Haushalt verantwortlich umgehen</td><td>Bedeutung, Funktion und Organisation von Unternehmen erklären, einzelne Grundfunktionen beschreiben, organisieren, untersuchen, die Entstehung von Gewinn/Verlust erklären</td><td>Staatlichen Handlungsbedarf identifizieren sowie Möglichkeiten und Grenzen staatlicher Intervention unter Berücksichtigung organisierter Interessen beurteilen</td></tr>
<tr><td>Rechtliche-/Politische Dimension reflektieren</td><td>Verbraucherrecht u. -politik kennen, nutzen, beurteilen, mitgestalten</td><td>Arbeitsvertrag und Arbeitnehmerrechte kennen, analysieren und bewerten</td><td>Ziele und Prinzipien der Sozialen Marktwirtschaft erklären</td></tr>
<tr><td rowspan="3">Ökonomisch-ökologisch-soziale Zielkonflikte reflektieren</td><td rowspan="2">Ökologische und soziale Konsequenzen ökonomischen Handelns und Alternativen reflektieren</td><td>Unternehmerische Entscheidungen, Zielsetzungen und Handlungsspielräume unter ökonomischen, sozialen und ökologischen Gesichtspunkten analysieren und beurteilen</td><td>Ergebnisse der Wirtschaftsordnung beurteilen, ökologische Auswirkungen ökonomischer Entscheidungen untersuchen, Abwägungskonflikte identifizieren, Gestaltungsmöglichkeiten beurteilen</td></tr>
<tr><td>Lohnbildung und ihre Einflussfaktoren aus unterschiedlichen Perspektiven beurteilen</td><td>Gesamtwirtschaftliche Ungleichgewichte erkennen, Ursachen identifizieren und Gestaltungsmöglichkeiten beurteilen</td></tr>
<tr><td>Zukunftsbedürfnisse und Risiken angemessen berücksichtigen</td><td>Wandel der Arbeitswelt verstehen, Auswirkungen beurteilen sowie mitgestalten</td><td>Soziale Gestaltung der Wirtschaftsordnung hinsichtlich ihrer Erfordernis und Ausgestaltung analysieren und beurteilen</td></tr>
<tr><td>Internationale Dimension reflektieren</td><td colspan="3">Wirtschaftliche Verflechtungen des regionalen Wirtschaftsraums über die europäische Integration bis zu den internationalen Beziehungen verstehen, Chancen und Risiken beurteilen sowie Einflussmöglichkeiten erkennen</td></tr>
</table>

Quelle: Weber 2019b

Verzerrungen in den Fächergruppen

Wenngleich eine sozioökonomische Betrachtungsweise bereits durch die Ziele der Kernlehrpläne nahegelegt wird, schleichen sich in den Fächergruppen intendiert oder unbeabsichtigt problematische Verzerrungen ein, die Perspektiven eher einschränken statt sie zu erweitern.

In *arbeitsorientierten Fächern* lässt sich – gemäß der Annahme schwieriger beruflicher Chancen nichtgymnasialer Absolventinnen und Absolventen – das Ziel identifizieren, diesen eine Eintrittskarte in den Beruf zu verschaffen. Dazu sollen sie sich an Flexibilität, Mobilität und Selbstständigkeit orientieren, ohne ihnen aber die Chance zu geben, sich auch nur im Ansatz mit gesamtwirtschaftlichen Zusammenhängen und wirtschaftspolitischen Gestaltungsmöglichkeiten auseinanderzusetzen, womit einseitig allein den Individuen die Verantwortung für Versagen oder Erfolg übertragen wird.

Im Gegensatz dazu vernachlässigen Fächer *politischer Bildung* mit dem Anspruch, ökonomische Bildung zu integrieren, die sogenannte „Alltagshilfe“. Sie beschränken etwa Konsum auf gesellschaftliche Einflüsse (v.a. Werbung) und Folgen (v.a. Umwelt), beziehen Arbeit und Beruf weniger auf Berufsorientierung, sondern vor allem auf geschlechtsspezifische Arbeitsteilung und Prekarisierung als Begleiterscheinung eines Wandels der Arbeitswelt. Dies resultiert aus der stärkeren Orientierung an Kontroversen und Schlüsselproblemen, legt aber ebenso eine eindimensionale Betrachtung nahe und blendet die spezifischen Interessen der Subjekte an ihrer Zukunft in eben dieser Arbeitswelt aus. Wird Politik hingegen als wesentlicher Kern des Faches betrachtet, mögen zwar Mitwirkungsrechte der Arbeitnehmer im Unternehmen oder politische Ergänzungen der Marktwirtschaft wichtig sein, nicht aber die Entstehung von Einkommen im Unternehmen oder die Koordinationsfunktion einer Marktwirtschaft. Auf diese Weise erscheint wirtschaftliches Handeln von vorneherein als regulierungsbedürftig und ökonomische Bildung beschränkt sich auf die Kritik an „der Wirtschaft“, als ob Konsumentinnen und Konsumenten sowie Arbeitnehmerinnen und Arbeitnehmer kein Teil der Wirtschaft wären.

Auch in den eher *ökonomischen Fächern* existieren solche Verzerrungen. Während hier eine finanzielle Bildung als individuelle Zukunftsvorsorge über die Zielkonflikte des magischen Anlagedreiecks die Illusion raubt, Liquidität, Sicherheit und höchstmögliche Rentabilität gleichzeitig zu erreichen, werden vielleicht noch freiwillige und Pflichtversicherung verglichen, weniger aber Individual- und Sozialversicherung, geschweige denn soziale und politische Entwicklungen einbezogen, die die Entstehung der Sozialversicherungen oder die

Ursachen sozialer Notlagen begründen. Wird der Private Haushalt fokussiert, nicht aber der Konsum, erfolgt zwar eine stärkere Berücksichtigung der Einkommensquellen und -verwendung. Dies verkommt aber nicht selten dazu, die relative Knappheit als Entscheidungsnotwendigkeit zu begründen, ohne die gesellschaftliche Bedingtheit des Konsumverhaltens, seine Funktion für die Identitätsstiftung, die Rolle von öffentlichen Gütern für die Versorgung oder auch eine immer noch existente geschlechtsspezifische Arbeitsteilung im Haushalt und den Wert unbezahlter Arbeit sichtbar zu machen. Zwar vernachlässigen die Wirtschaftsfächer Mitbestimmung und Arbeitnehmerrechte nicht, unklar bleibt aber, wie Lernende die Konflikte angemessen und mehrperspektivisch beurteilen sollen, wenn sie sich viel differenzierter mit der Funktion, Organisation und den Erfolgsfaktoren des Unternehmens auseinandergesetzt haben als mit Arbeitsbedingungen, der Balance von Arbeit und Freizeit sowie auch der sozialen Funktion von Arbeit.

Anforderungen an die curriculare Gestaltung und die Interpretationsfähigkeit der Lehrkräfte

Eine sozioökonomische Perspektive, die an die Bildungsziele der genannten Fächer anschließt, würde im Gegensatz zu einer rein ökonomischen Perspektive

- deutlicher auf *Gefährdungen und Behinderungen* in jenen ökonomisch geprägten Lebenssituationen durch ökonomische Entwicklungen hinweisen,
- stärker *gesellschaftliche Einflüsse* auf individuelle ökonomische Entscheidungen hinterfragen,
- kritischer neben der Erweiterung individueller Handlungsspielräume auch Optionen *kollektiver Unterstützung sowie politischer Gestaltungsoptionen* reflektieren.

Eine sozioökonomische Perspektive interessiert sich nicht nur für eine idealtypische Modellierung der Wirtschaftsakteure in Kreisläufen und Märkten, sondern auch für die empirische Wirklichkeit und unterschiedliche Möglichkeiten der Interessendurchsetzung. Vor allem ist aus sozioökonomischer Perspektive Effizienz kein alleiniges Entscheidungskriterium, vielmehr ermöglicht sie eine subjektorientierte Reflexion über das, was Wohlstand und Lebensqualität grundsätzlich ausmacht. Allerdings ist Effizienz auch nicht zu vernachlässigen, wenn durch einen angemessenen Einsatz knapper Ressourcen bei alternativen Strategien eben auch vielfältige Ziele realisiert werden könnten.

Die zentralen Anliegen sowohl der sozioökonomischen als auch der ökonomischen Bildung sind nicht in jedem gesellschafts- und sozialwissenschaftlichen

Fach präsent, allerdings zeigen einzelne Fächer, dass einem die ökonomische Bildung nicht vernachlässigenden, aber integrativen Anspruch durchaus angemessen Rechnung getragen werden kann. Verzerrungen und Einseitigkeiten existieren gegenwärtig in allen Fächergruppen, die zum Teil auch strukturell durch die Trennung bzw. den verfügbaren Stundenrahmen bedingt sind. Deshalb müssen Lehrkräfte vor allem auch einen differenzierten Blick für einseitige und verzerrende Perspektiven gewinnen, um Interpretationsspielräume im Unterricht, aber auch curriculare Gestaltungsspielräume zu nutzen. Dies zielt entsprechend nicht auf weniger, sondern auf mehr und vielseitigeres Fach- und fachdidaktisches Wissen.

Hindernisse einer pluralen, sozioökonomischen Bildung in den Lehrplänen ergeben sich nicht zuletzt durch das verfügbare Stundenkontingent, in dem den politisch-ökonomischen Fächer gemeinsam gegenwärtig zumeist noch nicht einmal das Drittel des gesellschaftswissenschaftlichen Stundenkontingents zur Verfügung steht, sodass sich die Fächer auf den Erwerb ihres spezifischen Blicks auf die Welt beschränken: Wirtschaft als Kern – Politik als Kern. Entsprechend werden automatisch die gegenwärtig verflochtenen Herausforderungen wie z.B. Digitalisierung, Globalisierung, internationale Spannungen, demographische Entwicklung, ökologische Krisen, soziale Ungleichheit, Migration und Fremdenfeindlichkeit, denen sich die demokratischen Systeme gegenübersehen, verengt oder ausgeblendet. Begreifen sich aber die Lernenden lediglich al Spielball fremder Mächte, ohne für die Herausforderungen ihrer Zeit Mitgestaltungsmöglichkeiten abwägend einschätzen zu können, stellt dies nicht zuletzt eine Gefahr für die Akzeptanz sowohl des ökonomischen als auch politischen Systems dar.

Wenn Fächer politischer und ökonomischer Bildung sich im Falle der Trennung ergänzen sollen, verbleibt das Problem, wo und wann sich die Lernenden ein differenziertes Urteil über die Konflikte und Gestaltungsmöglichkeiten bilden sollten. Die beiden Fächer ergänzen sich in der kerncurricularen Wirklichkeit angesichts des knappen Stundenkontingents kaum, da die Beheimatung von Wirtschaft in einem Fach seinen Tribut in der Ausblendung im jeweils anderen hat, sodass Vernachlässigungen auf beiden Seiten strukturell bedingt sind. Inwiefern bei einer engen ökonomischen Betrachtung die Dynamik sozioökonomischer Entwicklungen – auch unter Bedingungen der Unsicherheit –, die engen Verflechtungen mit dem politischen System sowie die Abwägungserfordernisse ökonomisch-sozialer Gestaltung angemessen erfasst werden könnten, ist zu bezweifeln.

Angesichts der Vielzahl sozioökonomischer Abwägungskonflikte – ob im individuellen oder im gesellschaftlichen Rahmen – erscheint eine sinnvolle

Trennung schwierig. Wie sollen etwa soziale Fragen auf zwei sich ergänzende Fächer verteilt werden? Sozialstruktur in dem einen, Soziale Marktwirtschaft und Verteilung in dem anderen Fach, Globalisierung, EU, Friedenssicherung, Entwicklung in dem einen, internationale Arbeitsteilung, Handel und Währung in dem anderen Fach, der Staat und das politische System in dem einen, sein Haushalt und seine Erfordernisse in dem anderen Fach? Im Falle einer Trennung mögen beide Fächergruppen zentrale Fragen einseitig und verzerrt behandeln, Ursachen verkürzen und einseitigen entweder ökonomischen Funktions- oder politischen Gestaltungsoptimismus schüren. Mit dichotomen Gegenüberstellungen wird damit eine reflektierte und ausgewogene Entscheidungs-, Urteils- und Mitgestaltungsfähigkeit eher konterkariert als gefördert. Diese zu ermöglichen bedarf allerdings eines angemessenen Zeitanteils in allen Schulformen sowie auch reflektierter Lehrkräfte, die vor allem in der Sekundarstufe I trotz des begrenzten Stundenkontingents, aber angesichts fehlender zentraler Prüfungen durchaus beträchtliche Gestaltungsspielräume nutzen oder auch verschenken können.

Übersicht 5: Exemplarische Kernlehrpläne

BW	**Baden-Württemberg**	Ministerium für Kultus, Jugend und Sport
	BW WB GY 2016	Bildungsplan des Gymnasiums. Wirtschaft/Berufs- und Studienorientierung (WBS). Stuttgart, den 23.3.2016
	Bildungsplan 2016	http://www.bildungsplaene-bw.de/,Lde/Startseite
BY	**Bayern**	Staatsministerium für Bildung und Kultus, Wissenschaft und Kunst Staatsinstitut für Schulqualität und Bildungsforschung München
	BY WR GY 2016	**Gymnasium. Wirtschaft und Recht.**
		Lehrplan PLUS BAYERN mit Service online. 15. November 2016 Auszüge: Fachprofil, Grundlegende Kompetenzen, Fachlehrpläne http://www.lehrplanplus.bayern.de/
MV	**Mecklenburg-Vorpommern**	Ministerium für Bildung, Wissenschaft und Kultur
	MV AWT GY 2002	**Rahmenplan. Gymnasium. Integrierte Gesamtschule. Jahrgangsstufen 7–10. AWT (Arbeit-Wirtschaft-Technik) Erprobungsfassung 2002. Schwerin/Rostock**
		https://www.bildung-mv.de/schueler/schule-und-unterricht/faecher-und-rahmenplaene/rahmenplaene-an-allgemeinbildenden-schulen/
NI	**Niedersachsen**	Niedersächsisches Kultusministerium
	NI W OS 2013	**Kerncurriculum für die Oberschule. Schuljahrgänge 7–10. Wirtschaft. Niedersachsen. Hannover 2013**
		http://www.nibis.de/nibis.php?menid=3790

NW	**Nordrhein-Westfalen**	Ministerium für Schule und Weiterbildung des Landes Nordrhein-Westfalen
	NW GL GS 2011	Kernlehrplan für die Gesamtschule – Sekundarstufe I in Nordrhein-Westfalen. Gesellschaftslehre. Erdkunde, Geschichte, Politik. 18.02.2011
	NW P RS 2011	Kernlehrplan für die Realschule in Nordrhein-Westfalen. Politik. 28.04.2011
	NW PW GY 2007	Kernlehrplan für das Gymnasium – Sekundarstufe I (G8) in Nordrhein-Westfalen: Politik/Wirtschaft, Frechen/Düsseldorf 2007. 2.8.2007
		https://www.schulentwicklung.nrw.de/lehrplaene/lehrplannavigator-s-i/
RP	**Rheinland-Pfalz**	Ministerium für Bildung, Wissenschaft, Weiterbildung und Kultur * Ministerium für Bildung, Frauen und Jugend Rheinland-Pfalz ** Ministerium für Bildung
	RP GL GS 2013	Rahmenlehrplan Gesellschaftslehre für die integrierten Gesamtschulen und die Realschulen plus in Rheinland-Pfalz. Klassenstufen 5 bis 6.
	RP GL GS 2015	Rahmenlehrplan Gesellschaftslehre für die integrierten Gesamtschulen und die Realschulen plus in Rheinland-Pfalz. Klassenstufen 7 bis 10. Juni 2015
	RP SK SI 2016*	Lehrplan für die Gesellschaftswissenschaftlichen Fächer Erdkunde. Geschichte, Sozialkunde. (18.01.2016)
		https://lehrplaene.bildung-rp.de/
SL	**Saarland**	Ministerium für Bildung und Kultur Saarland
	SL GW GM 2014	Lehrplan Gesellschaftswissenschaften. Gemeinschaftsschule. Erprobungsphase. Mai 2014
	SL SK GY 2012	Lehrplan Sozialkunde. Gymnasium. Klassenstufe 9. Schuljahr 2012/13, Erprobungsphase. Mai 2012
	SL AL GMS 2012	Lehrplan Arbeitslehre. Gemeinschaftsschule. Klassenstufen 5 und 6. – Entwurf – Juli 2012
	SL BW GmS 2014	**Lehrplan Beruf und Wirtschaft Gemeinschaftsschule. – Erprobungsphase – 2014**
		https://www.saarland.de/lehrplaene.htm
TH	**Thüringen**	Thüringer Ministerium für Bildung, Wissenschaft und Kultur
	TH WR GY 2012	**Lehrplan für den Erwerb der allgemeinen Hochschulreife. Wirtschaft und Recht 2012**
		https://www.schulportal-thueringen.de/lehrplaene

Quelle: Weber 2019b

Tipps zum Weiterlesen

Weber, Birgit (2019): Was Jugendliche über Wirtschaft wissen und können sollen. Eine vergleichende Curriculumanalyse der Relevanz, Inhalte und Kompetenzerwartungen in der Sekundarstufe I. Frankfurt/M. (in Vorbereitung).

Weber, Birgit (2017): Politik-Sozialkunde – (k)ein Ankerfach für die ökonomische Bildung? In: Engartner, Tim/Krisanthan, Balasundaram (Hg.): Wie viel ökonomische Bildung braucht politische Bildung? Schwalbach/Ts., S. 43–51.

Weber, Birgit (2013): Zwischen Subjekt, Lebenswelt, Wissenschaft und Verantwortung: Ökonomische Bildung im Spannungsfeld der Interessen. In: GW-Unterricht, 132, S. 5–16.

TIM ENGARTNER

6 Wie findet man Themen für die sozioökonomische Bildung?

Was ist die didaktische Herausforderung?

Wirtschaft ist einer der spannendsten Gegenstandsbereiche überhaupt: Kein Tag vergeht, ohne dass wir ökonomisch handeln oder behandelt werden. Wir tätigen Einkäufe, lassen uns von Werbung beeinflussen, bewegen uns auf steuerfinanzierten Gehwegen, Straßen und Schienen, nutzen beim Online-Shopping die Vorzüge der Internetökonomie oder erfahren Theater- und Museumsbesuche als Inanspruchnahme meritorischer Güter. Überdies werden Tag für Tag wirtschaftspolitische Entscheidungen kontrovers diskutiert – sei es die Zinspolitik der Europäischen Zentralbank, der bundesdeutsche Exportüberschuss oder die (volkswirtschaftliche) Dimension der Migrationsbewegung. Die Liste der Beispiele ließe sich *ad infinitum* fortsetzen. Aus dieser Vielzahl von Themen gilt es, die am besten für den sozioökonomischen Unterricht geeigneten herauszugreifen.

Welche didaktischen Zugänge bieten sich an?

Ein wesentliches Auswahlkriterium liegt in dem Anspruch auf Exemplarität begründet, sodass die Lernenden anhand der gewählten Themen verallgemeinerungsfähige Strukturen und Funktionsweisen einer modernen, funktional ausdifferenzierten Gesellschaft entschlüsseln können. Damit sollen nicht nur klassische Kompetenzen ökonomischer Bildung gefördert werden, sondern insbesondere auch die politische Urteilsbildung. Konstitutive Merkmale der Sozioökonomiedidaktik sind – neben der für sämtliche Fachdidaktiken maßgeblichen Subjektorientierung – die Prinzipien der Problem- und der Konfliktorientierung. Während die *Problemorientierung* den *Inhalt* des Politischen bzw. Ökonomischen thematisiert und gesellschaftlich kollektiv definierte Probleme wie Arbeitslosigkeit oder Chancenungleichheit fokussiert, betont die *Konfliktorientierung* politische, gesellschaftliche und ökonomische *Prozesse*, die von verschiedenen Akteurinnen und Akteuren beeinflusst und damit verändert werden können. Anders als in der neoklassisch geprägten ökonomischen Bildung werden im Rahmen der sozioökonomischen Bildung gesellschaftliche und persönliche Schlüsselprobleme akzentuiert: Karl Homann und Andreas Suchanek z.B. unterstreichen den Stellenwert der Problemorientierung zur Behandlung ökonomischer Bildungsinhalte, indem sie anmerken, „dass der letzte Sinn ökonomischer Forschung (...) in der Erarbeitung von Erkenntnissen liegt (...), die zur Lösung der Probleme der sozialen Ordnung beizutragen vermögen" (2005, 349). Mit Blick auf die Konfliktorientierung kann zwischen *manifesten* Konflikten, die strukturelle Bestandteile der Gesellschaft sind (wie z.B. Tarifkonflikte), und den diesen meist zugrundeliegenden *latenten* Konflikten (wie z.B. dem Interessengegensatz von Arbeitgeberinnen und Arbeitgebern sowie Arbeitnehmerinnen und Arbeitnehmern) unterschieden werden.

Welche Hindernisse/Kontroversen sind zu bewältigen?

Ein wesentliches Hindernis für eine auf Mündigkeit zielende sozioökonomische Bildung liegt in dem Anspruch begründet, sich nicht der „Abbilddidaktik" im Sinne einer miniaturisierten Wirtschaftskunde zu verschreiben, sondern den Lernenden im Zuge der Lernprozesse Denkanlässe zu bieten, sodass sie (eigene) Meinungen und Urteile überdenken, präzisieren, reflektieren, verifizieren oder gegebenenfalls auch falsifizieren können. Diese didaktische Konzeption will Lernenden sowohl politisch kategoriales Denken als auch die Teilhabe an einer politischen Streitkultur ermöglichen. Die differenzierte *Betrachtung* und *Beurteilung* von Problemen und Konflikten soll einer in den Wirtschaftswissenschaften oftmals vermittelten rein affirmativen Grundhaltung gegenüber der bestehenden Wirtschafts- und Sozialordnung entgegenwirken. Nur dann können Ökonomisierungsprozesse und -mechanismen mitsamt ihren Folgewirkungen von den Betroffenen erkannt, kritisiert und nicht zuletzt auch verändert werden.

Beispiele für Themenfindungen

Im Folgenden werden Kernthemen der (sozio-)ökonomischen Bildung, nämlich „Geld", „Konsum", „Arbeit" und „Globalisierung" näher beleuchtet, um sie als Themen für den sozioökonomischen Unterricht greifbar zu machen.

Geld

Geld ist in erster Linie ein Tausch- und Zahlungsmittel, das der Wertbemessung, -aufbewahrung und -übertragung dient. Allerdings wird Geld in einer monetarisierten Gesellschaft immer auch als Symbol erlebt und gebraucht, sodass sich die ökonomische mit seiner psychosozialen Bedeutung vermischt. Geld bzw. Vermögen wird als Maßstab für den beruflichen Erfolg gewertet, verleiht Ansehen und gewährt gesellschaftlichen Einfluss. Mangelnde materielle Möglichkeiten hingegen werden mitunter als persönlicher Misserfolg gedeutet, was vielfach zur gesellschaftlichen Marginalisierung der „Geldlosen" führt. Dabei steigt die weltweite Ungleichverteilung der Einkommen und Vermögen stetig: So offenbart der jüngste Bericht der Entwicklungshilfeorganisation Oxfam (2017) mit dem Titel „An Economy for the 99 %", dass die acht reichsten Menschen der Welt über ein ebenso großes Vermögen verfügen wie die ärmere Hälfte der Weltbevölkerung.

Überdies sollte in einem von sozioökonomischen Facetten geprägten Unterricht deutlich werden, dass Geld (allein) nicht glücklich macht. Zwar ist materieller Wohlstand unerlässlich für das individuelle Wohlbefinden, aber ab einem Bruttojahreseinkommen von ca. 60.000 Euro führen Einkommenssteigerungen nicht zu einer Steigerung des Glücksempfindens (Kahneman/Deaton 2010). So kommt es ab einem gewissen Lebensstandard eben nicht so sehr darauf an, über wie viel Geld bzw. materielle Güter man verfügt, sondern wie viel Freude man (daran) hat. Gerade in einer Zeit, in der viele Menschen von allem den Preis, aber nur noch von wenigem den Wert kennen, ist die sozioökonomische Betrachtung von Geld zwingend erforderlich.

Ein weiteres mit Geld verknüpftes und potenziell problematisches Phänomen ergibt sich daraus, dass wirtschaftlich Handelnde die Möglichkeit haben, am Geldmarkt einen Kredit aufzunehmen. Zum einen bergen Konsumentenkredite die Gefahr der Ver- und Überschuldung (bis hin zur Privatinsolvenz), zum anderen haben die globalen Finanzkrisen der jüngsten Vergangenheit verdeutlicht, wie individuelle Schuldenfallen zu gesamtwirtschaftlichen Krisen werden und damit zu einer weiteren Verschärfung gesellschaftlicher Spaltung beitragen können (Engartner 2012, 9 ff.; Bofinger 2009, 21 ff.). In diesem Zusammenhang lassen sich dann auch Aspekte des Finanzwesens wie z. B. das Phänomen der Finanzialisierung, der Bankenmacht und der Finanzmarktspekulation präzise/r beleuchten (vgl. weiterführend Häring 2010, 11 ff.; Bofinger 2009, 26 ff.). Insofern stellen Krisen wertvolle Lernanlässe dar, da gerade an ihnen Konflikthaftigkeit, Handlungs- und Entscheidungsdruck in der Sphäre der Politik deutlich werden (vgl. Steffens 2010).

Im Gegensatz zu einer rein *anwendungsorientierten* Betrachtung von Geld, die bislang die Curricula für die Sekundarstufe I dominiert (vgl. Haubl 2008, 10), muss „Geld" als sozioökonomisches Unterrichtsthema in erster Linie mit Blick auf soziale Phänomene identifiziert, analysiert, reflektiert und diskutiert werden (vgl. Kap. 5). Nur so können die Lernenden für das Thema „Geld“ sensibilisiert werden, sodass mündige Bürgerinnen und Bürgern heranwachsen.

Konsum

Sozioökonomische Konsumbildung folgt dem integrativen Ansatz, um die Risiken des Konsumismus zu identifizieren, die partizipatorischen Potenziale konsumbürgerschaftlichen Handelns zu entschlüsseln und die „Politisierung des Konsums“ (Lamla 2006) bzw. die „Moralisierung der Märkte“ (Stehr 2007) zu thematisieren (vgl. Kap. 15). Dieser Zugang, wonach der „schlafende Riese Konsument“ erwachen und den „Kaufakt in eine Abstimmung über die weltpolitische Rolle der Konzerne“ verwandeln soll, ist für eine sozioökonomische Perspektivierung unabdingbar (Beck 2002, 131). Daraus folgt, dass Konsumentinnen und Konsumenten wie Produzentinnen und Produzenten oftmals die an der reinen Nutzen- und Wertvermehrung ausgerichtete Zweckrationalität überwinden und stattdessen ein von moralischen Kriterien geleitetes (Markt-)Verhalten praktizieren können sollten (vgl. Kap. 3).

Denn ob beim Kaffeetrinken, beim Schokoladenverzehr oder beim Kauf von Textilien – ethischer Konsum gemäß dem Motto „Wandel durch Handel“ findet immer breitere Akzeptanz. Vorbei sind die Zeiten, in denen ethisch verantwortungsvoller Konsum ausschließlich und einseitig als politisch motiviertes Distinktionsverhalten des links-alternativen Milieus oder als nach Aufmerksamkeit heischender Gestus utopiegläubiger „Weltverbesserer“ interpretiert wurde. Eine rein ökonomische Betrachtung von Konsum als Verbrauchshandlung vernachlässigt seine soziale, emotionale, kulturelle und ästhetische Wirkmächtigkeit. Konsum beeinflusst den Menschen und Menschen beeinflussen Konsumangebote – das kann als partizipatorische Chance begriffen werden, wenn Konsumentinnen und Konsumenten ihre Rolle nutzen, um die Konsumgesellschaft aktiv zu verändern. Dies führt zu den zentralen Fragestellungen für die individuelle Gestaltung des Konsums: Welche Konsumentin bzw. welcher Konsument will ich sein? Kann ich trotz eines womöglich knappen Budgets ethisch verantwortungsvoll konsumieren? In welcher (Konsum-)Gesellschaft will ich leben? Die thematischen Zugänge sind vielfältig (siehe Übersicht 6):

Trotz der gelegentlich erdrückenden Angebotsvielfalt und der mitunter nicht zu durchschauenden Produktionsbedingungen sollten einer reflektierten Konsumentscheidung bestenfalls die folgenden Kriterien zugrunde gelegt werden, die sich idealiter entlang sozialer, ökologischer und ökonomischer Problemstellungen konkretisieren lassen (siehe Übersicht 7):

Übersicht 6: Ansatzpunkte für sozioökonomische Konsumbildung

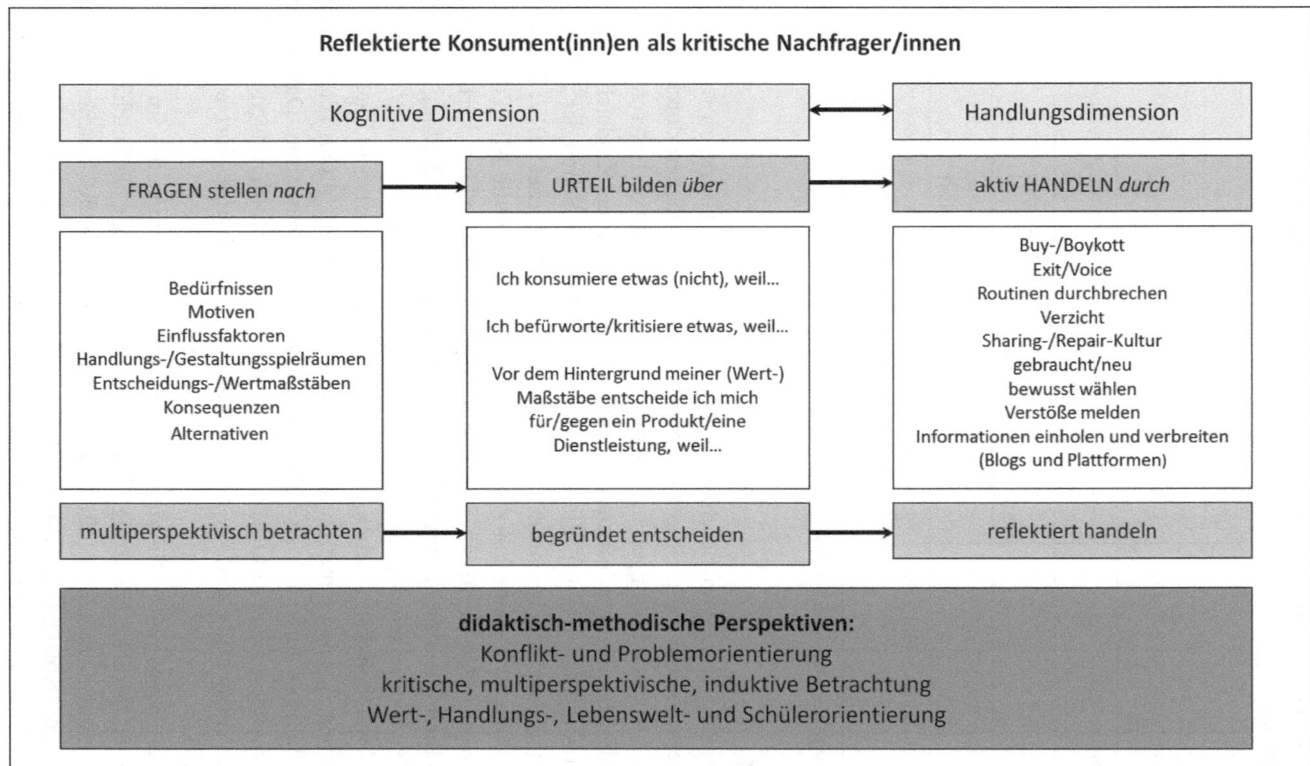

Quelle: vgl. Engartner/Heiduk 2015, 340

Übersicht 7: Kriterien ethischen Konsums aus sozialer, ökologischer und ökonomischer Perspektive

Soziales	Ökologie	Ökonomie
keine gesundheitsschädigenden Arbeits- und Produktionsbedingungen	ressourcenschonender Anbau	stabile Mindestpreise (u. a. gegenüber Lieferanten)
keine Kinderarbeit	keine umweltschädlichen Substanzen	langfristige Handelsbeziehungen
Mitbestimmung der Arbeitnehmerschaft	Förderung kontrolliert biologischen Anbaus	Fairtrade-Prämie
keine Diskriminierung	Verbot genetisch veränderter Organismen	„gerechte" Entlohnung der Beschäftigten
Meinungs- und Versammlungsfreiheit	Wiederinstandsetzung der Natur (z. B. Aufforstung)	Wahrung eines *Corporate-Governance*-Kodex (z. B. Korruptionsverbot)

Quelle: vgl. Engartner 2014b, 24

Arbeit

Die Prekarisierung von Beschäftigungsverhältnissen in Form von Kurz-, Zeit- und Leiharbeitsverhältnissen kann Kindern und Jugendlichen durch Verweise auf die Arbeitsbedingungen im Frachtpostsektor, in Fast Food-Restaurants oder in Kindergärten zumindest ansatzweise verdeutlicht werden. Zugleich werden in Zeiten von „Industrie 4.0" Flexibilität und Mobilität auf Seiten der Arbeitnehmerinnen und Arbeitnehmer stetig bedeutsamer (Tschirner 2017; Tschirner/Scheu 2016, 4 f.) – eine Entwicklung, die zu einer bis in die Mitte der Gesellschaft reichenden Verunsicherung geführt hat. Diese neuen Unsicherheiten können in ihrer Vielschichtigkeit mit der „Brille der politischen Bildung" analysiert und deutend verstanden werden. Schulische Lernprozesse müssen daher die technologischen, historischen, rechtlichen sowie wirtschafts- und gesellschaftspolitischen Aspekte der modernen Arbeitswelt dezidiert in den Blick nehmen und dabei sowohl Licht- als auch Schattenseiten verdeutlichen. Dabei dürfen die Lernenden nicht zu Objekten gesellschaftlicher Anforderungen degradiert, sondern müssen als künftige Subjekte der Arbeitswelt adressiert werden (vgl. Kap. 13).

Sozioökonomische Bildung soll die Lernenden demnach – im Gegensatz zur reinen Berufsorientierung – auf ihre zukünftige Rolle als Beschäftigte vorbereiten und allgemein für „die Belange und die Situation der Beschäftigten sensibilisieren" (Kölzer/Krebs 2013, 39). Eine Schwerpunktsetzung in Richtung der Arbeitnehmerrolle lässt sich – verkürzt formuliert – schon mit dem „Gesetz der

Masse" begründen, da die überwältigende Mehrheit der Schülerinnen und Schüler später in abhängiger Beschäftigung berufstätig sein wird. Den zentralen Konflikt der Arbeitswelt stellen dabei die unterschiedlichen Interessen von Arbeitnehmerinnen und Arbeitnehmern auf der einen sowie Arbeitgeberinnen und Arbeitgebern auf der anderen Seite dar. Sind letztere vermehrt internationalem Wettbewerb und dem damit einhergehenden Kostendruck ausgesetzt, zielen erstere auf angemessene Arbeitsbedingungen und die dauerhafte Sicherung des Lebensunterhalts. In diesem Zusammenhang lassen sich dann die Funktion von Tarifverträgen und Betriebsräten (Tschirner 2017, 7; Tschirner 2015) und die Notwendigkeit bzw. Wirksamkeit von Mindestlöhnen als politischem Regulativ thematisieren (Tschirner 2016). Nicht zuletzt mit Blick auf Macht- und Herrschaftsverhältnisse wird so die Bedeutung von Regulierungen ersichtlich, um Konflikte zu schlichten, zu beschwichtigen oder gar nicht erst aufkeimen zu lassen.

Insgesamt müssen die Lernenden „die Grundstrukturen und Bestimmungsfaktoren erkennen, die die Interessenlagen in Wirtschaft und Gesellschaft bestimmen", um „ihre eigenen Bedürfnisse zu artikulieren, gleichgerichtete und gegensätzliche Interessen zu erkennen" und „ihre Interessen mit den gleichermaßen Betroffenen gegen vorhandene Widerstände durchzusetzen" (Görs 1975, 295). Zudem müssen Kinder und Jugendliche erkennen, dass die derzeitigen Arbeitswelten mitsamt ihren Institutionen, Kulturen und Praktiken keine natürlichen Gegebenheiten darstellen, sondern historisch gewachsen, von Menschen gestaltet und damit politisch veränderbar sind.

Globalisierung

Das Schlagwort „Globalisierung" charakterisiert die weltweite Vernetzung sozialer, politischer und ökonomischer Entwicklungen. Die zeithistorische Diagnose begnügt sich wahlweise mit dem Hinweis auf Globalisierung als größte Chance für wirtschaftlichen Wohlstand oder aber als Entwicklung in Richtung „Arbeitsplatzvernichtung". Neben Chancen bringt die Globalisierung für viele Menschen nämlich auch Ungewissheiten und Ängste mit sich, weshalb die globalisierungskritische Bewegung mit ihrer Behauptung „Eine andere Welt ist möglich!" unter Jugendlichen großen Zulauf hat. Jenseits dieser plakativen Zuschreibungen ist das Thema Globalisierung aber auch von höchster tagespolitischer Bedeutung – und damit in besonderer Weise relevant für den sozioökonomischen Unterricht. Zudem betrifft es die Lebenswelt der Lernenden in vielfältiger Art und Weise: Die Frage etwa, unter welchen Bedingungen asiatische Arbeitsmigrantinnen und -migranten auf den Baustellen Katars arbeiten, um die

Stadien für die Fußball-Weltmeisterschaft 2022 zu errichten, ist nicht nur für die sportinteressierte Weltöffentlichkeit bedeutsam. Wenn sich bei Textilprodukten namhafter Hersteller und Modeketten die Herkunftsdeklaration „Made in Bangladesh" findet, wirft dies – spätestens im Nachgang einer entsprechenden Sensibilisierung – bei Lernenden Fragen danach auf, warum die Standortbedingungen in Asien eine so viel „günstigere" Fertigung erlauben.

In Bezug auf wirtschaftliche Globalisierung lassen sich die Bereiche „Handel", „Finanzen", „Produktion" und „Arbeit" unterscheiden (Engartner/Nölke 2015). Neben staatlichen und zivilgesellschaftlichen Akteurinnen und Akteuren haben hier in den letzten Jahrzehnten vor allem multinationale Konzerne – sogenannte „global players" – an Einfluss gewonnen. Dies ist insofern bedenklich, als davon auszugehen ist, dass der Anteil der Globalisierungsverliererinnen und -verlierer mit einem rückläufigen staatlichen bzw. zivilgesellschaftlichen Regulativ, d.h. einem weiteren Rückzug von „Vater Staat", noch weiter steigen dürfte. Zur Behandlung dieser Problematik im sozioökonomischen Unterricht empfiehlt sich die Auswahl von Fallbeispielen mit deutlichem Lebensweltbezug. Meller und Nijhawan wählen zu diesem Zweck das Beispiel „Nutella" (2017). Die weltweit bekannte Nuss-Nougat-Creme des italienischen Herstellers Ferrero symbolisiert die globale Wertschöpfungskette in besonders eindrücklicher Weise, steht mithin exemplarisch für die ökonomische Globalisierung. Anhand eines solchen Beispiels ist es dann sowohl möglich, theoretische Aspekte wie z.B. David Ricardos Außenhandelstheorie zu analysieren, zu diskutieren und zu kritisieren, als auch auf potenziell negative sozioökonomische und ökologische Konsequenzen wirtschaftlicher Globalisierung (s.o.) einzugehen, um individuelle und kollektive Handlungsmöglichkeiten aufzuzeigen. Letztlich geht es schließlich auch um die Globalisierung der Politik, sprich: um politische Handlungsmöglichkeiten in Zeiten einer sich selbst verstärkenden Globalisierung.

Sozioökonomischer Unterricht sollte daher u.a. Antworten auf folgende Fragen geben: Was genau ist unter Globalisierung zu verstehen? Wo wird sie im Alltagsleben sicht- und spürbar? Welche Vorteile bringt sie für wen mit sich und wo sind mögliche Schattenseiten zu sehen? Wie lässt sich Globalisierung politisch gestalten? Die letzte Frage deutet an, dass die Identifikation von Handlungsmöglichkeiten von besonderer Bedeutung ist, wird die Globalisierung doch nicht nur durch globale, europäische oder nationale Politik geprägt, sondern auch im Alltagsleben gestaltet, so z.B. durch die Entscheidung für oder gegen bestimmte Konsumgüter (s.o.) oder zivilgesellschaftliches Engagement. Dementsprechend erfordert auch die unterrichtliche Bearbeitung einen kontrovers angelegten, problem- bzw. konfliktorientierten Zugang, der das Leben in der globalen Gesellschaft beleuchtet und dabei die Chancen sowie Risiken für das Subjekt herausstellt. Um sich in dieser Gesellschaft orientieren und sachlich begründete Entscheidungen treffen zu können, sind Analysekompetenzen zur Identifikation von Rahmenbedingungen und Handlungsmöglichkeiten zentral. Schließlich sollen die Lernenden eine Debattenkultur jenseits einer eindeutigen Dichotomie einüben, bei welcher es in erster Linie auf fundierte Argumente unter Berücksichtigung der Eigen- und Fremdperspektive ankommt. Aufgrund der internationalen Bezüge bietet sich im Rahmen des Themenfeldes „Globalisierung“ im sozioökonomischen Unterricht grundsätzlich ein bilingualer Ansatz an (vgl. weiterführend Meller/Nijhawan 2017).

Zusammenfassender Ausblick

Diese Skizzierung zentraler Themenfelder des sozioökonomischen Unterrichts verdeutlicht zum einen die thematische Vielfalt sozioökonomischer Problem- und Fragestellungen. Zum anderen lassen die Darstellungen erkennen, dass emanzipatorische Bildung, die dem Leitziel der Mündigkeit verpflichtet ist, von Schülerinnen und Schülern nur dadurch zu erreichen ist, dass wechselseitige Bezüge zwischen gesellschaftlichen, politischen und ökonomischen Herausforderungen erfolgen. Bei der Strukturierung der Themen sind mithin neben der Subjektorientierung vor allem die didaktischen Prinzipien der Problem- und Konfliktorientierung von besonderer Bedeutung, sehen sich die Lernenden doch sowohl auf persönlicher als auch auf gesellschaftlicher Ebene tagtäglich mit ökonomischen Urteils- und Handlungserfordernissen sowie sozioökonomischen Kontroversen konfrontiert. Im Anschluss hieran darf sich die sozioökonomische Lehre eben gerade nicht auf eine rein anwendungsorientierte Perspektive beschränken, sollen Lernende zu differenzierten Betrachtungen und Beurteilungen ökonomischer Probleme und Konflikte gelangen, reflektiertes Verhalten zeigen, die sozioökonomische Ordnung als geworden und somit veränderbar erkennen und in dieser die eigene Rolle sowie Partizipationsmöglichkeiten reflektieren, identifizieren und bestenfalls wahrnehmen (können).

Anregungen für die Praxis

Um Themen für den sozioökonomischen Unterricht zu identifizieren, empfiehlt es sich z.B., auf Lehr-/Lernmaterialien der Hans-Böckler-Stiftung zurückzugreifen, die im Projekt „Böckler Schule“ gebündelt sind. Dort finden sich fortlaufend aktualisierte Unterrichtseinheiten, bis zu 73 Seiten umfassende Themenhefte, aber auch Grafiken und Artikel zu einschlägigen Forschungsergebnissen. Die kostenlos verfügbaren Materialien eignen sich insbesondere für den sozioökonomischen Unterricht in der Sekundarstufe I und II, wobei die Themen überaus vielfältig sind. Sie reichen von der Digitalisierung der Arbeitswelt über den Um- und Abbau der sozialen Sicherungssysteme bis hin zu den Anforderungen an die pädagogische, didaktische und fachliche Begleitung einer Schülerfirma.

Tipps zum Weiterlesen

Bundeszentrale für politische Bildung (fortlaufend): Themenblätter im Unterricht. Online: http://www.bpb.de/shop/lernen/themenblaetter/ (Zugriff 21.1.2019).

Nachtwey, Oliver (2017): Die Abstiegsgesellschaft. Über das Aufbegehren in der regressiven Moderne. Frankfurt/M.

Sennett, Richard (1998): Der flexible Mensch. Die Kultur des neuen Kapitalismus. Berlin.

Westermann (fortlaufend): Praxis Politik. Online: www.westermann.de/zeitschriften/sekundarstufe/praxis-politik/ (Zugriff 21.1.2019).

TIM ENGARTNER

7 Wie erreicht man sozioökonomische Multiperspektivität und Kontroversität?

Was ist die didaktische Herausforderung?

Beinahe täglich missachten wir das für demokratische Gesellschaften konstitutive Prinzip der Pluralität, indem wir uns einer von widerstreitenden Positionen geprägten Weltsicht verweigern. So haben wir zumeist eine Tages- oder Wochenzeitung im Abonnement oder bevorzugen die Informationsangebote ausgesuchter Online-Medien, deren Autorinnen und Autoren unsere Weltsicht teilen, uns somit in unseren Ansichten bestärken oder diese zumindest nicht grundsätzlich in Frage stellen. Ähnlich verhält es sich – wenngleich in abgeschwächter Form – in der Wissenschaft, insbesondere in den Sozialwissenschaften. Je länger und intensiver man sich ein Themengebiet erschlossen hat, desto geringer ist die Bereitschaft, von gewonnenen Einsichten und daraus abgeleiteten Urteilen abzurücken. Die Informationen fügen sich in vorgefertigte, oftmals durchaus fundierte Denkschemata und überstrahlen dabei solche, die bislang unbekannt waren (und es damit bleiben), selbst wenn sie einschlägig sind. Dabei ist hinreichend bekannt, dass sich Richtigkeit und Bedeutsamkeit wissenschaftlicher Erkenntnisse in der Regel erst im Laufe der Zeit herauskristallisieren.

Diese Mechanismen stellen für den sozialwissenschaftlichen Unterricht eine besondere Herausforderung dar, denn hier ist der Pluralismus sowohl als philosophisches Weltbild und wissenschaftliche Anspruchshaltung im Sinne eines „Erkenntnismodells" (Spinner 1974) als auch als bildungspolitischer Auftrag und fachdidaktisches Prinzip maßgeblich. Pluralismus zielt auf die bewusste und gewollte Koexistenz verschiedener Ansichten, Interessen und Lebensstile und muss nicht nur als *conditio sine qua non* eines demokratischen Gemeinwesens, sondern auch als konstitutives Merkmal einer auf Multiperspektivität und Kontroversität zielenden sozioökonomischen Bildung gelten (vgl. weiterführend Müller 2016). Davon ausgehend muss die sozioökonomische Bildung nach ihrem didaktischen, methodischen und curricularen Selbstverständnis stets die Diversität von Motiven, Wertvorstellungen, Lebensformen und Gesellschaftstheorien in angemessener Form und Breite widerspiegeln. Multiperspektivität setzt zudem das Zusammenspiel verschiedener sozialwissenschaftlicher Disziplinen voraus.

Welche didaktischen Zugänge bieten sich an?

Multiperspektivität

Dies gilt insbesondere für den sozioökonomischen Unterricht, da davon auszugehen ist, dass gerade junge Menschen die gesellschaftliche Wirklichkeit nicht entlang von Disziplinen, sondern als soziale Entität wahrnehmen (vgl. weiterführend Opp 2014). Multiperspektivität lässt sich systematisch nur aus der Grundannahme des Pluralismus ableiten, wonach die

> „Wirklichkeit nicht als ein einziges Ganzes beschrieben werden kann, sondern vielmehr aus (unüberschaubar) vielen einzelnen Fakten, Dingen, Ideen besteht, die in sehr unterschiedlicher Weise zueinander in Beziehung stehen bzw. gesetzt werden können. [...] Vielfalt und die partiellen Beziehungen zwischen den Teilen sind daher Ausgangspunkt und Grundbedingung menschlichen Erkennens und Handelns“ (Schubert/Klein 2011, 225).

Die Wahrung pluralistischer Prinzipien ist auch unverzichtbar, um die „Welt hinter der Welt“ zu entdecken (vgl. Kap. 3). Sozioökonomischer Unterricht zielt in besonderer Weise auf die Entwicklung von Orientierungs-, Kritik- und Urteilsfähigkeit, wobei neben dem grundsätzlichen Wandlungscharakter gesellschaftlicher Rahmenbedingungen die Pluralität der sozialwissenschaftlichen Paradigmen, Theorien und Methodologien – gerade auch innerhalb der jeweiligen Disziplinen – herauszustellen ist. Einerseits wird Schülerinnen und Schülern damit verdeutlicht, dass eine qua Monodisziplinarität künstlich erzeugte Monoperspektivität der tatsächlichen Vielgestaltigkeit von Gesellschaft, Wirtschaft und Politik nicht gerecht wird; andererseits lernen sie, dass eine kritisch-reflektierte Multiperspektivität die entscheidende Voraussetzung für die systematische Durchdringung gesellschaftlicher Sachverhalte und Prozesse darstellt. Denn obwohl Multiperspektivität Perspektivität voraussetzt, lässt sich die gesellschaftliche, politische und ökonomische Wirklichkeit sachgerecht nicht nur aus einer Perspektive erfassen – jedenfalls dann nicht, wenn man sich dem Anspruch verpflichtet sieht, dass (sozioökonomische) Bildung auf die Entfaltung von (politischer, gesellschaftlicher und ökonomischer) Komplexität zielt. Letztlich lassen sich folgende Formen von Multiperspektivität identifizieren (Übersicht 8):

Übersicht 8: Formen von Multiperspektivität

Wissenschaftliche Multiperspektivität	**Gesellschaftliche Multiperspektivität**
• epistemologisch • methodologisch • paradigmatisch • disziplinär • theoretisch • methodisch • empirisch	• Teilsysteme • Sinnwelten • Kulturen, Milieus • Kollektive Interessen • Organisationen • Repräsentationen
Multiperspektivität	
• Alltagsästhetiken • Erfahrungen • Denkweisen • Weisen des Agierens • Werkzeuge, Techniken • Gewohnheiten, Routinen	• Überzeugungen • Einstellungen • Werte • Religionen • Weltanschauungen, Ideologien • politische Grundpositionen
Praktische Multiperspektivität	**Normative Multiperspektivität**

Quelle: Hedtke 2018a, 206

Vor diesem Hintergrund lässt sich die Metakompetenz „Multiperspektivität" wie folgt definieren: Über die Kompetenz der Multiperspektivität verfügt eine Person, wenn sie gesellschaftliche, politische oder wirtschaftliche Phänomene – zumindest beispielhaft – aus verschiedenen Perspektiven analysieren, kontextualisieren, reflektieren und diskutieren kann. Ein der Metakompetenz „Multiperspektivität" verpflichteter sozioökonomischer Unterricht sollte daher z.B. gruppen- und akteursspezifische Perspektiven adressieren, so z.B. die Frage nach der bildungs-, herkunfts- oder geschlechtsbedingten Zuweisung von Lebens- und Berufschancen aufwerfen. Auch „Macht" ist als eine zentrale Lehr-/Lernkategorie zu verstehen, unterliegt diese doch gesellschaftlichen Wandlungsprozessen, die das Denken und Verhalten von Individuen und sozialen Gruppen entscheidend prägen. Im Einklang mit den Prinzipien von Multiperspektivität und

Kontroversität sollen Schülerinnen und Schüler nicht nur alternative Positionen skizzieren, respektieren und generieren lernen, sondern auch ein Gespür für die Veränderbarkeit des Wirtschafts-, Rechts- und Gesellschaftssystems entwickeln: Was soll, kann oder muss sich ändern – und wenn ja, wie? Demnach soll das Denken in Alternativen die Utopiefähigkeit der Lernenden fördern. Besonders gut gelingen kann dies unter Verweis auf alternative rechtliche Bestimmung (z.B. im Erbrecht), alternative Steuerpolitiken (z.B. lineare Progression vs. flat tax) oder alternative staatliche Finanzierungssysteme (z.B. im Infrastrukturbereich).

Kontroversität

Multiperspektivität bedingt Kontroversität. Zur Verstärkung dieser These lässt sich auf den französischen Philosophen Claude A. Helvétius verweisen, dem die Sentenz zugeschrieben wird, dass nur im Widerstreit kontroverser Meinungen die Wahrheit zu Tage gefördert werde. Ein vielschichtiger Zugang zu Sachverhalten ergibt sich demnach primär auf dem Wege der Auseinandersetzungen, „ohne die tragfähige Konsense nicht zu erzielen sind" (Reinhardt 1997). Das Prinzip der Kontroversität lässt sich auf die normativ angelegte Pluralismustheorie zurückführen, die sich – verkürzt – als Übereinstimmung der Beteiligten hinsichtlich ihrer Nicht-Übereinstimmung deuten lässt (agree to disagree). Doch Kontroversität umfasst mehr als die Auseinandersetzung zwischen zwei oder mehreren Parteien.

Mit Blick auf (schulische) politische Bildung ist Kontroversität als spezifische Ausprägung von Multiperspektivität im „Beutelsbacher Konsens" von 1976 festgeschrieben. Die Auseinandersetzung mit kontroversen Themen bildet zweifelsohne einen elementaren Baustein der Erziehung zu (politischer) Mündigkeit (vgl. Kap. 6). Das „Kontrovers-Prinzip" (Reinhardt 1988, 65) emanzipiert die Schülerinnen und Schüler durch „Bindung an Tradiertes als auch […] Lösung von Überkommenem" (ebd.). Mittels Kontroversität werden die Schülerinnen und Schüler folglich bei einer „differenzierten Identitätsbildung" (Engartner 2010, 125) unterstützt. Für den Unterricht bedeutet dies wiederum, „daß auch die Lehrer/innen in politischen Fragen Stellung nehmen, ohne daß dadurch diese Fragen vorentschieden werden" (Reinhardt 1988, 65). Diese Waage zu halten, bildet – so Sibylle Reinhardt – eine essenzielle Herausforderung, der sich alle Didaktikerinnen und Didaktiker sozialwissenschaftlicher Fächer stellen müssen, ist Kontroversität doch zu bezeichnen als „*die* Leitlinie, damit unterschiedliche Lebens- und Denkweisen in dieser pluralen Gesellschaft sich wechselseitig respektieren können" (2016, Herv. d. Verf.). Schließlich ist sie „außerhalb des Lernorts Schule […] [als] Normalfall" (Schröter 2016) zu werten, denn „politische, ökonomische und gesellschaftliche Diskurse sind durch gegensätzliche Meinungen oder Perspektiven geprägt" (ebd.).

Aufgabe der Lehrenden ist hierbei, die Wirklichkeit, verstanden als der aktuelle Diskurs, mithilfe fachdidaktischer Instrumente im Unterricht nachzuzeichnen und auf diese Weise Kontroversität widerzuspiegeln, ohne eigene Ansichten und Positionen offenlegen zu müssen. Die Bedeutung des Gebots kann im Kontext der schulischen Bildung anhand der Quellenauswahl pointiert dargestellt werden. Ein multiperspektivischer (und damit auch auf Kontroversität abzielender) sozialwissenschaftlicher Unterricht verlangt, dass die Lehrenden nicht ausschließlich auf Artikel liberal-konservativer Tages- und Wochenzeitungen (*Frankfurter Allgemeine Zeitung*, *Welt*, *Die Zeit* etc.) zurückgreifen, sondern auch Zeitschriften wie z.B. die *Blätter für deutsche und internationale Politik*, *Agora 42* oder den von *Le Monde Diplomatique* herausgegebenen *Atlas der Globalisierung* als Unterrichtsquellen einbinden. Es bedeutet ferner, tagespolitische Debatten, wie aktuell z.B. die *Paradise Papers*, im Unterricht zeitnah und multiperspektivisch zu thematisieren. Denn auch wenn die Illustration und Diskussion aktueller Themen angesichts der zeitlichen und curricularen Restriktionen mitunter droht, den Unterricht inhaltlich zu überfrachten, ist dies durch das Prinzip der Kontroversität doch geradezu geboten.

Welche Hindernisse/Kontroversen sind zu bewältigen?

Ein nur schwerlich zu überwindendes Hindernis für multiperspektivisch angelegte Lehr-/Lernprozesse liegt darin, dass immer mehr Gesellschaftsbereiche entlang wirtschaftswissenschaftlicher (Güte-)Kriterien rezipiert, analysiert und debattiert werden. Die Befriedigung gesellschaftlicher Bedürfnisse durch den freien Markt – die zentrale Devise lautet: „Less government is good government" – stellt inzwischen ein konstitutives Merkmal wirtschafts- und gesellschaftspolitischer Entscheidungsprozesse dar. Ungeachtet regionaler und sektoraler Unterschiede zielt die neoliberale Doktrin auf eine „Entthronung der Politik" (F. A. von Hayek), die sich in der Forderung nach einem möglichst weitreichenden Primat der Ökonomie konkretisiert. Die Dominanz des neoliberalen Zeitgeistes, der dem betriebswirtschaftlichen Imperativ nach der Logik „Was nichts kostet, ist auch nichts wert" folgt, könnte dabei dem Bemühen, historische, politische oder gesellschaftliche Zugänge zu Sachverhalten aufzuzeigen, im Wege stehen (vgl. weiterführend Engartner 2016, 229 ff.).

Soll sozioökonomische Bildung aber aus dem langen Schatten der Fachwissenschaften heraustreten und dem Gebot des Pluralismus Rechnung tragen, muss sie gerade auch solche Positionen vermitteln, die sich nicht der „Fürsprache des Marktes“ (Friedrich Breyer) verschreiben, sondern die Grammatik einer Gesellschaft multiperspektivisch deuten und deren politische Konstitution analysieren, explizieren und kommentieren. Als notwendig erscheint die Perspektivenerweiterung vor allem dann, wenn mit Sorge betrachtet wird, dass ökonomische (Schein-)Rationalitäten immer mehr Lebensbereiche erfassen, die vormals als originär privat und/oder politisch gestaltbar galten (vgl. Kap. 3).

Ein weiteres Hindernis ist in den Zweifeln am Diktum der Multiperspektivität zu sehen, kursieren diese doch nicht nur im schulischen, sondern auch im wissenschaftlichen Kontext. Dirk Loerwald und Rudolf Schröder geben zu bedenken, dass die Umsetzung von Multiperspektivität „so voraussetzungsvoll [sei], dass begründete Zweifel existieren, ob Lehrkräfte sowie Schülerinnen und Schüler dies im Rahmen eines Integrationsfachs leisten können“ (2011, 11), während Thomas Retzmann darauf abhebt, dass „ohne einen Fokus […] der Blick […] unscharf“ werde (2008, 82). Diese Bedenken sind nicht sachgerecht.

Erstens bildet die fächerübergreifende Fokussierung respektive Perspektivierung von Themen in einem auf Allgemeinbildung zielenden Schulsystem das Fundament der Schulorganisationsstruktur. Schon allein aufgrund einer beschränkten Stundentafel kann nicht jede wissenschaftliche Disziplin in einem eigenen Unterrichtsfach ihren Widerhall finden; dies gilt erst recht, wenn im Zeitalter der Kompetenzorientierung der „von der Schule selbst vertretene[n] Anspruch, gezielt auch fächerübergreifende Kompetenzen zu fördern“ (Prenzel/Doll 2002, 12), eingelöst werden soll.[1]

Zweitens ist in der Allgemeinen Didaktik ebenso wie in der Allgemeinen Erziehungswissenschaft mehrheitlich anerkannt, dass sich Schülerinnen und Schülern Sicht- und Tiefenstrukturen naturwissenschaftlicher, sprachlicher oder gesellschaftlicher Phänomene nicht im disziplinären Korsett erschließen, sondern lebenswelt-, situations- und/oder problemorientiert (vgl. beispielhaft Kunter/Trautwein 2013, 65). Soll etwa die Konstitution von Märkten gelehrt werden, empfiehlt es sich, den Zugang über ein für Schülerinnen und Schüler greifbares Phänomen zu wählen, sodass diese z.B. erkennen, welche Probleme es auf dem Arbeitsmarkt zu lösen gilt, darunter Arbeitslosigkeit oder Kurz-, Zeit- und Leiharbeit.

1 Bei diesen übergeordneten Kompetenzen, die mitunter auch als „Schlüsselqualifikationen“ oder „cross curricular competencies“ bezeichnet werden, „handelt es sich meist um Syndrome von kognitiven, motivationalen und metakognitiven Fähigkeiten“ (Prenzel/Doll 2002).

Sollen ökonomische Lehr-/Lerninhalte einen substanziellen Beitrag zur Allgemeinbildung leisten, muss wirtschaftswissenschaftliche Bildung infolgedessen thematisch, paradigmatisch und methodisch breit angelegt werden. So tangieren ökonomische Frage- und Problemstellungen nicht nur das Feld der Wirtschaftswissenschaften. Wege zur Senkung der Arbeitslosigkeit, Maßnahmen zur (De-)Regulierung des Welthandels und historisch gewachsene Arrangements sozialer Sicherungs- und nationalstaatlich austarierter Steuersysteme werden nicht nur von Ökonominnen und Ökonomen diskutiert. Sehr intensiv werden sie auch in politik-, gesellschafts- und rechtswissenschaftlichen Debatten adressiert.

Während zielführende Überlegungen bezüglich multiperspektivischer und damit zwangsläufig auch multidisziplinärer Zugänge in die meisten Lehrpläne und Rahmenrichtlinien für sozialwissenschaftliche Unterrichtsfächer Eingang gefunden haben, ist ein Hinderungsgrund für fehlende Multiperspektivität im (sozioökonomischen) Unterricht darin zu sehen, dass die Stundenkontingente für Politik- und Wirtschaftsunterricht in der Regel (zu) knapp bemessen sind. Dessen ungeachtet muss sozioökonomische Bildung die Einübung in multiperspektivisches (und somit zugleich kontroverses) Denken fördern, um die „Immunisierung der eigenen Position und eine deterministische Weltsicht“ (Hedtke 2002, 175) zu verhindern.

Beispiele für eine multiperspektivisch-kontroverse Bearbeitung von Kategorien

Die drei nachfolgend beleuchteten Kategorien sozialwissenschaftlicher Bildung – (a) Markt, (b) Geld und (c) Wettbewerb – sollen beispielhaft verdeutlichen, wie ein disziplinärer Monismus vermieden werden sowie eine interdisziplinäre und damit multiperspektivisch-kontroverse Explikationskultur im sozioökonomischen Unterricht erreicht werden kann.

(a) Die Institution des Marktes, dem in einer zunehmend „vermarktlichten“ Gesellschaft eine durchgreifende Prägekraft attestiert werden muss, lässt sich in allgemeinbildender Absicht nur dann sachgerecht erschließen, wenn die vielbeschworenen „Selbstheilungskräfte“ des Marktes analysiert, die „unsichtbare Hand“ des Marktes eruiert, die Anfälligkeit von Marktmodellen diskutiert und die Mär von der Allmacht des Marktes dechiffriert wird. Die Paradoxien der Privatisierung als besonders weitreichende Form der „Vermarktlichung“ werden etwa daran offenkundig, dass in der britischen Hauptstadt London Tag für Tag rund 915 Mio. Liter Trinkwasser im Erdreich versickern. Die Wassermenge, die ausreichen würde, um 366 olympische Schwimmbecken zu füllen, lässt das Marktversagen insofern deutlich werden, als für die Privatinvestoren kein Anreiz besteht, in die maroden Rohre aus viktorianischer Zeit zu investieren.

Dass die auf ökonomische Erklärungsmuster ausgerichtete Marktanalyse unzulässig verkürzt, lässt sich besonders deutlich am Heiratsmarkt ablesen. Während Emil Durkheim und Talcott Parsons der Ehe noch eine große Festigkeit und normative Verbindlichkeit zuschrieben und allenfalls Anzeichen eines Bedeutungsverlusts sahen, diagnostizierte die klassische Chicagoer Schule eine fortgeschrittene Deinstitutionalisierung der Ehe. Ausgangspunkt der insbesondere auf die Arbeiten des US-amerikanischen „Ökonomie-Nobelpreisträgers“ Gary S. Becker zurückgehenden Familienökonomie ist, dass die beteiligten Personen jeweils die Bedingungen anstreben, die ihnen den größten Wohlfahrtsertrag bringen. Danach ist eine Eheschließung dann wahrscheinlich, wenn beide Akteure unter Berücksichtigung rationaler nutzenmaximierender Handlungsprinzipien (Rational Choice) von einer Eheschließung einen subjektiv präferierten Zustand erwarten: N verheiratet > N ledig (N = Nutzen).[2]

Wollen wir uns im schulischen Kontext etwa auf den Hinweis beschränken, dass auf diesem Markt ein breiter Eigenschaftsraum auf Seiten der Partnerin oder des Partners akzeptiert wird, da der Heiratsmarkt von hohen Suchkosten und unvollständiger Information gekennzeichnet ist? Hinweise, dass Investitionen in ehespezifisches Kapital wie gemeinsames Wohneigentum und gemeinsame Kinder Ehen festigen, da die Investitionen nicht problemlos auf alternative Beziehungen übertragbar sind, mögen für den unterrichtlichen Kontext interessant sein. Für eine romantische und soziale Prägung der Institution Ehe müssen wir jedoch einen allgemein- und persönlichkeitsbildenden Ansatz verfolgen. Auch für andere Märkte gilt, dass Effizi-

2 Drei Faktoren gelten nach der Theorie als maßgeblich für die Stabilität einer Ehe: (1.) die Auffassung, der Haushalt sei eine Produktions-, nicht nur eine Konsumtionseinheit (d.h. die Ehepartner organisieren ihre Arbeit und Ressourcen, um den allgemeinen Wohlstand des Haushalts zu mehren, da eine Steigerung des Wohlstands korreliert mit einer Erhöhung des Ehegewinns), (2.) die Berücksichtigung der Suchkosten und der unvollständigen Information auf dem Heiratsmarkt, sodass ein breiter Eigenschaftsraum akzeptiert wird, sowie (3.) die Eheinvestition, d.h. die Investitionen in ehespezifisches Kapital (Kinder, sexuelle Kompatibilität, Arbeitsteilung, gemeinsames Eigentum) festigen die Ehe, da erstens der Ehegewinn erhöht wird und zweitens die Investitionen nicht auf alternative Beziehungen übertragbar sind.

enz nicht zum alleinigen Bezugspunkt des Bildungsprozesses gemacht werden darf, sondern sozialwissenschaftliche Perspektiven eingenommen werden müssen: Welche historischen Entwicklungslinien kennzeichnen Märkte? Welchen Ordnungsrahmen benötigen Märkte? Warum müssen Märkte als „Arenen sozialen Handelns" verstanden werden? Kurzum: Wer den Heiratsmarkt – oder aber auch den „Bildungsmarkt" – als einen Markt wie jeden anderen ausschließlich mit der ökonomischen Brille betrachtet, ist nicht ökonomisch gebildet, sondern ökonomistisch verbildet.
Dies gilt vor allem dann, wenn man sich all jene familiensoziologischen Erklärungen vor Augen führt, die Erfolgsfaktoren für Ehen identifiziert haben. Demnach kommt es z.B. in der Moderne zu einer „Entkoppelung und Ausdifferenzierung der Lebens- und Verhaltenselemente" (Ulrich Beck), sodass sich die hoch institutionalisierte Ehe unter dem Eindruck von Individualisierung, Motorisierung und Urbanisierung schrittweise zu einer kameradschaftlich geprägten wandelt: Nicht mehr Sitten, öffentliche Meinung, staatliche Vorgaben oder gesellschaftliche Normen sind die prägenden Determinanten der Ehe, sondern Gefühle, konvergierende Interessen, Status- bzw. Autoritätsgleichheit und Konsens in wichtigen Entscheidungen.

(b) Greift man die Kategorie „Geld" als wesentliche Sozialtechnik der modernen Welt heraus, so lässt sich feststellen, dass das Thema zwar bundesweit in 39 Unterrichtsfächern verankert ist (Gerding/Kutzim/Struller 2014), in denen Schülerinnen und Schülern vermittelt wird, wie Geld erworben, verwaltet und vermehrt wird. Die curriculare Verortung in der Sekundarstufe I lässt jedoch erkennen, dass die monetäre Kompetenz von Jugendlichen sich nach wie vor weitgehend aus dem anwendungsorientierten Umgang mit Geld speisen soll. „Soziale Räume, in denen sie handlungsentlastet darüber reflektieren, was sie mit Geld machen und was Geld mit ihnen macht, fehlen" (Haubl 2008, 10). Geld ist zwar nach der herrschenden ökonomischen Theorie ein Tausch- und Zahlungsmittel, das der Wertbemessung, -aufbewahrung und -übertragung dient, aber Mitglieder monetarisierter Gesellschaften erleben und gebrauchen Geld immer auch als ein Symbol, in dem die ökonomische mit einer psychosozialen Bedeutung konfundiert wird. Geld ist *der* „Treiber" des kapitalistischen Wirtschafts- und Gesellschaftssystems. Ferner ist Geld als „absolutes Mittel" (Georg Simmel) ein beinahe jedem anderen Instrument überlegenes Machtmittel. Überdies gilt es in Erinnerung zu rufen, dass das Vertrauen in Geld – und damit die Basis für den modernen Zahlungsverkehr – „nichtwirtschaftlich" grundgelegt wird. So ist das mitunter stark schwankende Vertrauen in Währungen in erster Linie Ausfluss politischer, gesellschaftlicher und kultureller Einschätzungen und nicht in erster Linie das Ergebnis ökonomischer Aushandlungs- oder Tauschprozesse.

Um der Reduktion von Geld auf seinen materiellen Gebrauch zu begegnen, ist eine multiperspektivische Auseinandersetzung mit dem Thema zwingend erforderlich; andernfalls droht der diskursive Charakter für die unterrichtliche Umsetzung verloren zu gehen. Vor dem Hintergrund der Tatsache, dass die Reichen immer reicher und die Armen immer zahlreicher werden, bedarf es auch einer gezielten Auseinandersetzung mit der sich seit Jahren verschärfenden Spaltung der Gesellschaft. Um die sich nicht nur im nationalen, sondern auch im internationalen Maßstab verschärfenden sozialen Ungleichheiten beurteilen zu können, braucht es Impulse aus der politischen Bildung, die auf Möglichkeiten staatlicher Umverteilung zielen, sowie Argumente aus der soziologischen Bildung, um Aspekte der sozialen Spaltung zu fokussieren.

(c) Entscheidende Bedeutung kommt darüber hinaus dem Phänomen des Wettbewerbs zu, welches als Schlüsselkategorie (sozio)ökonomischer Bildung zu begreifen ist. Während z.B. die von Adam Smith grundgelegten klassisch-liberalen Analysen des Wettbewerbs insbesondere auf die Marktstrukturen (Monopol vs. Polypol) zielen, sucht die evolutorische Wettbewerbstheorie nach Parallelen zwischen dem „Überlebenskampf" im Rahmen der menschlichen Evolution einerseits und dem wettbewerblich geprägten ökonomischen „Wettlauf" andererseits. Die Neue Institutionenökonomie verdeutlicht, dass der wettbewerbliche Charakter von Märkten vielfach das Ergebnis einer entsprechenden Organisation und Koordination ist und auf vielen Märkten koordinierter, moderierter Wettbewerb herrscht (Richter/Furubotn 2010, 349 ff.). Zudem ist Wettbewerb als soziales Verhältnis zu begreifen, d.h. es gibt soziale Voraussetzungen des Wettbewerbs, die die Wirtschaft selbst nicht schaffen kann (Beckert 2009). Schließlich gilt es empirisch zu klären, wie viel Wettbewerb und wie viel Kooperation es in konkreten Wirtschaftsordnungen gibt, und welcher Anteil des gesellschaftlichen Wohlstands ganz ohne Wettbewerb erwirtschaftet wird – bspw. in Familien (Care-Arbeit), Unternehmensnetzwerken (Forschungskooperation) oder staatlichen Hierarchien (öffentliche Unternehmen).

Trotz multiperspektivischer Annäherungen an den Begriff „Wettbewerb" innerhalb der Wirtschaftswissenschaften, reichen wirtschaftswissenschaftliche Erklärungsansätze nicht aus. So verschieden und teilweise widersprüchlich die Diagnosen der zeitgenössischen gesellschaftlichen Strukturen sein mögen, so trifft doch auch eine Zuschreibung unzweifelhaft zu: Wir leben in einer Wettbewerbsgesellschaft, in einem auf Wettbewerb angelegten Wirtschafts- und Sozialsystem. So hat sich der Wohlfahrtsstaat kontinentaleuropäischer Prägung während der letzten drei Jahrzehnte in Richtung des Wettbewerbsstaates anglo-amerikanischer Prägung gewandelt (vgl. weiterführend Engartner 2013). Während Wettbewerb aus der ökonomischen Perspektive als „Entdeckungsverfahren" (Hayek 1969, 254) sowie als „Prozess schöpferischer Zerstörung" (Schumpeter 1993 [1942], 137) zu deuten ist, muss im sozioökonomisch ausgerichteten Unterricht auch nach den ökonomischen, politischen und gesellschaftlichen Instabilitäten gefragt werden, die mit diesem Koordinationsmechanismus verbunden sind: Ist es wirklich so, dass diejenigen belohnt werden, die im Wettbewerb die bessere Leistung erbringen? Ist permanenter Wettbewerb auf allen Ebenen und in allen Bereichen – zwischen Bürgerinnen und Bürgern, Kommunen und Staaten – wirklich erstrebenswert, oder müssen wir dort einen ruinösen Wettbewerb fürchten? Wollen wir eine Konkurrenzgesellschaft, die den Leistungsdruck immer weiter verschärft und damit Egoismus befördert, während wir uns gleichzeitig über den Verfall von Anstand, Sitte und Moral wundern?

Die angedeuteten multiperspektivischen Lesarten der Kategorien „Markt", „Geld" und „Wettbewerb" verdeutlichen, dass die dem ökonomischen Mainstream entspringenden wirtschaftswissenschaftlichen Deutungsmuster häufig zu kurz greifen – und die sozialwissenschaftliche Bildungstradition mit ihren integrativ angelegten Verbundfächern ihren pluralistischen Anspruch aufzugeben droht, wenn die im letzten Jahrzehnt initiierte mediale und curriculare Aufwertung der ökonomischen Bildung weiter voranschreitet. In einer Zeit, in der immer mehr Gesellschaftsbereiche nach dem Vorbild des Marktes geordnet werden, ist eine vertiefte Auseinandersetzung mit dessen (Dys-)Funktionalitäten nicht nur sinnvoll, sondern zwingend geboten. Zugleich muss deutlich(er) herausgestellt werden, dass wirtschaftswissenschaftliche Erklärungsansätze auf viele Fragen keine befriedigenden Antworten geben und es meist vielmehr einer dezidiert politischen, soziologischen oder ethischen Einschätzung bedarf.

Zusammenfassender Ausblick

Schon jetzt sieht sich die sozioökonomische Bildung mit der Herausforderung konfrontiert, dass die (Re-)Strukturierung einer wachsenden Zahl von Gesellschaftsbereichen nach Markt-, Effizienz- und Konkurrenzkriterien mit einem leider vielfach tolerierten Verzicht auf Ziele einer kritisch-emanzipatorischen

Bildung einhergeht. Eine allein auf die neoklassische Standardökonomie fokussierte ökonomische Bildung lässt jedoch bedeutende Themenfelder unberücksichtigt und verkennt zudem die für pluralistische Gesellschaften konstitutive Pluralität der Lebensformen. Dabei muss gerade für die sozioökonomische Bildung die Auseinandersetzung mit wenigstens einer alternativen Position als pluralistisches Minimum benannt werden. Grundsätzlich müssen ökonomische Themen zu historischen Entwicklungssträngen, politischen Gestaltungsmöglichkeiten, gesellschaftlichen Rahmenbedingungen und rechtlichen Vorgaben in Bezug gesetzt werden und das Prinzip der permanenten ethischen Reflexion ebenso gewahrt werden wie die sich auf den Pluralismus stützenden Prinzipien der Interdisziplinarität und Kontroversität (Graupe 2013; Hedtke 2011, 59 ff.). Deshalb sollten im Einklang mit dem sozioökonomischen Ansatz die enge Verflechtung der Gegenstandsbereiche „Politik", „Wirtschaft" und „Gesellschaft" akzentuiert und die der sozialwissenschaftlichen Trias aus Politikwissenschaft, Ökonomie und Soziologie zugrundeliegenden Denkweisen, Kategorien und Methoden in einen systematischen Zusammenhang gebracht, konzeptionell geordnet sowie in einem sozialwissenschaftlichen Integrationsfach gefestigt werden.

Anregungen für die Praxis

Um Multiperspektivität im sozioökonomischen Unterricht zu erreichen, sollten (a) unterschiedliche Textquellen zur Grundlage, (b) verschiedene Methoden zur (verstärkten) Anwendung und (c) diverse sozialwissenschaftlich geprägte Sichtweisen auf Politik, Wirtschaft und Gesellschaft vermittelt werden (vgl. Kap. 3 und 9).

(a) Bei den Textquellen bietet es sich an, auf Veröffentlichungen aus Tages- und Wochenzeitungen unterschiedlicher „Couleur" zurückzugreifen. So unterscheidet sich das Wirtschafts- und Finanzressort der Frankfurter Allgemeinen Zeitung signifikant von dem der *tageszeitung*; in der konservativ-liberalen Wochenzeitung *Die Zeit* werden Finanz- und Wirtschaftsfragen aus einer anderen Perspektive analysiert, illustriert und kommentiert als in der links-liberalen Wochenzeitung *Der Freitag*.

(b) Um Multiperspektivität einzuüben, sollten Unterrichtsmethoden gewählt werden, die zum Perspektivwechsel anregen. Dies ermöglichen z. B. die Pro-Contra-Debatte, das Plan- oder Rollenspiel, das Stationenlernen sowie die Analyse von perspektiverweiternden Karikaturen, Fotos, Grafiken und Texten.

(c) Die Diversität der Sichtweisen auf sozialwissenschaftliche Phänomene ergibt sich bestenfalls aus der Auseinandersetzung mit verschiedenen an einer politischen, gesellschaftlichen oder wirtschaftlichen Streifrage beteiligten Akteursgruppen wie etwa politischen Parteien, Nichtregierungsorganisationen oder auch Privatpersonen. So lassen sich etwa die „verschiedenen Varianten des Kapitalismus, die höchst unterschiedlichen Funktionsweisen, Traditionen und Gebräuche der Märkte, die ungeheure Vielfalt der Warenwelten, die Varianz der globalen Warenketten, die kontrastierenden Kulturen der Unternehmensführung, die national- und branchenspezifischen Industriellen Beziehungen, die vielfältigen Vorstellungen von wirtschaftlicher Stabilität, die verschiedenen Leitbilder des Konsums und des Lebensstandards, die Diversität der Einstellungen zu Gleichheit und Ungleichheit, Sicherheit, Risiko und Innovation, die Breite der Vorstellungen von sozioökonomischer Gerechtigkeit, Ethik und Verantwortung" multiperspektivisch im Unterricht aufgreifen (Hedtke 2018b, 48 f.).

Tipps zum Weiterlesen

Cremer, Will/Schiele, Siegfried (1992): Zum Konsens und zur Kontroversität in der politischen Bildung. In: Breit, Gotthard/Massing, Peter (Hg.): Grundfragen und Praxisprobleme der politischen Bildung. Bonn, S. 135–139.

Engartner, Tim (2013): Schlanker Staat, starker Markt – oder: Die Politik der Privatisierung. In: Klug, Christoph/Lutz, Josef/Krusewitz, Knut (Hg.): Perspektiven fortschrittlicher und kritischer Wissenschaft und Kultur. Gelsenkirchen, S. 127–130.

Grammes, Tilman (2005): Kontroversität. In: Sander, Wolfgang (Hg.): Handbuch politische Bildung. Bonn, S. 126–145.

Hedtke, Reinhold (2018): Das Sozioökonomische Curriculum. Frankfurt/M.

Reinhardt, Sibylle (1992): Kontroverses Denken, Überwältigungsverbot und Lehrerrolle. In: Breit, Gotthard/Massing, Peter (Hg.): Grundfragen und Praxisprobleme der politischen Bildung. Bonn, S. 140–148.

CHRISTIAN FRIDRICH

8 Wie knüpft man an sozioökonomische Vorstellungen und Erfahrungen der Lernenden an?

Was ist die didaktische Herausforderung?

Ab dem Kleinkindalter erkunden Menschen aktiv „ihre Welt", machen Erfahrungen, versuchen Vorgänge für sich zu erklären, entwickeln Vorstellungen und konstruieren somit ihr subjektives Weltbild (vgl. dazu übereinstimmend die Grundannahmen des Konstruktivismus). Diese Vorstellungen stellen somit individuelle Konzepte, also mentale Repräsentationen (Barner & Baron 2016, 6) der (sozialen) Umwelt dar und werden in der wissenschaftlichen Literatur mit weitgehend ähnlicher Bedeutung als Alltagsvorstellungen, Vorerfahrungen, subjektive Theorien, Präkonzepte[1], *alternative frameworks, prior beliefs, alternative beliefs* oder abwertend als Fehlkonzepte oder *misconceptions* bezeichnet (vgl. Weber 2010b, 98; Möller 2010, 61).[2] Andreas Lutter verwendet die weniger wertende Bezeichnung „Schülervorstellungen" (Lutter 2005).

Jeder Mensch – egal welchen Alters – verfügt über derartige Alltagsvorstellungen. Kinder und Jugendliche sind demnach keine *tabula rasa* oder kein leeres, zu füllendes Gefäß (siehe das in Abbildung 1 visualisierte Konzept des Nürnberger Trichters), wenn sie erstmals Unterricht erfahren, sondern haben bereits zahlreiche Präkonzepte entwickelt. Von jungen Menschen verschiedenen Alters angeführte Beispiele für derartige, sinngemäß wiedergegebene ökonomische Präkonzepte sind: das beim Einkauf erhaltene Wechselgeld wird als wertvoller eingeschätzt als der bezahlte Geldbetrag (Berti und Bombi 1981, 1181), als Geldquellen werden Banken, Bankomaten und Geldfabriken angenommen (Claar 1996, 216), Armut ist immer selbst verschuldet (Rosendorfer 2000, 245),

1 Deswegen werden die gebräuchlichen Termini „Alltagsvorstellungen" und „Präkonzepte" hier synonym verwendet.

2 Ich verwende in diesem Beitrag einzelne Gedanken und Argumentationen aus Fridrich 2010.

Schulden machen ist problemlos und lohnt sich oft (Lewald 2001, 41), die Preise von Waren hängen von deren Größe bzw. Vielfalt der Teile ab (Weber 2010b, 96), Wirtschaft wird von Managern gemacht (Haarmann 2015, 21).

Abbildung 1: Der Nürnberger Trichter ist ein Präkonzept mancher Lehrenden über Lernprozesse

Quelle: Fridrich 2009, 17; Grafik: A. Schinko

Diese Beispiele zeigen einerseits eine Inkompatibilität mit wissenschaftlich anerkannten Konzepten, andererseits sind gerade derartige Alltagsvorstellungen Anknüpfungspunkte für den Unterricht. Eine pädagogisch und fachdidaktische Forderung lautet daher: Präkonzepte zu integrieren statt zu ignorieren. Menschen und ihre Alltagsvorstellungen und -erfahrungen sind demnach zu kennen und ernst zu nehmen – auch das ist eine Ausprägung von Subjektorientierung. Denn Alltagsvorstellungen sind trotz ihrer oft nur bedingten wissenschaftlichen Korrektheit sehr bedeutsam für das Individuum und seine Lernprozesse. Das hielt ein US-amerikanischer Psychiater und Lernpsychologe bereits vor Jahrzehnten fest: „The most important single factor influencing learning is what the learner already knows. Ascertain this and teach him accordingly" (Ausubel 1978, IV, zitiert nach Jung 1981, 5 f.). Für den Bereich der politisch-ökonomischen Bildung sind sowohl Verfahren zur Erhebung als auch fundierte empirische Untersuchungen von Schülervorstellungen von großem Wert für die Gestaltung von Bildungsprozessen (siehe dazu den Sammelband von Lange und Fischer 2010).

Welche Herausforderungen sind zu bewältigen?

Alltagsvorstellungen werden kaum in den Unterricht integriert

Aus eigenen Unterrichtsbeobachtungen und Gesprächen mit Lehrpersonen werden Alltagsvorstellungen von Schülerinnen und Schülern im Unterricht kaum berücksichtigt, sieht man von den in der Einstiegsphase gestellten Fragen wie „Was habt ihr schon über … gehört?" oder „Was wisst ihr von …?" Derartige Einstiege lähmen mit der Zeit jede Mitarbeitsbereitschaft und jegliches Interesse. Zudem ist es oft ein schwieriges Unterfangen, die in einem subjektiven Aneignungsprozess erlangten Alltagsvorstellungen in Sekundenschnelle abzurufen und zu verbalisieren. Zudem werden in der Regel nur „passende", also wissenschaftlich anerkannte Vorstellungen von der Lehrperson akzeptiert und nur im besten Fall in den weiteren Unterrichtsverlauf integriert.

Alltagsvorstellungen sind nicht einfach löschbar

Da die subjektiv gestalteten Präkonzepte meist nicht auf wissenschaftlichen Konzepten beruhen oder sich nicht leicht mit ihnen in Verbindung bringen lassen, besteht der implizite Wunsch von Lehrenden, diese durch anerkannte Konzepte zu ersetzen. Doch Präkonzepte lassen sich nicht einfach löschen. Denn Alltagsvorstellungen werden von Menschen als wertvolle Teile ihrer Weltdeutung betrachtet und weisen zumindest folgende *Funktionen* auf:

- „Sie geben vordergründig einfache Antworten auf Fragen unserer komplexen Umwelt und tragen somit zur Komplexitätsreduktion und Orientierung im Alltagsleben bei. Zudem sind sie in vielen Fällen für das Individuum plausibel.
- Durch die symbolische Aneignung von Wirklichkeitsausschnitten im Sinne von ‚ich erkläre meine Welt' beseitigen sie Unsicherheiten zum Beispiel in Form von unbeantworteten Fragen und schaffen damit Sicherheit sowie Stabilisierung für das Individuum. Weil subjektiven Theorien in einem aktiven Prozess vom Individuum selbst konstruiert wurden, sind diese tief verankert.[3]
- Als Orientierungshintergrund für Kommunikation bieten sie Interaktionssicherheit für die beteiligten Akteurinnen und Akteure. So kann jemand im Alltag zum Beispiel problemlos über Erdölfelder sprechen, auch wenn seine/ihre Vorstellungen nicht den wissenschaftlich anerkannten Konzepten entsprechen" (Fridrich 2009, 17).

Ein weiterer Grund, dass Schülervorstellungen nicht einfach von neu erworbenen, wissenschaftlich korrekten Wissensbeständen verdrängt werden, ist die in der Lernpsychologie geführte Debatte um das träge Wissen (z.B. Gruber u.a. 2000, 139 f.). Damit ist gemeint, dass in schulischen Lernarrangements Kenntnisse von Lernenden erworben werden, auf die in Problemlösungssituationen nicht zurückgegriffen wird. Ein Erklärungsansatz dafür ist, dass Wissen nicht vernetzt, sondern isoliert, wie in verschiedenen Schubladen („Wissenskompartmentalisierung"), abgespeichert wird (Renkl 1996; Mandl/Gerstenmaier 2000).

Präkonzepte und wissenschaftliche Konzepte ergeben oft Hybridvorstellungen

Präkonzepte haben einen janusköpfigen Charakter: Einerseits kann an sie angeknüpft werden, was eine gut überlegte Vorgehensweise der Lehrenden sowie ein Wissen um den Inhalt dieser Präkonzepte voraussetzen müsste: „Allerdings verschwinden diese Konstruktionen nicht einfach mit neuen Konstruktionen, sondern alles Neue benötigt einen Anschluss, eine Koordination, eine Rekonstruktion mit schon Vorhandenem" (Reich 2008, 79 f.). Andererseits können Alltagsvorstellungen so persistent sein, dass neu gewonnene Erkenntnisse und Erfahrungen diese nicht ersetzen, sondern dass Subjekte eine Kombination aus den stabilen Präkonzepten und den neuen Vorstellungen generieren, sogenann-

---

3 Besonders bei persönlicher Betroffenheit entwickeln Menschen Vorstellungen, die auf kognitiven *und* emotionalen Erfahrungen basieren, was als „emotionale Grundierungen" bezeichnet wird (zum Beispiel Arbeitslosigkeit siehe Kölzer 2014, 171).

te Hybridvorstellungen (siehe Abbildung 2). Diese stellen neue subjektive Theorien dar, weil sie erstens von der Lehrperson so nicht intendiert waren und zweitens als Mischkonzepte erneut nicht den wissenschaftlichen Konzepten entsprechen (Nieswandt 2001, 50; Reinfried 2005, 150 f.).

Oftmals ist eine intensive, nur schrittweise erreichbare Reorganisation und Umstrukturierung von bisherigen Vorstellungs- und Erfahrungsbeständen erforderlich, was als Konzeptwechsel oder Conceptual Change bezeichnet wird.

Abbildung 2: Hybridvorstellung als Kombination von Alltagsvorstellungen und wissenschaftlichen Vorstellungen

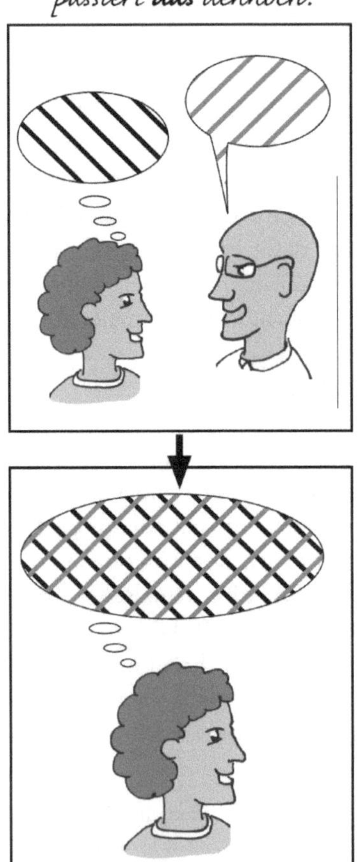

Quelle: Fridrich 2009, 17; Grafik: A. Schinko

Welche didaktischen Zugänge bieten sich an?

In der Literatur werden vier Modelle diskutiert, wie Lehrpersonen mit Alltagsvorstellungen von Schülerinnen und Schülern umgehen und einen Konzeptwechsel einleiten können. Diese Modelle unterscheiden sich in ihrem unterschiedlichen Ausmaß an Konflikten mit Alltagsvorstellungen (Scott u.a. 1997, 75; Fridrich 2010, 318 ff.):

Modell 1 „Konfrontieren": Nachdem die Schülerinnen und Schüler ihre Alltagsvorstellungen aktiviert und dargelegt haben, wird das Konzept aus der Sicht der (sozio)ökonomischen Bildung kontrastierend gegenübergestellt, was einen kognitiven Konflikt und eine Vorstellungsänderung hervorrufen soll. *Beispiel:* Auf die Aussage, dass Arbeitslose nur nicht lange genug nach einem Job gesucht haben, werden Fallbeispiele von Arbeitslosen in unterschiedlichen Situationen präsentiert, bei denen eben dies nicht zutrifft.

Modell 2 „Anknüpfen": Lehrpersonen versuchen an jene Alltagsvorstellungen ihrer Schülerinnen und Schüler anzuknüpfen, die fachlich gerechtfertigt erweiterbar sind. *Beispiel:* Die alltagsweltliche Vorstellung, dass eine Verschuldung gerechtfertigt sein kann, wird im Hinblick darauf erörtert, für welche Fälle und unter welchen Umständen dies zutreffen kann.

Modell 3 „Umdeuten": Alltagsvorstellungen von Schülerinnen und Schülern werden in Richtung fachlich anerkannter Vorstellungen weiterentwickelt. Auf diese Weise wird den Lernenden deutlich, dass ihre Präkonzepte wissenschaftlich tragfähige Elemente beinhalten, diese jedoch weiterentwickelt werden müssen. *Beispiel:* Die Alltagsvorstellung, dass die Kosten für ein Auto nur aus Treibstoffkosten bestehen, wird durch Erleben des Tankvorgangs gefördert, andere Kosten wie Wertverlust, Steuer, Versicherung etc. sind für Kinder und Jugendliche meist nicht unmittelbar erlebbar.

Modell 4 „Umgehen": Bei stark verfestigten, sozial abwertenden Präkonzepten kann schon eine Aktivierung eventuell eine Verstärkung hervorrufen, weswegen diese zunächst nicht thematisiert werden. Nach der Festigung der fachlich anerkannten Konzepte werden diese mit Alltagskonzepten kontrastiert und modifiziert. *Beispiel:* Die Vorstellung, dass arme Menschen nur zu faul seien, ist generalisierend unzutreffend und abwertend, kann jedoch auf Basis von Sozialisationsprozessen gebildet worden sein.

Im Vergleich der vier Modelle lassen sich zwei Gruppen bilden, nämlich einerseits diskontinuierliche (Modell 1 und 4) und kontinuierliche (2 und 3) Konzeptwechsel. Kontinuierliche Konzeptwechsel können günstigerweise eingesetzt werden, wenn die Alltagsvorstellungen von Schülerinnen und Schülern schrittweise in Richtung tragfähiger wissenschaftlicher Konzepte weiterentwickelt werden können *(conceptual growth)* und wenn keine letztgültigen, eindeutigen wissenschaftlichen Konzepte vorliegen, wie es bei vielen Fragestellungen in den Sozialwissenschaften und somit in der sozioökonomischen Bildung der Fall ist. Dabei werden Präkonzepte von jungen Menschen als Ressourcen im Unterricht betrachtet (Kattmann 2007, 98). Hingegen werden diskontinuierliche Konzeptwechsel mittels Konfrontation und kognitivem Konflikt überwiegend herangezogen, wenn es eine eindeutige, richtige Lösung gibt – wie etwa in den Naturwissenschaften – oder wenn stark verfestigte, kaum weiterentwickelbare Alltagsvorstellungen existieren. Hier wäre es wichtig, in einer gut durchdachten Conceptual Change-Strategie die Unsicherheiten, die aus dem kognitiven Konflikt bei den Lernenden entstehen, durch eine intensive Auseinandersetzung mit den neuen Konzepten zu kompensieren. In der Praxis werden oft auch Kombinationen der vier Modelle eingesetzt, ohne dass eine scharfe Trennung möglich oder nötig ist.

Bei der Implementierung von Conceptual Change-Prozessen im Unterricht kann die Beachtung folgender Cluster von Aspekten förderlich sein (Möller 2010, 68; Fridrich 2010, 315 ff.):

- Bewusstwerden von Alltagsvorstellungen und -erfahrungen: Lehrende sollten diese kennen, um zwischen leichter weiterentwickelbaren themenspezifischen Konzepten einerseits sowie persistenten subjektiven Rahmentheorien andererseits differenzieren zu können. Lernende können bewusst ihre generierten Präkonzepte aktivieren.
- Schaffung einer anregenden, problemorientierten Lernumgebung: Dabei werden neben inhaltlichen und methodischen Prinzipien vor allem affektiv-motivationale Aspekte (Sinatra/Mason 2008, 565–573) ebenso wie situative und soziokulturelle Kontexte (Miyake 2008, 469–474) berücksichtigt. Schülerinnen und Schülern wird es sowohl in der Kleingruppe als auch im Plenum ermöglicht, ihre Alltagsvorstellungen auszusprechen, zu besprechen und anhand der von der Lehrperson bereitgestellten Materialien zu überprüfen.
- Ermöglichung einer Kontextualisierung: Die neu erarbeiteten Konzepte können ebenfalls in der oben skizzierten Lernumgebung angewendet werden. Dies fördert die Vernetzung und Einbettung wissenschaftlich tragfähiger Konzepte in bisherige Wissensbestände.
- Realisierung von Metainteraktion: Eine Reflexion der Vorgehensweise sowie der Interaktionsprozesse von den eingangs artikulierten Präkonzepten über die Weiterentwicklung bis hin zur Kontextualisierung derselben begünstigt das Verstehen der abgelaufenen Lernprozesse und der neuen Konzepte.

Ein konkretes Beispiel

Am Beispiel des Themas „Altersarmut in Deutschland“ wird eine von mehreren möglichen Strategien des Umgangs mit Alltagsvorstellungen gezeigt. Im Allgemeinen ist es zunächst nötig, an die Alltagserfahrungen der jungen Menschen anzuknüpfen, anschließend Denk- und Handlungsmuster sowie subjektive Theorien zu reflektieren und diese in einem letzten Schritt weiterzuentwickeln und somit Denk- und Handlungsalternativen zu erarbeiten. Dies verweist auf die von Kersten Reich vorgeschlagene Abfolge der drei Schritte Rekonstruktion – Dekonstruktion – Konstruktion (Reich 2008, 138).

Nachdem anhand von Alltagserfahrungen von Schülerinnen und Schülern einerseits zu erwarten ist, dass viele Deutungsvarianten vorliegen, und andererseits kein eindeutig zu identifizierender Faktor von Altersarmut, sondern ein Bündel an möglichen Ursachen existieren, erscheint es günstig, diese Alltagserfahrungen schrittweise im Sinne des Ansatzes *conceptual growth* zu wissenschaftlich tragfähigen Konzepten weiterzuentwickeln. Angelehnt an die in der Praxis bewährte Konfrontationsstrategie nach Driver und Scott (Duit 1993, 4–6; Reinfried 2006, 41) ergeben sich im Wesentlichen fünf Schritte (siehe Abbildung 3).

Abbildung 3: Idealtypisches Phasenmodell eines kontinuierlichen Konzeptwechsels

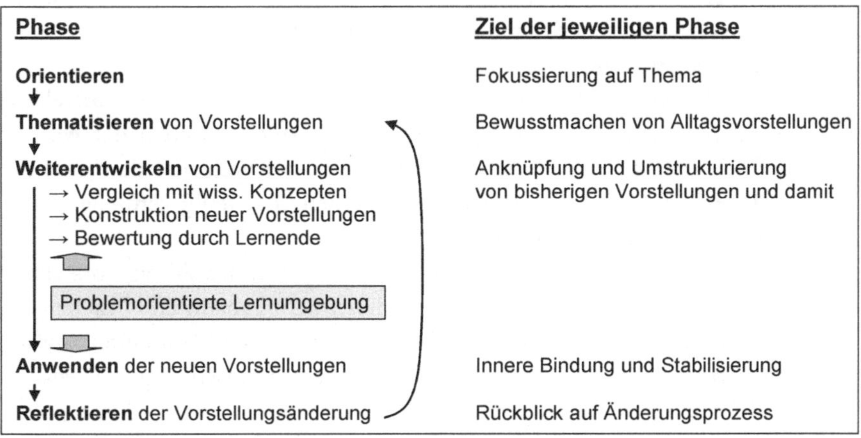

Quelle: Grafik basierend auf Ch. Fridrich 2009, 21, stark modifiziert nach Duit 1993, 6

1. Orientieren: Mithilfe eines aktivierenden Einstiegs erfolgt eine Fokussierung auf das Thema „Altersarmut in Deutschland“. *Beispiel:* Den Schülerinnen und Schülern werden mit einem TV-, Radio- oder Zeitungsbericht Phänomene und/oder Folgen von Altersarmut in Deutschland näher gebracht.

2. Thematisieren: Die Alltagsvorstellungen bzw. Präkonzepte über Ursachen der Altersarmut werden durch eine in Einzelarbeit erstellte Mindmap bzw. Zeichnung[4] oder mit Partnerinnen- und Partnerinterviews oder in einer Murmelgruppe aktiviert, im Klassenverband artikuliert, verglichen und in thematischen Clustern strukturiert für alle sichtbar festgehalten.

3. Weiterentwickeln: Der von der Lehrperson vorbereitete, in thematische Einheiten gegliederte Informationsinput über Ursachen der Altersarmut (z.B. in Form von Kärtchen oder Filmsequenzen mit Fallbeispielen, in Form einer in Punkten zusammengefassten wissenschaftlichen Studie oder in Form von Diagrammen mit Häufigkeiten und Struktur der Ursachen von Altersarmut) wird präsentiert: Geringe Rentenzahlungen sind vor allem auf Arbeitslosigkeit in den letzten Arbeitsjahren, auf Fehlzeiten besonders bei Frauen wegen Kindererziehung oder Pflege, auf Verringerung des Rentenniveaus durch politische Entscheidungen, auf Niedriglöhne bei Vollzeitstellen oder auf geringverdienende Selbstständige zurückzuführen. Diese wissenschaftlich fundierten Ursachen werden von Schülerinnen und Schülern und Lehrperson gemeinsam den einzelnen Themenclustern der Schülervorstellungen zugeordnet, wobei im Hinblick auf deren wechselseitige Passung drei Varianten denkbar sind und im Unterrichtsverlauf wahrscheinlich auftreten werden:

– Ein Teil der wissenschaftlich tragfähigen Ursachen wird Alltagsvorstellungen entsprechen. Eine Passung wäre zum Beispiel zwischen der wissenschaftlich anerkannten Ursache „Niedriglöhne bei Vollzeitstellen“ und der möglichen Schülervorstellung, dass Menschen, die wenig verdienen, auch wenig für die Rente einzahlen können.
– Ein anderer Teil der anerkannten Ursachen wird in den Alltagsvorstellungen kein Äquivalent finden, weswegen diese nicht genannten Ursachen der Altersarmut im weiteren Unterrichtsverlauf vertiefend bearbeitet werden sollten, etwa durch eigenständige Recherchen auf einschlägigen Websites. Ein Beispiel dafür wäre die Verringerung des Rentenniveaus durch politi-

4 Abhängig von der Themenstellung ist es in einigen Fällen für Menschen wesentlich leichter, Präkonzepte zu zeichnen als zu verbalisieren (Fridrich 2011, 224) und erlaubt durch eine systematische Bildanalyse tiefere Einblicke in Schülervorstellungen (Reinfried 2005, 136f.).

sche Entscheidungen (wissenschaftlich begründetes Konzept), die mit keiner geäußerten Schülervorstellung in Verbindung gebracht werden kann, weil die Rentenreform von 2001 den meisten jungen Menschen unbekannt sein wird.

– Schließlich werden Alltagsvorstellungen von Schülerinnen und Schülern „übrig bleiben", die keine eindeutige wissenschaftliche Entsprechung aufweisen. Diese Präkonzepte werden im Hinblick auf ihre Entstehung diskutiert und anschließend wird von den Schülerinnen und Schülern nach Andockmöglichkeiten an die präsentierten wissenschaftlichen Konzepte gesucht. Möglicherweise enthalten diese Alltagsvorstellungen Elemente wissenschaftlicher Konzepte und können so gemeinsam umgedeutet und bewertet werden (siehe oben Modell 3). Beispielsweise wäre das Präkonzept „Frauen arbeiten weniger" nicht mit wissenschaftlich fundierten Konzepten vereinbar. Betrachtet man allerdings die bezahlte Erwerbsarbeit, die überwiegend von Männern wahrgenommen wird, und die unbezahlten Erziehungs- und Pflegearbeiten, die vorwiegend von Frauen geleistet werden, so wird deutlich, dass Frauen weniger bezahlte Erwerbsarbeit aufweisen, die insgesamt aufgewendeten Arbeitsstunden jedoch nicht geringer als jene von Männern sind.

Der Vorteil dieser Vorgehensweise liegt darin, dass Präkonzepte ernst genommen und nicht nur als falsch abgetan werden, dass Diskrepanzen zwischen Vorstellungen der Wissenschaft sowie des Alltags kontrastiert und aufgedeckt werden sowie dass diese Unterschiede von den Schülerinnen und Schülern selbst analysiert und erkannt werden.

4. Anwenden: Die Schülerinnen und Schüler suchen nun auf Basis der neu gewonnenen bzw. weiterentwickelten Ursachen für Altersarmut Beispiele aus ihrer Lebenswelt, wie z.B. Großeltern, weitere Verwandte, Bekannte der Eltern, Nachbarinnen und Nachbarn, womit die einzelnen Ursachen für Altersarmut mit konkreten Beispielen versehen und somit „mit Leben" gefüllt werden. Ob und in welcher Form die Ergebnisse im Plenum präsentiert werden, muss von der Lehrperson mit Sensibilität bedacht werden, weil diese Phase Beschämungspotenziale in sich birgt. Durch diese Generierung von alltagsweltlichen Bezügen werden jedenfalls eine Stabilisierung und eine innere Bindung zu den neuen Konzepten ermöglicht.

5. Reflektieren: In einem Rückblick auf die Änderungsprozesse werden von den Lernenden die ursprünglichen mit den weiterentwickelten Vorstellungen verglichen und der bisherige Lernprozess verbalisiert. Wie in dieser Phasenstruktur erkennbar ist, verlaufen Änderungsprozesse von Präkonzepten meistens schrittweise und können durch einen strukturierten Ablauf initiiert sowie unterstützt werden (vgl. Vosniadu u.a. 2008, 16). Auch bei Implementierung dieser Umsetzung ist nicht davon auszugehen, dass alle Lernenden mit einem Schlag alle wissenschaftlich anerkannten Konzepte internalisiert haben werden. Wiederholungen und weitere Transfers werden auch deswegen erforderlich sein, weil die weiterentwickelten Konzepte habituell eingesetzt werden sollen (Jung 1981, 20).

Anregungen für die Praxis

Konkrete Anregungen für den Umgang mit Schülervorstellungen im sozioökonomischen Unterricht finden sich in den beiden vorhergehenden Abschnitten.

Zusammenfassender Ausblick

Mit Birgit Weber ist zu resümieren, dass Präkonzepte von Subjekten im Wesentlichen mithilfe von „erstaunlichen konstruktiven, kreativen und kognitiven Leistungen, mit denen sie versuchen, den existierenden Widersprüchen und Lücken in ihren Erklärungsmodellen Kohärenz zu geben“ (Weber 2010b, 98), generiert werden. Auch sogenannte wissenschaftlich anerkannte Konzepte bewegen sich – gerade, aber nicht nur in den Sozialwissenschaften – aufgrund von Widersprüchen, begrifflichen Unschärfen und unrealistischen Modellen nicht selten auf dünnem Eis (Weber 2010b, 98 ff.).

Deswegen ist es in vielen Naturwissenschaften wesentlich leichter, Präkonzepte mit „korrekten“ wissenschaftlichen Vorstellungen zu konfrontieren (s.o. Modell 1 „Konfrontieren“), einen kognitiven Konflikt auszulösen und einen Konzeptwechsel einzuleiten. In naturwissenschaftlichen Disziplinen wie etwa der Physik werden diese seit Jahrzehnten erforscht und sind Teil der fachdidaktischen Diskussion.

Es wäre wünschenswert, wenn sich die fachdidaktische Forschung auch im Bereich der Sozialwissenschaften, insbesondere der sozioökonomischen Bildung verstärkt Alltagsvorstellungen und ihrer Weiterentwicklung zuwenden würde. Ergebnisse könnten für Lehrpersonen ein besseres Verständnis für Denkstrategien, Vorstellungen sowie Erfahrungen junger Menschen bringen und eine Adaptierung ihres Unterrichts bewirken. Auch Lernende könnten dahingehend profitieren, dass sie mit ihren Präkonzepten nicht als Defizite, sondern als Lernansätze und Ressourcen wahrgenommen werden.

Tipps zum Weiterlesen

Fridrich, Christian (2010). Alltagsvorstellungen von Schülern und Konzeptwechsel im GW-Unterricht – Begriff, Bedeutung, Forschungsschwerpunkte, Unterrichtsstrategien. In: Mitteilungen der Österreichischen Geographischen Gesellschaft, Band 152. Wien: Österreichische Geographische Gesellschaft. S. 304–322.

Haarmann, Moritz-Peter/Lange, Dirk (2013): Der subjekt-/schülerorientierte Ansatz. In: Deichmann, Carl/Tischner, Christian K. (Hg.): Handbuch Dimensionen und Ansätze der politischen Bildung. Schwalbach/Ts., S. 19–36.

Mosch, Mirka (2013). Diagnostikmethoden in der politischen Bildung. Vorstellungen von Schüler/-innen im Unterricht erheben und verstehen. Dissertation. Gießen. Online: http://geb.uni-giessen.de/geb/volltexte/2013/9404/ (Zugriff: 21.1.2019).

BIRGIT WEBER

9 Welche Lehr-Lern-Methoden eignen sich für den sozioökonomischen Unterricht?

Was ist die didaktische Herausforderung?

Auf der Suche nach Unterrichtsmethoden rekurrieren gerade Anfängerinnen und Anfänger gerne auf die gegenwärtig „modernen" Organisationsformen des kooperativen Lernens, die etwa mit Think-Pair-Share, Gruppenpuzzle, Placemat, Kugellager, Fish-Bowls oder Gallery Walks Schülerinnen und Schülern mehr aktive und abwechslungsreiche Lernzeit gegenüber einem monotonen lehrendenzentrierten Unterricht ermöglichen sollen. Sie bieten wichtiges „Rezeptwissen" für die Unterrichtsorganisation der konkreten Stunde, etwa für den Austausch unter den Lernenden und die Darstellung von Arbeitsergebnissen in unterschiedlichen Sozialformen. Leittextmethode, WebQuests oder Mysterys können die Richtung des Lernens im Blick auf Erkenntnisgewinnung oder Problemlösung unterstützen, Mindmapping und Brainstorming die Vorkenntnisse und Interessen der Lernenden einbeziehen.

Demgegenüber lassen sich fachspezifische Lehr-Lern-Methoden weniger auf Motivierung und Aktivierung solcher Organisationsformen, sondern aus den Bildungszielen, den angestrebten Kompetenzen, den Lernvoraussetzungen sowie auch aus fachwissenschaftlichen Überlegungen begründen. Sie verbinden damit fachspezifisches Lehren und Lernen an und über den Gegenstand durch die Individuen in komplexeren Arrangements, die für längere Phasen Orientierung stiften. Abgeleitet aus den Bildungszielen Mündigkeit und Aufklärung, Tüchtigkeit und Verantwortung, Emanzipation und Kritik sowohl für die Bewältigung persönlicher Lebenssituationen als auch für die gesellschaftliche Mitgestaltung ökonomischer Herausforderungen (Weber 2013) zielen sowohl die ökonomische als auch die sozioökonomische Bildung auf eine reflektierte Analyse-, Urteils-, Entscheidungs- und Handlungskompetenz, unterscheiden sich aber in ihrer Herangehensweise und dem Stellenwert, den sie den Bildungszielen beimessen.

Welche Anforderungen bestehen an sozioökonomische Lehr-Lern-Methoden?

Vor allem die sozioökonomische Bildung legt *forschendes und analysierendes Lernen* als Prozesse wissenschaftlicher Erkenntnisgewinnung nahe, um Modelle und Theorien kritisch zu prüfen, aber auch Daten und Interessen zu ermitteln. Angesichts der gesellschaftlichen Pluralität erfordert sie zudem *diskursives Lernen*, um Rollen-, Ziel- und Interessenkonflikte zu erkennen und zu bearbeiten, aber auch der eigenständigen Urteilsbildung der Lernenden selbst Raum zu gewähren (vgl. Weber 2018a). Die sozioökonomische Bildung geht davon aus, dass Lernende sich aktiv und individuell Wissen konstruieren, weshalb ihre Konstrukte ebenso Lernhemmnisse wie auch produktive Lernanlässe im Rahmen sozialer Interaktion darstellen können. Dies setzt einer engen Individualisierung ebenso Grenzen wie einem dominanten lehrendenzentrierten Unterricht. Es erfordert ebenso, dass die Lernenden den Lerngelegenheiten ihren persönlichen Sinn beimessen können.

Gemäß den Charakteristika sozioökonomischer Bildung müssen auch die Lehr-Lern-Methoden subjekt- und problemorientiert, sozialwissenschaftlich und pluralistisch (vgl. Hedtke 2014b) sein:

- Als *subjektorientierte Bildung* müssen die Lehr-Lern-Methoden erlauben, eigene Schwerpunkte zu setzen, eigene Zielsetzungen zu identifizieren, eigene Entscheidungen und Urteile im Blick auf eine befriedigende und sinnstiftende Lebensführung zu entwickeln. Dies erfordert auch, die eigene Verschränkung mit gesellschaftlichen Einflüssen zu analysieren und zu reflektieren – wie etwa in Fallstudien und Erkundungen – sowie eigene Vorstellungen über die ungewisse Zukunft zu entwickeln – wie etwa in Zukunftswerkstätten. Sie steht im Gegensatz zu einem Denken allein in verengten Kategorien der „Nutzenmaximierung“, die mit ihrer „Rechenhaftigkeit“ weder der Komplexität noch der Ungewissheit gerecht werden. Letzteres erlauben nur begrenzt, kreatives und innovatives Denken für unterschiedlichste Problemlösungen zu fördern, sei es für die eigene Lebensqualität, die unternehmerische Wettbewerbsfähigkeit oder auch einen menschenwürdigen gesellschaftlichen Fortschritt.
- Als *problemorientierte Bildung* setzen die Lehr-Lern-Methoden sowohl an individuellen als auch an gesellschaftsökonomisch relevanten Herausforderungen an und ermöglichen, Gefährdungen sowie strukturelle Behinderungen von Verwirklichungschancen zu reflektieren und abzuwägen. Dies erfordert authentische Problemstellungen und Herausforderungen in komplexen

Lehr-Lernarrangements statt vereinfachender, idealisierter, modellorientierter und unterkomplexer Aufgaben.

- Als *sozialwissenschaftliche Bildung* sind unterschiedliche wissenschaftliche Perspektiven auf Wirtschaft und Wirtschaften sowohl zur Erkenntnisgewinnung als auch zur Problembearbeitung dienstbar zu machen, womit vor allem forschende Zugänge zur Wirklichkeit naheliegen. Dazu sind theoretische Modellbildungen über Funktionen, Zusammenhänge und Wirkungsketten ebenso erforderlich wie empirische Zugänge, die neben zeitlosen Idealtypen auch fall-, situations-, praxis- und problemorientierte Diversität zeigen und empirische Daten einbeziehen, um auf diese Weise zwar unvollkommene, aber dennoch nicht beliebige Wege der Wirklichkeitsannäherung zu nutzen. Gerade durch den Vergleich von Theorie und Empirie lassen sich Chancen und Grenzen einer solchen Realitätsannäherung verstehen.
- Als *pluralistische Bildung* sind vielfältige Werte und Rationalitäten, Lebensentwürfe und Alltagspraxen, Theorien und Weltbilder – unterschiedlicher gesellschaftlicher Gruppen und wirtschaftlicher Akteure – einzubeziehen und auf diese Weise eigenständige, multiperspektivische und reflektiert abwägende Urteilsbildungen und Entscheidungen zu ermöglichen (vgl. Kap. 3). So werden Denk- und Handlungsmöglichkeiten erweitert, aber auch das Verständnis für die Perspektiven anderer Akteure und unterschiedlich betroffener oder begünstigter Gruppen verbreitert. Dies legt nicht zuletzt diskursive Wege des Lernens nahe, in denen Argumente und Perspektiven begründet entwickelt, aber auch kritisch geprüft werden können – wie etwa Konferenzen im Rahmen von Simulationsspielen oder die Einbeziehung unterschiedlicher Perspektiven in Erkundungen.

Daneben sind aber auch *Situations-* und *Handlungsorientierung* relevant. Sie berücksichtigen die jeweiligen sozioökonomisch geprägten Handlungssituationen, in denen die Individuen agieren, als zunächst vorhandenen Handlungsrahmen, an den diese sich aber nicht allein im Sinne eines „reibungslosen" Funktionierens anpassen, sondern den sie auch mitgestalten können, sodass neben individuellen Entscheidungen immer auch solidarische und politische Gestaltungsurteile zu reflektieren bzw. zu prüfen sind. Beispielsweise wären Fallstudien zur Prüfung rationaler Konsumentscheidungen zu ergänzen um Sozialanalysen zur gesellschaftlichen Konstruktion und Beeinflussung der Bedarfe und ggfs. abzurunden durch Konferenzspiele, in denen Maßnahmen zu Konsumfreiheit bzw. Verbraucherschutz abzuwägen wären (weitere Beispiele etwa zu Konsum und Produktion siehe Weber 2011a).

Welche didaktischen Zugänge bieten sich an?

Angesichts des Lernens über wirtschaftliche Zusammenhänge liegen zunächst solche aktivitätsfördernden Makromethoden wie Schülerfirmen, Betriebspraktika, Unternehmens- oder Börsenplanspiele nahe, die immer wieder als Paradebeispiele für die Verbindung von Methoden und Lernen über Wirtschaft gelten. Sie stellen aber gleichzeitig nur ein begrenztes – und noch dazu umstrittenes Spektrum an Unterrichtsmethoden dar.

Sowohl in der ökonomischen als auch der sozioökonomischen Bildung werden seit Jahrzehnten aktivitätsfördernde und komplexe Makromethoden mit selbstständigem Schülerhandeln favorisiert. Diese lassen sich einerseits A) hinsichtlich des Typus des Realitätszugangs und andererseits B) hinsichtlich der Lernendenaktivität unterscheiden:

A1 *Realbegegnungen* wie Erkundungen, Expertengespräche, Praxiskontakte und Betriebspraktika,
A2 *Simulationen der Realität*, z.B. ökonomische Modelle, Experimente und Planspiele,
A3 *Mitgestaltung der Realität* über Projektarbeit – vor allem Schülerfirmen – und Zukunftswerkstätten,

B1 *Forschende Zugänge zur Realität* über Fallbeispiele, -studien, -analysen, vergleichende Tests, Nutzwertanalysen, Netzwerkmethoden sowie Datenerhebung und -auswertung und vergleichende Methodenanwendung,
B2 *Diskursive Zugänge* zu Herausforderungen der Realität über Rollenspiele, Streitgespräche, Pro- und Contra-Debatten sowie Dilemmamethoden (vgl. Weber 2018, 226f.).

Der Überblick zeigt die in der ökonomischen und sozioökonomischen Bildung betonten Methoden und lässt ähnliche Zugänge erkennen (vgl. Übersicht 9). Er zeigt aber auch, dass das Lernen über Wirtschaft weniger über forschende und diskursive Zugänge geprägt zu sein scheint, dafür stärker über begegnende, simulierende, mitgestaltende Lehr-Lernmethoden, die forschende und diskursive Zugänge einschließen können, aber nicht müssen.

Übersicht 9: Methoden

Realitätszugang Lernenden-aktivität		Steinmann/ Weber 1995	Hedtke/ Weber 2008	Kaminski/ Kaiser 2011	Retzmann 2011	Arndt 2013
A1 Begegnung	Praxiskontakte			X	X	
	Erkundung	X	X	X	X	X
	Expertenbefragung	X	X			X
	Praktikum		X	X	X	X
B1 Forschend	**Fallstudie**	X	X	X	X	X
	Tests				X	X
	Produktlinienanalyse				X	
	Systemanalyse/ Netzwerke			X		X
	Szenario	X	X	X	X	
A2 Simulierend	Spiele					X
	Experimente		X		X	
	Rollenspiele	X	X	X	X	X
	Planspiele	X	X	X	X	X
B2 Diskursiv	Konferenzspiel/ Expertenhearing	X	X			
	Pro-Contra-Debatte					X
	Dilemma-Methode			X		
A3 Mitgestaltend	**Zukunftswerkstatt**	X	X	X		X
	Projektmethode	X	X	X	X	X
	Schülerfirma		X	X	X	X

Quelle: eigene Darstellung

Die bevorzugten Methoden unterscheiden sich zudem nach den Fachkulturen, in die Wirtschaft eingebunden ist. Vertreterinnen und Vertreter des arbeitsorientierten und ökonomischen Fachspektrums betonen eher die Realbegegnung, das sozialwissenschaftliche sozioökonomische Spektrum zielt eher auf den forschenden Zugang durch Datenerhebung und -auswertung. Vor allem das enger ökonomische Spektrum will den lehrendenzentrierten Frontalunterricht nicht vernachlässigt wissen (vgl. Weber 2018, 227 f.).

Idealerweise geht sozioökonomische Bildung problemorientiert von individuellen und gesellschaftlichen Herausforderungen sowie subjektorientiert von den subjektiven Erfahrungen und Vorstellungen der Lernenden aus, ermöglicht handlungsorientiert über forschendes, entdeckendes und problemlösendes Lernen eigene Vorstellungen zu differenzieren und weiterzuentwickeln (vgl. Kap. 8), um zu einem erweiterten verallgemeinerbaren und geteilten Wissen zu gelangen, das wiederum als Anlass dient, dies an der Realität zu reflektieren und mit Blick auf den subjektiven Sinn zu prüfen (vgl. Übersicht 10).

Übersicht 10: Prinzipien, Lernwege und Lerntätigkeiten

Didaktische Prinzipien	*Situations- und Problemorientierung*		*Handlungsorientierung*		*Wissenschafts-orientierung*
Lernwege	von subjektiven Erfahrungen und Wissen der Lernenden	→	über forschendes, entdeckendes und problemlösendes Lernen	→	zu verallgemeinerbarem und geteiltem Wissen (Deutungswissen)
Wissens- und Wissenschafts-orientierung	Wissens- und Erfahrungsorientierung	+	methodische Wissenschaftsorientierung	+	inhaltliche Wissenschaftsorientierung
Lerntätigkeit	z. B. lösungsbedürftiges Problem oder Entscheidungssituationen erkennen, Vorwissen und Neugier generieren	←	z. B. Fragehaltung entwickeln, Informationen beschaffen und bewerten, Werdegang und Ursachen ermitteln, unterschiedliche Lösungswege abwägen, kriteriengeleitete begründete Entscheidungen bzw. Urteile treffen, ggf. umsetzen	←	Begriffliche Klärungen und Strukturierungen vornehmen, Verallgemeinerungen bzw. Reichweite, Ergebnisse und Konsequenzen reflektieren

Quelle: eigene Darstellung

Angesichts solcher komplexen Lehr-Lern-Arrangements ermöglichen Methoden sozioökonomischer Bildung vielfältiges – und auch unterschätztes Differenzierungspotenzial, die im Blick auf Fragen von Konsum und Arbeit und Beruf notwendigerweise individuelle Zugänge erfordern. Demgegenüber verlangen wirtschaftspolitische Herausforderungen eigenständiges Abwägen, Beurteilen und Stellungnehmen zu Problemen, Konflikten und Gestaltungsmöglichkeiten und ermöglichen Lernenden gemäß soziostruktureller Unterschiede auch divergierende Einsichten.

Welche Kontroversen und Hindernisse bestehen mit Blick auf einzelne Methoden?

Praxiskontakte oder forschender Zugang zur ökonomischen Realität

Vor allem von Unternehmensvertreterinnen und -vertretern werden Realbegegnungen und Praxiskontakten eine wichtige Bedeutung zugeschrieben. Angenommen wird, dass Lernenden und Lehrkräften Erfahrungen und Einsichten in unternehmerisches Handeln fehlen, sodass Unternehmensvertreterinnen und -vertreter diese unzureichend beleuchtete Perspektive am besten selbst in den Unterricht einbringen. Als Praxiskontakte werden Besuche von Praxisvertreterinnen und -vertretern in der Schule sowie Betriebserkundungen und Betriebspraktika angeboten. Ergänzt wird dies durch Unternehmensplanspiele, Businessplanwettbewerbe und Schülerfirmen, um Einblicke in die Arbeitswelt bzw. die Unternehmerperspektive zu erhalten. Vertreterinnen und Vertreter sozioökonomischer Bildung begegnen diesen Aktivitäten mit großer Skepsis. Reinhold Hedtke (2015a, 139f.) kritisiert, dass Vertreterinnen und Vertreter der Unternehmen über Schulpartnerschaften und -kooperationen, Expertenbesuche, Unterrichtsmaterial oder Betriebspraktika einen „einzigartig privilegierten Zugang" zu Schulen erhalten, dem die Lernenden nicht entkommen können. Problematisch sei daran auch, dass gegenüber den „Weihen der Praxis" und den in Werbung und Vertrauensbildung geschulten Unternehmensvertreterinnen und -vertretern Lehrkräfte lediglich als „Laien" angesehen und in ihrer Expertise abgewertet werden, während lediglich eine, nämlich die unternehmerische Perspektive auf Wirtschaft präsentiert werde, aber schwache Interessen dagegen unterrepräsentiert bleiben (Hedtke 2015a, 156f.), gleichzeitig ein kritischer Blick auf Anreizsysteme, Einseitigkeiten und Auslassungen unterbleibe (Engartner 2015, 198ff., Gericke/Liesner 2014). In ihrem Material zu Betriebserkundung in der Arbeitswelt zeigen Zurstrassen/Becker (2013), wie Praxiskontakte sozioökonomisch auch die Perspektiven der Arbeitswelt sichtbar machen und die o.g. kritischen Einwände entkräften können.

Grundsätzlich sind Realbegegnungen auch in der sozio-ökonomischen Bildung bedeutsam. Sie ermöglichen authentische Anschauung, erlauben unmittelbare Begegnung, eigene Erprobung, Informationsbeschaffung und den Vergleich theoretischen Wissens oder auch eigener Vorstellungen mit der Realität (vgl. Kap. 4). Manchmal ermöglichen sie auch, Probleme überhaupt erst zu entdecken oder Alternativen kennenzulernen. Sie werden allerdings in ihren didaktischen Möglichkeiten auch überschätzt, indem sie zufällige und auf den Einzelfall bezogene Eindrücke bergen, punktuelle und standortbezogene, nicht zwangsläufig verallgemeinerbare Informationen verfügbar machen, während komplexe Zusammenhänge oder auch systemische Konfliktursachen über Realbegegnungen nur schwer zugänglich sind. Entsprechend sollten Realbegegnungen didaktisch eingebettet und durch ein sozioökonomisches Gesamtkonzept vorbereitet werden, wozu auch kritische Fragen gehören. Sie können als vergleichende Erkundungen in Fallstudien integriert werden, müssen aber auch „schwachen Interessen" angemessenes Gehör verschaffen. Dass ein Unterricht, der allein die unternehmerische Perspektive präsentiert, sich von selbst verbietet, dürfte ein triviales didaktisches Gebot sein. Sie darf aber ebenso wenig ausgeblendet werden.

Simulation ökonomischer Realität – unverzichtbar, aber mit heimlichem Lehrplan

In der sozioökonomischen und ökonomischen Bildung existieren zudem didaktisch transformierte und Komplexität reduzierende Modelle der Realität vor allem als Simulationsspiele bzw. Planspiele mit unterschiedlichen strategischen und taktischen Entscheidungs- und Handlungsspielräumen, die den Lernenden experimentierendes Probehandeln im Schonraum ermöglichen. Sie verlangen – je nach Konstruktion – von den Teilnehmenden immer wieder neue Lageanalysen, Entscheidungen, ggfs. Interessenvertretungen sowie Ergebnisbeurteilungen. Simulationen ökonomischer Realität machen modellierte Wirkungsbeziehungen wirtschaftlicher Abläufe erlebbar, sie veranschaulichen rein gedanklich nachzuvollziehende Vorgänge und erlauben, die Prognosen von Theorien quasiexperimentell zu überprüfen. Wenngleich es solche Planspiele sowohl zu privaten Haushalten, Unternehmen, Volkswirtschaft und internationalen Beziehungen als auch zu Interessenkonflikten gibt, hat vor allem das Planspiel Börse einen hohen Bekanntheitsgrad erlangt. Als Ziele werden die Verbesserung von Wirtschaftskenntnissen, die spielerische Vermittlung von Grundkenntnissen über die Funktionsweise der Börse, das Näherbringen des Kapitalmarktes sowie eine Auseinandersetzung mit dem aktuellen Wirtschaftsgeschehen angegeben. Gleichermaßen fungiert es aber vor allem als Maßnahme, den sog. deutschen „Aktienmuffeln" den Spaß an anderen Anlagemöglichkeiten näherzubringen (vgl. auch die Kritik von Reinhardt 2003), spielerisch verpackt als ökonomische bzw. eher finanzielle Bildung. So verspricht das Internetportal, dass Teilnehmende es zu Börsenprofis bringen können, womit auch eine fahrlässige Selbstüberschätzung gefördert werden könnte. Liening/Mittelstädt (2011) kritisieren, dass mit dem Börsenspiel ein problematisches Anlageverhalten nahegelegt wird, wenn zugunsten eines zufallsbedingten Gewinns auf Risikostreuung verzichtet wird. Der Kritik an der reinen Renditeorientierung wurde insofern Rechnung getragen, als neben dem Gesamtdepotwert auch eine Nachhaltigkeitsbewertung einbezogen wurde.

Gleichwohl macht dies deutlich: Planspiele können nie die Realität vollständig abbilden. Sie enthalten immer auch die Perspektive des Konstrukteurs auf wesentliches und unwesentliches, spezielle Perspektiven werden hervorgehoben, andere vernachlässigt. Die Spielziele sind zudem nie identisch mit den angestrebten Bildungs- oder Lehrzielen, sodass auch problematische Strategien gefördert werden können. Deshalb bedürfen sie immer auch einer angemessenen Reflexion des Spielgeschehens sowie der vorgegebenen und tatsächlich bedeutsamen Ziele. Dennoch bergen Simulationsspiele aufgrund ihrer modellhaften Konstruktion ein besonderes Potenzial vor allem für – durch Erfahrung wenig zugängliche – gesamtwirtschaftliche Zusammenhänge und internationale Wirtschaftsbeziehungen.

Mitgestaltung ökonomischer Realität und ihre Grenzen

Schülerfirmen scheinen demgegenüber eine Art Paradebeispiel für die Verbindung von Form und Inhalt ökonomischer Bildung zu sein. Sie wurden besonders gefördert, um den Unternehmergeist in die Schule zu bringen und damit sowohl Verständnis als auch Akzeptanz für unternehmerisches Entscheiden und Handeln zu erzeugen. Sie zielen aber auch auf Berufsorientierung und persönliche Selbstständigkeit, sowie jüngst auch auf nachhaltiges Handeln. Je nach Organisationsform sind sie eher darauf angelegt, sich quasi in der Arbeitswelt zu üben, indem Produkte und Dienstleistungen erstellt und vermarktet werden, während andererseits die Realisierung einer Geschäftsidee am Markt darauf ausgerichtet ist, die Option der Selbstständigkeit zu prüfen.

Reinhold Hedtke kritisiert, dass „beliebte Simulationen wie Schülerfirmen oder Börsenspiele überschätzt“ werden, da sie „viel Zeitaufwand für den Lernerfolg“ (2018d, 110) erfordern. Kritisiert wird zudem, dass die Perspektive der Mitbestimmung vernachlässigt wird. Moritz Peter Haarmann (2018) greift diese Kritik in seiner Konzeption der „mitbestimmten Schülerfirma“ auf, die demokratisch und nachhaltig wirtschaften soll. Nun sind Schülerfirmen tatsächlich nicht gleichzusetzen mit realen Firmen, da die meisten Risiken nicht zu tragen sind, viele Kosten nicht berücksichtigt werden, der Arbeitsdruck sich durch den begrenzten zeitlichen Einsatz in Grenzen hält, die Arbeitsbeziehungen weniger hierarchisch gestaltet sind und vor allem die Lernenden nicht von den realisierten Einkommen leben müssen.

Man würde das Potenzial von Schülerfirmen unterschätzen, wenn man sie allzu schnell als „neoliberale“ Einübung in unternehmerisches Denken verwirft anstatt ihre Option anzuerkennen, eigene Ideen in die Tat umzusetzen, dabei auch über Erfolgserlebnisse Selbstwirksamkeit zu erleben und neben Einblicken in unternehmerische Entscheidungen vielleicht ebenso Vorstellungen über gute Arbeit oder auch über die Initiierung gesellschaftlicher Innovationen auszubilden. Schülerfirmen können auch Lernprozesse einer sozioökonomischen Bildung befördern, ihre Bedeutung ergibt sich aber weder aus der Gründererziehung noch aus der Einübung in Arbeitstugenden. Es bedarf der zielorientierten Reflexion von Entscheidungs- und Handlungsspielräumen sowie eines Vergleichs mit der Wirklichkeit, um nicht Anpassung, einseitiger Akzeptanz oder gar unreflektierter Glorifizierung unternehmerischer Tätigkeit Vorschub zu leisten (vgl. Weber 2007).

Interessante Perspektiven für eine subjektorientierte ökonomische Bildung entlang von gesellschaftlichen Herausforderungen bieten Zukunftswerkstätten, die es erlauben, sich über Kritikphasen analytisch Problemen und ihren Ursachen zu nähern, in Utopiephasen dabei eigene Vorstellungen von der Welt, in der die Lernenden leben möchten, zu entwickeln und in der Realisierungsphase schließlich Umsetzungsschritte auf der individuellen, solidarischen und politischen Ebene zu suchen. Solche Zukunftswerkstätten sind vor allem interessant für solche sozioökonomischen Herausforderungen – wie etwa Arbeit und Konsum 4.0, die soziale und ökologische Gestaltung der Wirtschafts- und Weltwirtschaftsordnung – unter demokratischen Bedingungen, die der jungen Generation als Bewältigungs- und Gestaltungsaufgabe auferlegt werden.

Modelle und empirische Daten – aber ohne Selbstzweck

Sozioökonomische Bildung – ebenso wie ökonomische Bildung – erfordert einen angemessenen Umgang mit Modellen sowie auch empirischen Daten, Statistiken und Diagrammen sowie Fallbeschreibungen und Situationsanalysen, um einzelfallbezogene Erfahrungen zu verallgemeinern und über das strategische Handlungswissen im Modellhandeln – etwa auch in kleinen Simulationen bzw. Experimenten – Zusammenhänge zu verstehen. Es bedarf zudem der mehrperspektivischen Betrachtung nicht allein unterschiedlicher ökonomischer Akteure wie Konsumenten und Produzenten sowie Haushalte und Unternehmen, sondern auch gesellschaftlicher Diversität. Ein kritisch prüfender Umgang mit Zahlen und Fakten kann auch über die Szenariotechnik geübt werden, die ein Denken in Alternativen fördert. In Konferenzspielen können Argumente auf ihre Stichhaltigkeit überprüft, zur Interessenvertretung genutzt und auch verteidigt werden.

Anforderungen an die Praxis

Es gibt nicht die geeignete Methode für die sozioökonomische Bildung, ihre Auswahl ist vom Lerngegenstand abhängig und nicht beliebig. Vor allem aber kommt es auf ihre Ziele, ihre Ausgestaltung und besonders auf ihre Reflexionsmöglichkeiten an. Sozioökonomische Bildung orientiert sich an einem vollständigen Handlungsablauf, der von bedeutsamen individuellen bzw. kollektiven gesellschaftlichen Herausforderungen ausgeht, die als offene Probleme veränderungsbedürftige Situationen darstellen – und Entscheidungen oder Gestaltungsurteile erfordern – und gleichzeitig Individuen Sinnstiftung ermöglichen. Entscheidend ist die Einordnung in eine komplexe Gesamtsituation anstatt in zusammenhanglose kleine Lernhäppchen. Dies wird durch komplexe Lehr-Lernarrangements ermöglicht, die ausgehend von den lösungsbedürftigen Problemen auf eine *aktive, aber* auch *sinnstiftende*, auf eine sowohl *forschende, diskursive,* als auch *kritisch reflektierende* Auseinandersetzung zum Erwerb, zur Anwendung und zur Überprüfung von Erkenntnissen, Entscheidungen und Handlungen sowohl in realen als auch in simulierten Prozessen als Basis für eine umfassendere Urteils- und Handlungskompetenz zielen. Über eine Vielzahl von sinnstiftenden, selbsttätig und kooperativ durchgeführten Aktivitäten legen sie die Grundlage für selbstbestimmtes und reflektiertes Orientieren, Entscheiden, Urteilen und Handeln im sozioökonomischen Feld.

Tipps zum Weiterlesen

Weber, Birgit (Hg.) (2018): Wirksamer Wirtschaftsunterricht aus der Perspektive von Expertinnen und Experten. Baltmannsweiler.

ANDREAS FISCHER, HARALD HANTKE

10 Lässt sich die Idee der sozioökonomischen Bildung in beruflichen Schulen umsetzen?

Die Idee der sozioökonomischen Bildung (vgl. Kap. 3) scheint – vor dem Hintergrund des Lernfeldansatzes – unmittelbar anschlussfähig an die berufliche Bildung zu sein. Der Teufel steckt jedoch im Detail. So lässt das Lernfeld-*Konzept* zwar theoretisch ein mehrdimensionales und problemorientiertes Lernen zu, damit sich Lernende ihre ökonomisch geprägten (beruflichen) Lebenswelten erschließen können. Die konkreten Lernfeld-*Vorgaben* der wirtschaftsberuflichen Bildung favorisieren jedoch einen Unterrichtsalltag, in dem eher einseitig ausgerichtetes betriebswirtschaftlich-kaufmännisches und volkwirtschaftliches Denken und Handeln gefördert wird, das vor allem auf systematischem wirtschaftswissenschaftlichem Wissen basiert. So benötigen Lehrende zudem ein sozialwissenschaftliches Know-how, um die konkreten Lernfeld-*Vorgaben* subjektorientiert, lebenswelt-/situationsorientiert, wissenschaftsorientiert, wirtschaftlich und wissenschaftlich plural, multiperspektivisch sowie sozialwissenschaftlich zu interpretieren und einen entsprechenden Unterricht vorbereiten und umsetzen zu können. Inwiefern lässt sich auf dieser Basis die Idee der sozioökonomischen Bildung in beruflichen Schulen umsetzen? Der Reihe nach.

Worin besteht die didaktische Herausforderung?

Seit mehr als zwei Jahrzehnten soll in der (wirtschafts-)beruflichen Bildung nach dem Lernfeld-*Konzept*[1] unterrichtet werden. Nach der KMK-Handreichung für die Erarbeitung von Rahmenlehrplänen für den berufsbezogenen Un-

1 Im Rahmen dieses Beitrags werden verschiedene Lernfeld-Begriffe verwendet. Der Begriff „Lernfeldansatz" umfasst dabei sowohl das in der KMK-Handreichung für die Erarbeitung von Rahmenlehrplänen skizzierte „Lernfeld-*Konzept*" als auch die „Lernfeld-*Vorgaben*" der einzelnen Rahmenlehrpläne. Der Blick auf den Lernfeldansatz beschränkt sich in diesem Beitrag auf betriebswirtschaftlich-kaufmännische und volkswirtschaftliche Lernfelder, während die Lernfelder gewerblich-technischer Berufe außen vor bleiben.

terricht sind neue Rahmenlehrpläne seitdem nicht mehr fachsystematisch zu strukturieren. Vielmehr kehrt das Lernfeld-*Konzept* die Perspektive um: Ausgangspunkt des Lernfeldunterrichts sollen nicht mehr fachwissenschaftliche Theorien, sondern berufliche Handlungssituationen sein (vgl. KMK 2011, 10). Lernfelder sollen sich demnach aus handlungsbeschreibenden Tätigkeiten, kompetenzbasierten Zielformulierungen und Lerninhalten zusammensetzen, die sich auf exemplarische Berufshandlungen im Sinne der Arbeits- und Geschäftsprozessorientierung beziehen und didaktisch aufzubereiten sind. Berufshandlungen und deren Problemstellungen zeichnen sich dabei aus durch „zusammengehörige Aufgabenkomplexe mit beruflichen sowie lebens- und gesellschaftsbedeutsamen Handlungssituationen" (Bader 2003, 213). Das innovative Moment bei der Einführung des Lernfeld-*Konzepts* bestand bzw. besteht somit darin, Lehr-Lern-Prozesse nicht mehr fachsystematisch entlang disziplinär definierter Unterrichtsfächer, sondern fächerübergreifend auf Basis beruflich geprägter Lernsituationen zu initiieren, wodurch auch die klassischen Fächer im (fach-) didaktischen Sinne abgeschafft wurden (vgl. Wittau/Zurstrassen 2017, 146).

Deutlich wird, dass im Lernfeld-*Konzept* Prinzipien wie Mehrdimensionalität und Problemorientierung eine zentrale Rolle spielen. Doch sind die durch den Lernfeldansatz veränderten curricularen Vorgaben tatsächlich mit einer multiperspektivisch ausgerichteten und problemorientierten sozioökonomischen Bildung kompatibel (vgl. Kap. 7)? Aus unserer Sicht erscheint es sinnvoll, diese Frage auf ideentheoretischer, bildungstheoretischer, kategorialer und didaktisch-prinzipieller, kompetenztheoretischer sowie schließlich curricularer Ebene zu erörtern.

Welche analytischen Zugänge bieten sich an?

Ideentheoretische Ebene

Zu Beginn eine kleine Reise in die Vergangenheit: Als die Kultusministerkonferenz (KMK) Mitte der 1990er Jahre das Lernfeld-*Konzept* vorstellte, hatte die Berufs- und Wirtschaftspädagogik einen knapp zwanzig Jahre andauernden Methodendiskurs hinter sich, der das didaktische Prinzip des handlungsorientierten Lernens in den Blickpunkt rückte. Angereichert wurde die didaktische Auseinandersetzung mit lerntheoretischen Überlegungen, die Mitte der 1990er Jahre in die Diskussion über das Für und Wider konstruktivistischer Zugänge mündete. Neben offengebliebenen Fragen zur Umsetzung und damit verbundenen Implementationsproblemen brachte die Einführung des Lernfeld-*Konzepts* eine breite didaktische und curriculumtheoretische Diskussion mit sich (vgl. exemplarisch Fischer 2011).

Im Kern basiert das Lernfeld-*Konzept* auf den Vorgaben der KMK-Handreichung für die Erarbeitung von Rahmenlehrplänen für den berufsbezogenen Unterricht (vgl. KMK 2011). Demnach sind neue Rahmenlehrpläne nicht mehr nach fachsystematischen Lerngebieten, sondern nach handlungssystematischen Lernfeldern zu strukturieren.[2]

Die KMK begründet den Beschluss unter anderem damit, dass die „Mehrdimensionalität, die Handlungen kennzeichnet (z.B. ökonomische, rechtliche, mathematische, kommunikative, soziale Aspekte), [...] eine breitere Betrachtungsweise als die Perspektive einer einzelnen Fachdisziplin" (KMK 2011, 10) erfordere. Um diesen heterogenen Handlungsanforderungen gerecht zu werden, müssen Lernende im Rahmen der (wirtschafts-)beruflichen Bildung dazu befähigt werden, ihr eigenes (berufliches) Handeln kontinuierlich zu reflektieren, kurz: sich selbst zu bilden. Dieser Bildungsprozess soll die Lernenden bei der Entwicklung einer Berufsidentität unterstützen. Lehrende sind somit gefordert, fachliche Entscheidungen individuell treffen zu können, da fachliches Wissen im Rahmen des Lernfeld-*Konzepts* nicht mehr fachsystematisch „vorgegeben" ist.

Bildungstheoretische Ebene

Der kleine Einblick in die Ideengeschichte verdeutlicht, dass das Lernfeld-*Konzept* an neuhumanistische Bildungs- und Persönlichkeits- bzw. Subjektvorstellungen anknüpft. Vor diesem Hintergrund wird eine emanzipatorisch-aufklärerische sowie ganzheitliche Förderung von Handlungs- und Problemlösungsfähigkeiten, Mündigkeit, Selbstständigkeit und Persönlichkeitsentwicklung angestrebt.

Die (wirtschafts-)berufliche Bildung steht somit vor der Aufgabe, die spezifische, fachlogische Systematik der Betriebs- und der Volkswirtschaftslehre zu reflektieren und es den Lernenden zugleich zu ermöglichen, die mono- und polykontexturalen Welten mit all ihrer Widersprüchlichkeit und Vielfalt und ihren von Ort zu Ort verschiedenen, spezifischen Problemen zu durchdringen.

In der Präambel des Rahmenlehrplans für den Ausbildungsberuf Industriekaufmann/Industriekauffrau wird beispielsweise deutlich, dass sich die Lernfeld-*Vorgaben* zwar an typischen kaufmännischen Geschäftsprozessen auszurichten haben; gleichzeitig ist diese Perspektive jedoch um die „vielfältigen Systemverflechtungen zwischen Märkten, Gesamtwirtschaft und Gesellschaft" (KMK

2 Die KMK gibt für die Rahmenlehrplan-Ausschüsse eine Handreichung zur Erarbeitung von lernfeldorientierten Rahmenlehrplänen heraus. Die aktuelle Ausgabe stammt aus dem Jahr 2011 und wurde im Jahr 2017 aktualisiert.

2002, 6) zu ergänzen. Außerdem sollen die Zielformulierungen „im Sinne des Grundsatzes der Nachhaltigkeit ökologischer, sozialer und ökonomischer Entwicklung“ (KMK 2002, 6f.) interpretiert werden, wodurch eine „ganzheitliche Sichtweise auf komplexe Problemstellungen und die Erarbeitung zukunftsverträglicher Lösungen [...] neben der Orientierung an Geschäftsprozessen als durchgängiges Unterrichtsprinzip zu berücksichtigen“ (KMK 2002, 7) sind.

So betrachtet knüpft das Lernfeld-*Konzept* an bildungstheoretische Überlegungen und die curriculare Reformdebatte der 1970er Jahre an, in der das Oszillieren zwischen Wissenschafts-, Situations- und Persönlichkeitsorientierung ebenfalls erörtert wurde (vgl. exemplarisch Robinsohn 1967; Reetz 1984). Gleichzeitig werden Parallelen zu bildungstheoretisch begründeten sozialwissenschaftlich-didaktischen Prinzipien deutlich, z.B. zur (Schlüssel-)Problem- und Lebensweltorientierung sowie zur exemplarischen, genetischen, pluralistischen Orientierung unter Berücksichtigung des Beutelsbacher Konsens (Überwältigungs- bzw. Indoktrinationsverbot, Kontroversitätsgebot und Lernendenorientierung).

Ausgangspunkt beider Konzepte ist somit – neben der Persönlichkeitsorientierung – der „objektive“ Pluralismus in Gesellschaft und Wirtschaft, der heterogene Werte und Rationalitäten, Lebensentwürfe und Alltagspraxen sowie Theorien und Weltbilder berücksichtigt.

Kategoriale und didaktisch-prinzipielle Ebene

Es geht sowohl im Lernfeld-*Konzept* als auch in der sozioökonomischen Bildung – in Anlehnung an Lothar Reetz – darum, die (Auswahl-)Kriterien zu erörtern, nach denen die Themen, Inhalte und Fragen im Unterricht aufzugreifen sind (vgl. Reetz 1984, 76; vgl. Kap. 6). Diesem Verständnis liegt ein materialer Wirtschaftsbegriff zugrunde, der Wirtschaften als soziokulturell konstruiertes Phänomen begreift.

In der KMK-Handreichung für die Erarbeitung von Rahmenlehrplänen und in den Präambeln der Rahmenlehrpläne finden sich die Prinzipien der Handlungs- und Gestaltungorientierung, der Problemorientierung, der Verschränkung aus Situations-, Wissenschafts- und Persönlichkeitsorientierung, der Mehrdimensionalität, der Exemplarik und des handlungsorientierten Kompetenzansatzes (Fach-, Personal- und Sozialkompetenz) (vgl. KMK 2011, 10; exemplarisch KMK 2002, 3ff.). Dies erlaubt die Interpretation, dass das Lernfeld-*Konzept* eine multiperspektivische und interdisziplinäre Herangehensweise ermöglicht. Und dies wiederum lässt darauf schließen, dass sich die Idee der sozioökonomischen Bildung in beruflichen Schulen unmittelbar realisieren lässt. Denn auch sie basiert im Kern auf den Prinzipien der (Schlüssel-)Problemorientierung, Subjekt-/Lebensweltsituationsorientierung[3], Wissenschaftsorientierung, wirtschaftliche und wissenschaftliche Pluralität sowie Wissenspluralität, der Kontextualisierung/Einbettung, Mehrdimensionalität, Multiperspektivität, Sozialwissenschaftlichkeit, Inter- und Transdisziplinarität, Kontroversität, Diversität, Multiparadigmatizität, Reflexion sowie Kritik (vgl. exemplarisch Hedtke 2013; Hedtke 2014b).

Kompetenztheoretische Ebene

Die Auseinandersetzung mit den Kompetenzvorstellungen des Lernfeld-*Konzepts* und denen der sozioökonomischen Bildung ist verworren: In der KMK-Handreichung sowie den Präambeln der KMK-Rahmenlehrpläne wird ein als holistisch zu bezeichnendes Kompetenzverständnis verfolgt, das die Förderung von beruflicher Handlungskompetenz in den Mittelpunkt stellt. Die Gliederung dieser Handlungskompetenz in Fach-, Selbst- bzw. Personal- und Sozialkompetenz greift dabei auf die bildungstheoretischen Überlegungen von Heinrich Roth aus den 1970er Jahren zurück und grenzt sich von dem funktional-pragmatisch ausgerichteten psychologischen Ansatz ab, der Kompetenz lediglich unter kognitiven Gesichtspunkten betrachtet (vgl. Roth 1971, 180).

Gleichzeitig sind jedoch die konkreten Lernfeld-*Vorgaben* entlang der betriebs- und volkswirtschaftlich ausgerichteten Systematik und der proklamierten Geschäftsprozessorientierung funktional-pragmatisch „geregelt" (vgl. exemplarisch KMK 2002, 8 ff.). Das ist plausibel und problematisch zugleich. In der Kompetenzdebatte wird zwar als unstrittig angesehen, dass Kompetenzen nur kontextspezifisch bzw. kontextgebunden – gesprochen wird von Domänen – zu finden und zu entwickeln sind. Unklarheiten bzw. unterschiedliche Meinungen bestehen jedoch bezüglich der Frage, inwieweit dies auch auf übergreifende Kompetenzen zutrifft.

Dennoch kann festgehalten werden, dass das holistische KMK-Kompetenzmodell für berufliches Handeln eine mehrdimensionale Struktur aufweist. Diese mehrdimensionale Struktur könnte sich aus dem domänenspezifischen Wissen über berufliche Sachverhalte, dem übergreifenden Wissen sowie den domänenspezifischen und übergreifenden Werten und Normen zusammensetzen. Daraus ließe sich ableiten, dass sich das Wissen mit einem systemischen, ver-

3 In der beruflichen Bildung wird von Situationsorientierung und im allgemeinbildenden Bereich von Lebensweltorientierung gesprochen. Wir fassen diese beiden Prinzipien unter dem Begriff Lebensweltsituationsorientierung zusammen, ohne diese hier näher voneinander abzugrenzen (vgl. dazu Oeftering u.a. 2017).

netzten Denken sowie mit einer sozialen Sensibilität verknüpfen ließe. Soziale Sensibilität steht dabei für einen verantwortlichen Umgang mit sich selbst und anderen, was impliziert, die Folgen des eigenen Handelns auf ein (als weitläufig zu verstehendes) Umfeld reflektieren zu können. Zugleich sind kommunikative Kompetenzen von besonderer Bedeutung. Denn berufliches Handeln basiert auf kommunikativen Reflexionen und Weiterentwicklungen der (beruflichen) Lebenswelten. Dieses KMK-Kompetenzmodell, das auch in der sozioökonomischen Bildung Anwendung finden könnte – obwohl hier eine fundierte kompetenztheoretische Debatte noch aussteht – findet sich in der betriebs- und volkswirtschaftlich ausgerichteten Systematik und der proklamierten Geschäftsprozessorientierung der konkreten Lernfeld-*Vorgaben* jedoch nicht wieder.

Curriculare Ebene

Um es vorwegzunehmen: Zwischen der Idee, die sich aus dem Bildungsanspruch ableiten lässt, der in der KMK-Handreichung sowie den Präambeln der KMK-Rahmenlehrpläne formuliert ist, und den curricularen Lernfeld-*Vorgaben* klafft eine erhebliche Lücke. Was gegenwärtig im engen Korsett der Lernfeld-*Vorgaben* „aufgelistet" wird, hat wenig mit dem Anspruch der sozioökonomischen Bildung zu tun.

So werden die Lernfeld-*Vorgaben* „entgegen der programmatischen Ausführungen in der KMK-Handreichung zur Implementierung der Lernfelddidaktik vielfach aus ihren gesellschaftlichen und politischen Verschränkungen herausgelöst" (Wittau/Zurstrassen 2017, 148). Im Vordergrund steht weiterhin die fachwissenschaftliche Systematik samt einschlägiger Begriffe. Zugleich lassen sich die Lernfeld-*Vorgaben* so auslegen, dass die Arbeitswelt auf eine Berufsarbeit im Sinne praktischer Kompetenzen zur Bewältigung von Arbeits- und Geschäftsprozessen und des hierzu erforderlichen funktionalen Verhaltens reduziert wird. Unter curricularen Gesichtspunkten wird den Lernenden also wenig Raum gegeben, ihr berufliches Handeln bzw. ihre Erfahrungen gesellschaftlich zu reflektieren. Der bildungstheoretisch begründete, emanzipatorisch-aufklärerische Ansatz des Lernfeld-*Konzepts* wird damit curricular aufgegeben (vgl. dazu auch Wittau/Zurstrassen 2017, 149).

Vor diesem Hintergrund werden die holistisch modellierten, reflexiv ausgerichteten Handlungskompetenzen geradezu in ihr Gegenteil verkehrt. Die fachwissenschaftlich-curriculare Ausrichtung der Lernfeld-*Vorgaben* lässt vermuten, dass auch die Kompetenzen deduktiv abgeleitet werden. Bei allem, was in den Lernfeld-*Vorgaben* aufgezählt wird, was die Lernenden wissen müssen und wissen können, fehlt jede synthetisierende Kraft. Es handelt sich um Stückwerk –

rasch herstellbar, schnell anzueignen und leicht wieder zu vergessen. Im Rahmen der Lernfeld-*Vorgaben* scheint es darum zu gehen, den Lernenden das Wissen über „matter-of-facts" zu „vermitteln". Das bedeutet letztlich, dass sich die curricularen Vorgaben am Wissensbestand der (wirtschafts-)wissenschaftlichen Disziplinen sowie an betrieblichen Routinen orientieren.

Die betriebs- und volkswirtschaftlich basierten Lernfeld-*Vorgaben* entsprechen somit weder dem Lernfeld-*Konzept* noch der sozioökonomischen Bildung, obwohl im Lernfeldunterricht ursprünglich – metaphorisch gesprochen – das zusammengeführt werden sollte, was zusammengehört: wirtschaftliches Denken, Handeln und Verhalten und sein jeweiliger sozialer Kontext.

Das Lernfeldparadoxon vor dem Hintergrund der sozioökonomischen Bildung

Innerhalb des Lernfeldansatzes der wirtschaftsberuflichen Bildung lassen sich zwei Perspektiven unterscheiden: zum einen das (bildungstheoretisch begründete) Lernfeld-*Konzept*, das sich sowohl in der KMK-Handreichung für die Erarbeitung von Rahmenlehrplänen als auch in den Präambeln der Rahmenlehrpläne widerspiegelt, und zum anderen die konkreten (betriebs- und volkswirtschaftlich ausgerichteten) Lernfeld-*Vorgaben*. Beide Perspektiven scheinen sich zu widersprechen bzw. bipolar gegenüberzustehen.

Idealtypisch und zugespitzt zugleich lassen sie sich vor dem Hintergrund der sozioökonomischen Bildung entlang folgender Charakteristika beschreiben (vgl. Übersicht 11):

Die Tabelle veranschaulicht folgendes Paradoxon: Das Lernfeld-*Konzept* lässt zunächst vermuten, dass die wirtschaftsberufliche Bildung – ganz im Sinne der sozioökonomischen Bildung – ein mehrdimensionales Handeln in gesellschaftlicher und ökologischer Verantwortung in den Mittelpunkt stellt, das integrative, sozialwissenschaftliche Zugänge fokussiert. Die Lernfeld-*Vorgaben* offenbaren hingegen, dass im konkreten Unterrichtsalltag eher monoperspektivisch ausgerichtetes betriebswirtschaftlich-kaufmännisches und volkwirtschaftliches Denken und Handeln gefördert wird, das vor allem auf systematischem wirtschaftswissenschaftlichem Wissen basiert.

Darüber hinaus zeigt die Tabelle, dass die Lernenden durch die monoperspektivisch ausgerichteten Lernfeld-*Vorgaben* lediglich für eine einheitliche Form von Wahrnehmung und Erkennen „sensibilisiert" werden. Der Vorteil dieser Perspektive liegt auf der Hand: Die Lernenden können exakt überprüfbare Eindeutigkeiten reproduzieren. Das Problem dabei ist jedoch ebenso ersichtlich:

Übersicht 11: Gegenüberstellung des Lernfeld-*Konzepts* und der Lernfeld-*Vorgaben*

	Lernfeldansatz		Sozioökonomische Bildung
	Lernfeld-*Konzept*	Lernfeld-*Vorgaben*	
Bildungsgegenstand	(wirtschafts-)berufliches Handeln in gesellschaftlicher und ökologischer Verantwortung	überwiegend betriebswirtschaftlich-kaufmännisches und teilweise volkswirtschaftliches Denken und Handeln	Wirtschaft und Wirtschaften in der Gesellschaft
Bildungsziele	• reflexive Handlungs- und Gestaltungsfähigkeit • Urteils- und Kritikfähigkeit • Einbettung des (wirtschafts-) beruflichen Denkens und Handelns in gesellschaftliche und ökologische Kontexte • Anerkennung der Veränderbarkeit gesellschaftlicher Zustände • umfassende Entscheidungsfähigkeit • (ökonomische) Mündigkeit	• berufliche Handlungskompetenz als arbeitsmarktverwertbare Berufsqualifizierung • Handlungsfähigkeit im betriebswirtschaftlich-kaufmännischen Kontext unter Vernachlässigung der gesellschaftlichen und ökologischen Reflexion • funktionalistisch ausgerichtete Persönlichkeitsentwicklung (Employability) • betriebswirtschaftlich-kaufmännische Entscheidungsfähigkeit • Ökonomisierung des Denkens und Handelns	Kontextualisierung des Denkens und Handelns in der und über die Wirtschaft → Sinnbildung → Reflexion
Strukturprinzipien	handlungs-, gestaltung-, problem-, situations-, wissenschafts- und persönlichkeitsorientiert	objekt-, domänen- und disziplinorientiert	subjekt-, problem- und wissenschaftsorientiert
Wissenschaftsbezüge/ Disziplinarität	polyparadigmatisch offen/ inter- und transdisziplinär	betriebs- und volkwirtschaftlich monoparadigmatisch (ökonomistisch) geschlossen/ betriebs- und volkwirtschaftlich monodisziplinär	sozialwissenschaftlich (Wissenschaftswissen über Wirtschaft)/ multi- und transdisziplinär (im Feld der Sozialwissenschaften)
Weltbild	wirtschaftspolitisches Weltbild im gesellschaftlichen und ökologischen Kontext	mechanistisches Weltbild im betriebswirtschaftlich-kaufmännischen Kontext	kulturalistisches Weltbild
Akteur	kulturell konstituierter Akteur	betriebswirtschaftlich-kaufmännisch ausgerichteter Rationalist mit Effizienz- und Funktionalitätsfokussierung	kulturell konstituierter Akteur (Rationalität als Konstrukt; Sinn als Bezugspunkt)
Wirtschaftliches Handeln	mehrdimensionales Handeln im gesellschaftlichen und ökologischen Kontext	effizienz- und funktionalitätsorientiertes Handeln im betriebswirtschaftlich-kaufmännischen Kontext	interpretationsbedürftiges Handeln, das kulturell geprägt, sozial eingebettet und individuell sinnhaft ist
Wissensformen	wissenschaftliches, pragmatisches/situatives, subjektives Deutungs- und Handlungswissen	betriebswirtschaftlich-kaufmännisch und volkswirtschaftlich ausgerichtetes Begriffs- und Modellwissen	subjektives, kulturelles, pragmatisches, (sozial-) wissenschaftliches Deutungs- und Handlungswissen

Quelle: eigene Darstellung in Anlehnung an Hedtke 2014b, 112

Gelernt wird, die immer gleiche Art des Denkens auf immer neue Situationen anzuwenden (Piaget würde hier von Assimilation sprechen). Gelernt wird dagegen nicht, an diesen und in diesen Situationen das Denken selbst zu entwickeln (Akkomodation). Damit wird der Anspruch der Mehrdimensionalität nicht nur aufgegeben, sondern schlicht negiert.

Anregungen für die Praxis: Wie lassen sich die Hindernisse überwinden?

Wenn das Lernfeld-*Konzept* an neuhumanistische Bildungs- und Persönlichkeits- bzw. Subjektvorstellungen anknüpft und die Lernenden im Rahmen dieses Konzepts dazu befähigt werden sollen, ihre mono- und polykontexturalen Welten mit all ihren Widersprüchlichkeiten zu durchdringen, müsste sich die Idee der sozioökonomischen Bildung in den beruflichen Schulen eigentlich problemlos realisieren lassen.

Doch wurde deutlich, dass sich die in den KMK-Handreichungen und in den Präambeln der Rahmenlehrpläne vorzufindenden bildungstheoretisch ausgerichteten und polykontexturalen Perspektiven, die auch im Sinne der sozioökonomischen Bildung wären, in den konkreten Lernfeld-*Vorgaben* – bis auf wenige Ausnahmen – nicht wiederfinden. Damit weisen die konkreten Lernfeld-*Vorgaben* weder eine wirtschaftliche und wissenschaftliche Pluralität und Multikulturalität noch eine Sozialwissenschaftlichkeit oder Mehrdimensionalität auf. Stattdessen werden die Lernfeld-*Vorgaben* von einer betriebs- und volkswirtschaftlichen Systematik dominiert, der die angestrebte Situationsorientierung vielmehr als „Alibi“ und weniger inhaltlich-konzeptionell vorangestellt wird. Im Zuge dieser fachsystematischen Ausrichtung findet kein ehrlicher paradigmatischer Wandel weg von der Unterrichtsfachlogik statt, wodurch das innovative Potenzial des Lernfeldansatzes nicht zum Tragen kommt. Die Folge ist, dass der Anspruch des Lernfeld-*Konzepts*, die Reflexionsfähigkeit der Lernenden zu fördern, im Unterrichtsalltag der wirtschaftsberuflichen Bildung eklatant vernachlässigt werden dürfte.

Zwar wird versucht, die Lücke zwischen dem Lernfeld-*Konzept* und den konkreten Lernfeld-*Vorgaben* durch die Proklamation des selbstgesteuerten Lernens und der Förderung von Handlungskompetenz zu verkleinern. Die vorgegebenen Inhalte lassen jedoch nicht erkennen, wie ein selbstgesteuertes Lernen – und die damit verbundene Eigenverantwortung – im Lernprozess ermöglicht werden soll. Der Begriff der Handlungskompetenz wird in den Lernfeld-*Vorgaben* zudem nicht materiell konkretisiert.

Im Mittelpunkt des wirtschaftsberuflichen Lernfeldunterrichts steht somit letztlich ein einseitig effizienz- und funktionalitätsorientierter beruflicher Handlungsbezug, der sowohl zum Lernfeld-*Konzept* als auch zur sozioökonomischen Bildung im Widerspruch steht. Darüber hinaus ist ein derartiger Unterricht grundsätzlich auch nicht anschlussfähig an eine Auseinandersetzung mit wirtschaftlichen Herausforderungen in einer sich dynamisch verändernden Welt.

Zur Frage, inwiefern die Lernfeld-*Vorgaben* dennoch ganz im Sinne der KMK-Handreichung für die Erarbeitung von Rahmenlehrplänen und der den Rahmenlehrplänen innewohnenden „Präambel-Lyrik" (Lernfeld-*Konzept*) plural und multiperspektivisch ausgelegt werden – oder auch: inwiefern Lehrende die Idee der sozioökonomischen Bildung (vgl. Kap. 3) in beruflichen Schulen umsetzen können –, bietet der Wirtschaftspädagoge Peter F. E. Sloane (2003) eine charmante Lösung an (vgl. Abbildung 4). Er unterscheidet zwischen curricularer Produktionsperspektive und curricularer Rezeptionsperspektive und betont, dass die „Gestaltungsideen und -interessen" (Sloane 2003, 2) der Lehrenden als Rezipienten der Rahmenlehrpläne im Kontext der Curriculuminterpretation entscheidend sind. Vor diesem Hintergrund begreift Sloane „Curricula als Kommunikationsmittel" (ebd.) und spricht in diesem Zusammenhang von „‚produktiver Lehrplanrezeption'" (Sloane 2003, 3), um zu zeigen, „dass es sich hier um kein einfaches Anwendungsproblem handelt, sondern um ein komplexes Implementationsproblem, für das Schulen Lösungen selbst (kreativ) produzieren und nicht Lösungen (naiv) übernehmen" (Sloane 2003, 2) müssen. So sind berufliche Schulen bzw. beruflich Lehrende gefordert, auf Basis der rezipierten Rahmenlehrpläne schulinterne Lehrpläne, didaktische Jahresplanungen, Lernaufgaben etc. zu gestalten. In diesem Prozess geht es um eine „bildungstheoretische Re-Interpretation" (Sloane 2003, 3) von (wirtschafts-) beruflichen Qualifikationsanforderungen. Bezogen auf das zuvor skizzierte Lernfeld-Paradoxon kann also festgehalten werden, dass die Idee der sozioökonomischen Bildung in beruflichen Schulen umgesetzt werden kann, wenn die Lernfeld-*Vorgaben* vor dem Hintergrund des Lernfeld-*Konzepts* re-interpretiert werden. Konkret geht es hierbei um die individuell zu beantwortende Frage, inwiefern die in den Lernfeld-*Vorgaben* aufgelisteten Lerninhalte bildungsrelevant unterrichtet werden können.

Im Rezeptionsprozess könnte ein schulinterner Diskurs zur Frage hilfreich sein, welche wirtschaftsberufliche Bildung die jeweilige Schule bzw. die jeweilige Lehrkraft favorisiert. Denn die Kommunikation im Rahmen der produktiven Lehrplanrezeption wird „weitgehend durch den Empfänger gesteuert" (Sloane 2003, 4). Pointiert formuliert geht es somit um die individuell zu beantwortende Frage, was eine gute wirtschaftsberufliche Bildung ausmacht.

Abbildung 4: Produktive Lehrplanrezeption

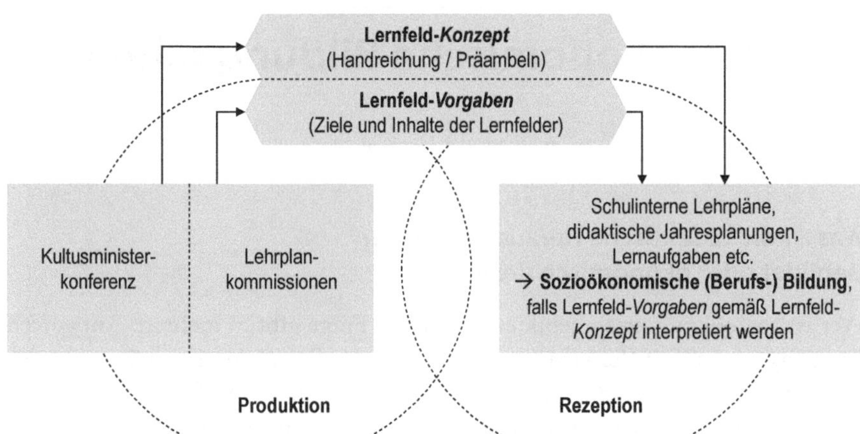

Quelle: eigene Darstellung in Anlehnung an Sloane 2003, 3

Somit lässt sich die Frage, inwiefern man sozioökonomische Bildung in beruflichen Schulen implementieren kann, zunächst pragmatisch beantworten: Lehrende sollten schöpferisch und kreativ die Lernfeld-*Vorgaben* zu interpretieren wissen, um einen sozioökonomisch ausgerichteten (wirtschafts-)beruflichen Unterricht arrangieren zu können (vgl. Kap. 5).

Die Idee der „produktiven Lehrplanrezeption" wirft jedoch die Frage nach der Qualifizierung des Bildungspersonals auf. Denn um die Lernfeld-*Vorgaben* gemäß des Lernfeld-*Konzepts* interpretieren zu können, müssen die Lehrkräfte einen Perspektivenwechsel vornehmen (vgl. exemplarisch Kremer 2003, 4 ff.), auf den sie während ihrer (Aus-)Bildung – auch im Lehramtsstudium – nicht vorbereitet werden (Stichwort: wissenschaftlicher Habitus).

Tipps zum Weiterlesen

In den beiden folgenden Materialbänden finden sich anregende Hinweise für einen sozioökonomisch ausgerichteten Unterricht in der beruflichen Bildung:

Bundeszentrale für politische Bildung (Hg.) (2012): Auch das Berufliche ist politisch. Konzipiert von Zurstrassen, Bettina/Lambertz, Hans-Georg. Bonn.

Bundeszentrale für politische Bildung (Hg.) (2014): Ökonomie und Gesellschaft. Konzipiert von Zurstrassen, Bettina/Lutter, Andreas. Bonn.

ANDREAS FISCHER

11 Sozioökonomische Bildung bildet!

Was ist die didaktische Herausforderung? Gebildet oder ökonomisch flexibel?

Wer ist sozioökonomisch gebildet? Auf diese Frage gibt es mehrere Antworten und genau das stiftet Verwirrung. Ist gebildet, wer Beispiele nennen kann, in denen sich die Prinzipien der Markwirtschaft wiederfinden? Oder ist es derjenige, der zu erläutern vermag, wie die soziale Marktwirtschaft real aussieht? Oder vielleicht der, der Modelle dafür entwirft, warum der Preis für Speiseeis im Sommer steigt und im Winter nicht?

Um sich einer Antwort anzunähern, erscheint es hilfreich, auf traditionelle Bildungsvorstellungen zurückzugreifen. Dort wird zunächst von einer materialen Bildungsidee (Stichwort: Kenntnisse über sozioökonomische Inhalte) und einer formalen Bildung (Stichwort: Persönlichkeitsbildung) gesprochen. Hier knüpft das fachdidaktische Konzept der sozioökonomischen Bildung an; denn ihr Ziel ist es, die Persönlichkeit der Schülerinnen und Schüler entlang von sozialwissenschaftlichen Themen zu bilden (vgl. Kap. 6). Dazu gehört es, gemeinsam mit den Lernenden „die" Welt(en) zu erschließen.

Doch um zu klären, was mit dem Erschließen „der" Welt(en) eigentlich gemeint ist, sind zunächst banal anmutende Fragen zu stellen: Wer erschließt „die" Welt(en)? Die Lernenden? Die Lehrenden? Auf welche Art und Weise werden die Welten erschlossen und aus welchen Gründen? Findet das Lernen lediglich im geschützten Unterrichtsraum statt? Welche Epochen werden thematisiert? Diese Fragen sind nicht kurz, klar und eindeutig zu beantworten. Bildungstheoretische Überlegungen können hier eine pädagogische Orientierung bieten.

Und nicht nur das: Bildungstheoretische Überlegungen liefern auch pädagogische Begründungen dafür, warum es Ziel der sozioökonomischen Bildung ist, sich nicht allein darauf zu beschränken, „die" Welt(en) entlang von politischen, sozialen, ökologischen und psychologischen Konzepten und Erwartungen zu erschließen. Vielmehr verbindet sich damit der normative Anspruch, darüber nachzudenken, wie „die" Welt(en) sein *könnte(n)*. Und schließlich helfen bildungstheoretische Gedanken zu begründen, warum mit Schülerinnen und Schülern Alternativen zum Status quo entwickelt und gemeinsam mit ihnen überlegt werden sollte, welche Hindernisse überwunden werden müssen, um solche Alternativen zu realisieren.

Diese bekannten, normativ geprägten bildungstheoretischen Vorstellungen, die der Didaktiker Wolfgang Klafki bereits Mitte des letzten Jahrhunderts formuliert hat (siehe dazu exemplarisch Klafki 1996), lassen sich grundsätzlich auch auf die sozioökonomische Bildung übertragen: Danach sind im Sinne einer Darstellungs- und Ermittlungsaufgabe die verschiedenen Ansätze und Formen, die in verschiedenen Wirklichkeiten vorliegen, schülergerecht zu sichten und zu ordnen. Gleichzeitig hat sozioökonomische Bildung die Aufgabe, auf „blinde Flecken" aufmerksam zu machen. Für einen sozioökonomischen Unterricht ist dies von besonderer Bedeutung: Die Eigenverantwortung und die Individualität des Einzelnen sind zu betonen, damit jeder lernt, auf eigenen Füßen zu stehen, seinen persönlichen Anschauungen zu vertrauen und diese auch zu vertreten. Hier öffnet sich ein weites Aufgabenfeld. Lehrende und Lernende müssen darin unterstützt werden, ihre eigenen Vorstellungen und ihre eigene Sprache zu entwickeln und ihre Beobachtungsgabe zu schärfen (vgl. Kap. 8). Für alle Beteiligten geht es um ein Verstehen und Erlernen von sozioökonomischen Prozessen. Um das Verständnis sozioökonomischer Entwicklungen anzuregen (siehe dazu grundsätzlich Gruschka 2011) und mit Lernenden Handlungsalternativen im gesellschaftlichen und kulturellen Kontext diskutieren zu können, ist der Lehrende als Persönlichkeit – mit all seinen persönlichen Einstellungen, Zuneigungen bzw. der Ablehnung gegenüber gesellschaftspolitischen Prozessen – gefragt.

Bildungstheoretische Anknüpfungen

Eine Möglichkeit, eine bildungstheoretische Standortbestimmung für die sozioökonomische Bildung vorzunehmen, besteht darin, eine ideengeschichtliche Rekonstruktion durchzuführen. So könnten beispielsweise Klassiker der bildungstheoretischen Debatte aufgearbeitet werden, um Parallelen zur sozioökonomischen Bildung sichtbar zu machen. Denn es ist – ganz allgemein gesprochen – unerlässlich, sich mit pädagogischen Zielsetzungen zu befassen, also mit den „erzieherischen Absichten", die hinter formalen Unterrichtsprozessen stehen.[1]

1 Die folgenden beiden Abschnitte greifen auf Überlegungen zurück, die gemeinsam mit Tonio Oeftering und Julia Oppermann zusammengetragen wurden (vgl. dazu Oeftering u.a. 2018).

Wenngleich also die Rekonstruktion „klassischer" Bildungstheorien lohnend erscheint, verfolgen wir die Idee an dieser Stelle nicht weiter, weil wir damit den uns zur Verfügung stehenden Rahmen sprengen würden. Stattdessen nur so viel: Bildungstheoretische Vorstellungen betonen das Ziel, jeden Einzelnen zur Selbstbestimmung über seine individuellen Entscheidungen, Lebensbeziehungen und Sinndeutungen zwischenmenschlicher, politischer, sozioökonomischer oder ethischer Art zu befähigen. Curricularer Ausgangspunkt einer sozioökonomischen Bildung sind deswegen nicht zuletzt Lebenssituationen sowie epochaltypische Schlüsselprobleme, in denen sich die Vielfalt in Theorie, Politik und Praxis widerspiegelt. Dies korrespondiert mit den konstituierenden Elementen einer sozioökonomischen Bildung (vgl. dazu exemplarisch Hedtke 2014b).

Hervorzuheben ist, dass Bildung grundsätzlich – und somit auch eine sozioökonomische Bildung – anstrebt, eine Mitbestimmungs- und Gestaltungsfähigkeit im weiten Sinne des Wortes auf- bzw. auszubauen. Dahinter steht die Vorstellung, dass jeder und jede das Recht hat und die Möglichkeit erhalten muss, an der Gestaltung der gesellschaftlichen, politischen, ökonomischen und kulturellen Verhältnisse mitzuwirken. Gleichzeitig ist die Solidaritätsfähigkeit des Einzelnen zu fördern. Denn wer das Recht auf Selbstbestimmung und auf Mitbestimmung über die gemeinsamen Angelegenheiten in einer Gesellschaft für sich fordert und in Anspruch nimmt, der muss zugleich anerkennen, dass alle anderen das gleiche Recht haben (vgl. dazu grundsätzlich Klafki 1996).

Kritisch-konstruktive bildungstheoretische Untersuchungen bilden den zu erforschenden Gegenstand nicht einfach nur ab, sondern bringen ihn in Form einer bestimmten Problemkonstruktion mit hervor. Insofern hat die sozioökonomische Bildung das Potenzial eines Bewegungsbegriffs (wie Demokratie oder Emanzipation) und kann soziale Wirklichkeit herbeiführen. Dieser abstrakte Gedanke macht deutlich, dass das sozioökonomische Konzept Bildung als Performanz begreift, die als Indikator des sozialen und politischen Wandels fungiert und gleichzeitig als sprachlicher Faktor der Bewusstseinsbildung, der Ideologiekritik und der Verhaltenssteuerung wirkt (vgl. dazu Koch 2002, 46).

Bewegungsbegriffe sind sprachliche Vorgriffe, um „gesteigerte Erwartungen an eine kommende Zeit zu wecken und weit über das empirisch Einlösbare hinauszuweisen" (ebd.). Sie zielen darauf ab, eine soziale Wirklichkeit herbeizuführen. Zugleich übernehmen sie die Funktion, einen Prozess anzustoßen, der den Handelnden einerseits Verantwortung aufbürdet, sie andererseits aber vom Erfolgsdruck entlastet, da die zukünftige Wirklichkeit erst einmal durchgespielt wird, ohne dass sich daraus die Notwendigkeit ergibt, umgehend handeln zu müssen. Somit ist der performative Gedanke ein zentraler Ansatz der sozioökonomischen Bildung.

Dazu sind Resonanzräume geeignet, in denen sich die Lernenden beim Verstehen des Problems selbstständig eigene Strukturen erschließen (müssen). Je offener ein Resonanzraum gestaltet ist, desto weniger wird der Lernprozess didaktisch reduziert und „trivialisiert“. Gleichzeitig wird das pädagogische Augenmerk weniger auf die Kontrolle als auf das Ermöglichen von Wahrnehmung, Erkennen und Lernen gerichtet. Kurz: Der Schwerpunkt liegt in der Förderung von Aneignungs- und Reflexionsprozessen. Diese Prozesse werden nicht nur zugelassen, sondern den Lernenden zugemutet (vgl. Hantke 2018, 12 ff.).

Fachdidaktische Anknüpfungen

Ein historischer Rückblick belegt, dass der Ansatz einer sozioökonomischen Bildung im fachdidaktischen Diskurs sehr wohl überliefert ist. So wurden zentrale Gedanken der sozioökonomischen Bildung bereits während der 1960er Jahre – ausgehend von bildungstheoretischen Überlegungen – formuliert. Zu Beginn der einschlägigen fachdidaktischen Debatte wurde dafür plädiert, dass die Reduktion des Menschen auf das homo oeconomicus-Modell als Herausforderung erkannt werden müsse, auf die pädagogisch zu antworten sei, gerade weil der Einzelne zur verantwortlichen „Teilhabe am Wirtschaftsprozess innerhalb der Sozialordnung“ (Bokelmann 1968) zu befähigen sei (vgl. Kap. 3). Weiterhin wurde postuliert, dass mit der im „Medium der Ökonomie entfalteten Bildung zugleich kritische Vernunft gegen das Diktat der Ökonomie“ (Blankertz 1975: 71) anzustreben sei. Und schließlich sollte der Einzelne in die Lage versetzt werden, die Wirtschaftsordnung zu gestalten, und zwar unter Berücksichtigung der Machtmechanismen und -konstellationen in der Gesellschaft und der dieser bereits innewohnenden Entwicklungstendenzen (vgl. dazu exemplarisch Brakemeier/Lisop 1966).

Diese kritisch-konstruktiven Zielvorstellungen wurden jedoch nicht konsequent weiterentwickelt. Deshalb fehlt für die Fachdidaktik bislang eine in sich geschlossene Bildungstheorie der ökonomischen wie auch der sozioökonomischen Bildung. Die sozioökonomische Bildung knüpft jedoch an die in den 1960er Jahren diskutierten Ansätze an und versucht, sie zu modifizieren. Dabei nimmt sie die Erkenntnis aus den 1970er Jahren ernst, aus gesellschaftlich vermittelten Normen und Qualifikationsanforderungen erfassbare unterrichtsrelevante Kompetenzen schlicht deduktiv abzuleiten.

Zudem stützt sich die sozioökonomische Bildung auf die wesentlich ältere Überlegung, dass der aufgeklärte Mensch durch Bildung dazu befähigt wird, sich in der Gesellschaft zu verwirklichen. In diesem Kontext sei auf eine der bekanntesten Aussagen Immanuel Kants zur Aufklärung verwiesen: „Aufklärung ist der Ausgang des Menschen aus seiner selbstverschuldeten Unmündigkeit" (Kant 2008, 25). In diesem Sinne begreift sich die sozioökonomische Bildung vor allem als eine Kraft, die die Menschen befreit und zur Selbstständigkeit führt, und dies nicht unter der Maßgabe, die Prozesse, die dem zugrunde liegen, „vermessen" oder anderweitig empirisch erfassen zu können. Hier greift die sozioökonomische Bildung vor allem Gedanken der sogenannten Kritischen Theorie auf, der zufolge die individuelle Mündigkeit des Menschen im Mittelpunkt von Bildung stehen solle (vgl. dazu exemplarisch Horkheimer 1953).

Soll also Bildung die Fähigkeit zur Selbstbestimmung und zur Mitbestimmung fördern, entzieht sie sich einer Bewertbarkeit nach messbaren Faktoren. Nicht zuletzt aus diesem Grund wehren sich bildungstheoretische und fachdidaktische Protagonisten gegen eine einseitige Auslegung des Bildungswertes (vgl. dazu exemplarisch Oeftering 2013, 47 ff.); denn Kritikfähigkeit, Emanzipation und Mündigkeit sind in den Mittelpunkt von Bildungsprozessen zu stellen. Mit den Worten Max Horkheimers: „Im Wunsch nach Bildung aber steckt eben dieser Wille, seiner selbst mächtig zu werden, nicht abhängig von blinden Mächten, von scheinhaften Vorstellungen, überholten Begriffen, abgetanen Ansichten und Einbildungen" (Horkheimer 1953, 9).

An diese Überlegungen anknüpfend spielen in der sozioökonomischen Bildung die Urteilskraft und Handlungsfähigkeit des Einzelnen eine große Rolle. Zu einem rationalen Urteil zu kommen und daraus Handlungsmöglichkeiten für sich abzuleiten, bedeutet die Fähigkeit zur Selbstartikulation. Neben dieser Artikulationsfähigkeit steht das Verstehen, dass die eigene Lebenswelt nicht von „oben herab" strukturiert oder festgelegt ist, sondern vom einzelnen Subjekt selbst veränderbar und gestaltbar ist.

Es geht um die Idee von Autonomie, von selbstbestimmtem Lernen und Leben, die in fremdbestimmte Verhältnisse eingebettet sind. Das klingt zunächst pathetisch, ist aber nicht von der Hand zu weisen; denn hinter dieser Bildungsvorstellung steht der Gedanke, sich „die" Welt(en) als Handelnder zu erschließen und zu gestalten, statt sie als Hinnehmender bloß zu bewältigen. Kernziel der sozioökonomischen Bildung ist die Mündigkeit, die im eigentlichen Sinne nicht lehrbar ist, sondern zu der die Lernenden selbst gelangen müssen. Sie ist als ein Ergebnis entsprechender Bildungsprozesse zu sehen und genau daran orientiert sich letzten Endes der Bildungswert der sozioökonomischen Bildung (siehe dazu auch die grundsätzlichen Überlegungen von Gerd Famulla in Kap. 3).

Sozioökonomische Bildung hat eine Auseinandersetzung mit Wirtschaft im Sinn, die mit bislang gängigen Vorstellungen nur wenig zu tun hat: Ihr Ausgangspunkt sind nicht die in den Wirtschaftswissenschaften idealisierten, mathematisch präzisen und logischen Modelle, nicht einseitig ausgerichtete Effizienzberechnungen, nicht idealtypische Angebots- und Nachfragekurven, auf denen ein homo oeconomicus schwindelfrei balancieren kann. Vielmehr werden die eigenen situativen Wahrnehmungen, die Interessen, die persönlichen Vorstellungen und die subjektiven Haltungen in der uns umgebenden komplexen und heterogenen Welt zum Thema gemacht (vgl. Kap. 8). Der entscheidende bildungstheoretische Leitgedanke sozioökonomischer Bildung ist es, ein Pendeln zu ermöglichen zwischen dem Versuch, das Ganze (intersubjektiv) zu begreifen, und dem Motiv, „die" Welt(en) mitzugestalten, – kurz: Es geht um die Förderung der Selbst- und Mitbestimmungsfähigkeit.

Hierin lässt sich noch eine weitere Befähigung verorten: die Utopiefähigkeit des Menschen. In weiten Teilen der wirtschaftswissenschaftlichen Bildung wird darauf kein Wert gelegt. Dort spielt die Artikulationskompetenz im Sinne eines Nachdenkens über zukünftige Gesellschaftsentwürfe, über neue Formen des Zusammenlebens und Alternativen zu gegenwärtigen Wirtschaftssystemen kaum eine Rolle. Die Befähigung des Einzelnen zur Mitgestaltung der Gesellschaft, wie sie die sozioökonomische Bildung anstrebt, steht dem diametral gegenüber.

Für einen sozioökonomischen Unterricht ist dies von besonderer Bedeutung: Die Eigenverantwortung und die Individualität des Einzelnen sind zu betonen, damit jeder und jede lernt, auf eigenen Füßen zu stehen. Dabei wird den in den Lehr- und Lernplänen verankerten bildungstheoretischen Vorbemerkungen entsprochen, dass nichts gelehrt werden darf, was wissenschaftlich nicht haltbar ist. Nach sozioökonomischen Bildungsvorstellungen kann die Auseinandersetzung mit den ökonomisch, politisch, sozial, ökologisch und psychologisch bedingten Handlungsfeldern, in denen sich die Lernenden bewegen, nicht ausschließlich auf der Basis der systematisch vorgehenden (wirtschafts-)wissenschaftlichen (Spezial-)Disziplinen thematisiert werden.

Sozioökonomische Bildung und Subjektorientierung

Zu den konstituierenden Elementen der sozioökonomischen Bildung zählen neben der Problemorientierung, dem Pluralismus, dem Wissenschaftsbezug, der Sozialwissenschaftlichkeit, der Interdisziplinarität, der Multiperspektivität und der Kritik sowie der Reflexion auch die Subjektorientierung (vgl. Hedtke 2014b sowie die Beiträge in diesem Band).

Hier ist jedoch Vorsicht geboten: Sozioökonomische Bildung verfolgt kein „radikalisiertes Subjektivierungsleitbild" (Ribolits 2013, 19), hinter dem sich eine idealisierte Selbstbestimmungskompetenz verbirgt, mit deren Hilfe sich der Einzelne losgelöst von der Realität autonom und souverän selbst verwirklicht. Ebenso wenig greift die sozioökonomische Bildung auf die „hegemoniale Subjektivierungsfigur" (Ribolits 2013, 19) zurück, nach der sich der Einzelne vor allem an der Marktrealität orientiert und in Konkurrenz zu anderen sein Handeln marktförmig ausrichtet.

Einen zweckfreien, autonomen klassischen Bildungsbegriff hat es nie gegeben. Entsprechend ist eine subjektorientierte Bildung als eine notwendige Kraft moderner Gesellschaften zu begreifen, die nicht vollkommen von der Ökonomie und dem gesellschaftspolitischen Kontext losgelöst zu betrachten ist. Nüchtern muss festgestellt werden, dass eine vollkommene Emanzipation des Bildungsbegriffes von den leitenden Vorstellungen einer Gesellschaft nicht realisierbar ist (und wohl auch nicht realisierbar sein wird; vgl. dazu Heinrich/Kohlstock 2016).

Dazu nur so viel: Die klassischen Bildungsgedanken von Humboldt oder auch Kant postulieren zwar eine zweckfreie Bildung, doch letztlich ist sie in gesellschafts- und arbeitsmarktpolitische Anforderungen eingebunden und folglich immer schon mit Brauchbarkeits- und Nützlichkeitsüberlegungen verknüpft. So betrachtet bewegt sich die subjektorientierte sozioökonomische Bildung stets in einem Spannungsfeld zwischen Selbstbestimmung und Mündigkeit einerseits und den mit dem ökonomischen Kalkül verbundenen Verwertungsinteressen zum Zweck der gesellschaftlichen Integration (Vergesellschaftung) des Einzelnen andererseits (vgl. Amos 2014, 167 ff.). Sie muss ihren Platz finden zwischen einer idealisierten, kontextunspezifischen Selbstverwirklichung und ausschließlich an realen ökonomischen, sozialen und technologischen Verhältnissen orientierten Bildungsvorstellungen.

Plakativ kann formuliert werden, dass sozioökonomische Bildungsprozesse a) die Persönlichkeitsentwicklung fördern und unterstützen, indem b) der Einzelne „die" Welt(en) erschließt. Sozioökonomische Bildung stellt also Prozesse in den Mittelpunkt, die dem lernenden Protagonisten (Subjekt) ein gewisses Maß an kognitiver und emotionaler Freiheit gewähren. Zugleich wird das Subjekt einer „Vereinheitlichung" oder „Normierung" unterzogen. Es geht also nicht allein um einen Prozess der Individualisierung, sondern gleichermaßen um eine Sozialisierung (siehe dazu auch die grundsätzlichen Überlegungen von Gerd Famulla in Kap. 3).

Somit spiegeln sich in der sozioökonomischen Bildung Ambivalenzen wider: Sie oszilliert zwischen einer an reflexiver Autonomie, Selbstverwirklichung, Kritikfähigkeit und auf Basis der Vernunft sozial- und gemeinwohl-ausgerichteten Allgemeinbildung auf der einen Seite und der (inzwischen) absoluten Ausrichtung an den durch die Markterwartungen und gegebenen Machtverhältnisse zu erfüllenden Aufgaben, mit der den „Verwertungsvorgaben der Konkurrenzökonomie" (Ribolits, 2013, 20) entsprochen werden soll. Die damit verbundenen Widersprüche und Ambivalenzen vermag die sozioökonomische Bildung nicht aufzulösen, wohl aber – nicht zuletzt aufgrund der aktuellen Kompetenzdebatte – stets zu berücksichtigen und zu reflektieren.

Im Zweifel ergreift die sozioökonomische Bildung grundsätzlich Partei für die Kinder und Jugendlichen, für deren Bildung und Entwicklung sie verantwortlich ist, und klärt sie zugleich über strukturelle Einschränkungen ihrer Verwirklichungschancen auf. Sozioökonomische Bildung stellt sich besonders dann hinter die Subjekte, wenn deren Bedürfnisse und Lebenslagen, Entwicklung und Entfaltung durch wirtschaftliche Strukturen, Prozesse und Ansprüche als eingeschränkt oder gefährdet erscheinen. Durch eine reflektiert-distanzierte und kritisch-evaluative Auseinandersetzung mit Wirtschaft trägt sie zur Persönlichkeitsbildung bei. Sie beurteilt wirtschaftliche Realitäten nicht nur nach formalen monetären Erfolgsmaßstäben, sondern vor allem nach ihren Selbstverwirklichungschancen und ihren Wirkungen auf Menschenrechte, Humanisierung und Nachhaltigkeit.

Bildungsthemen

Mit der oben skizzierten subjekt- und wertorientiert kritischen Herangehensweise verfolgt die sozioökonomische Bildung eine aufklärende Orientierung: Das Individuum ist gefordert, den individuell relevanten Lebens- und Handlungsraum zu verstehen und sich mit den ihm zugemuteten wirtschaftlich und gesellschaftlich geprägten Lebenslagen, Rollen und Restriktionen auseinanderzusetzen.

Entsprechend thematisiert die sozioökonomische Bildung gesellschaftspolitische Fragen. Dabei wird auf die unterschiedlichen wissenschaftlichen Bezugsdisziplinen zurückgegriffen, die Erklärungsmodelle für „die" Wirklichkeiten anbieten (vgl. Kap. 6 von Tim Engartner, der der Frage nachgeht, wie Themen für die sozioökonomische Bildung ermittelt werden können). Unter anderem werden die Ökonomisierung der Lebens- und Arbeitswelten thematisiert und die ökonomisch einseitigen Erklärungen von Markt, Geld und Wettbewerb aufgebrochen, um alternative Perspektiven für die Wahrnehmung und Urteilsbildung anzubieten. Entsprechend entwickeln Schülerinnen und Schüler gesellschaftliche Mündigkeit unter anderem in wirtschaftlichen Zusammenhängen und erkennen deren Verflechtungen mit anderen Subsystemen.

Darüber hinaus greift die sozioökonomische Bildung wirtschaftliche und institutionelle Grenzen auf, mit denen eine Gesellschaft ihre Mitglieder in der freien Gestaltung ihres Lebens objektiv und/oder subjektiv behindert. Sozioökonomische Bildung berücksichtigt, dass die um sich greifende, fortschreitende Ökonomisierung unterschiedlichster Lebensbereiche mit Blick auf Verwirklichungschancen, Selbstwirksamkeit, Lebenslauf und Zufriedenheit von Individuen und Gruppen kritisch zu beurteilen ist.

Da sich sozioökonomische Bildung zuallererst als *Bildung* versteht, ermöglicht sie den sich bildenden Individuen, ihre subjektiven soziökonomischen Perspektiven zu erweitern und über alternative Motive, Ziele und Wege für ihr eigenes Leben nachzudenken. Sozioökonomische Bildung bietet den Subjekten deshalb an, sich ein Bild von der Diversität kollektiver und individueller Wirtschaftskulturen zu machen (vgl. dazu Hedtke/Middelschulte 2017). Dazu gehören beispielsweise Optionen, die sich im Kontext einer individuellen Ökonomisierung durch fortschreitende Selbstoptimierung ergeben, wie auch solche, die von einer persönlichen ökonomischen Optimierung absehen und eine Selbstverwirklichung anstreben.

Welche Herausforderungen sind zu bewältigen?

Die der sozioökonomischen Bildung zugrundeliegenden subjektorientierten bildungstheoretischen Vorstellungen passen in keine Schublade, in keine ordentlich beschriftete Schachtel, keine Abbildung, keine Enzyklopädie. Sie passen in kein Schema, keine Arithmetik und lassen sich nicht eindeutig einordnen – sehr wohl aber lassen sie sich kritisch-konstruktiven Ansätzen zuordnen. Somit gehorcht die sozioökonomische Bildung keiner Logik, in der das Spiel mit „wahr“ und „falsch“ im Mittelpunkt steht. Denn Subjektorientierung und bildungstheoretische Gedanken sind unmittelbar mit der Vorstellung von Bewegung verknüpft.

Daraus erwachsen den Lehrenden hohe Ansprüche: Es wird erwartet, dass sie im Unterricht die etablierten und als sicher wahrgenommenen Paradigmen der fachwissenschaftlichen Disziplinen (hier die der Wirtschaftswissenschaften, aber auch der Politikwissenschaft sowie der Soziologie) thematisieren. Im Prinzip stellt sich ihnen eine Herkulesaufgabe, denn die Lehrenden übernehmen die Rolle, umfassend interdisziplinär gebildeter Gestalter von Lehr-Lern-Prozessen zu sein. Sie müssen dabei (wie Lernende) ihre eigenen Vorstellungen und ihre eigene Sprache (weiter-)entwickeln und ihre Beobachtungsgabe schärfen, um sozioökonomische Prozesse verstehen und erlernen zu können. Sie müssen ihre Einstellungen gegenüber sozioökonomischen Prozessen reflektieren, um mit den

Lernenden Handlungsalternativen im gesellschaftlichen und kulturellen Kontext entwickeln und erörtern zu können. Das alles sorgt für (produktive) Unruhe und Unsicherheit. Aber genau dies gilt es auszuhalten.

Dieser soziale Prozess wird nicht ausschließlich von rationalen, linearen und kausalen Überlegungen und Kriterien geprägt, sondern spiegelt divergierende Wert- und Zielvorstellungen der „scientific community" wider. Deswegen ist das fachwissenschaftliche Spezialwissen mit allgemeinbildenden Fragen sowie mit den Anforderungen komplexer, vieldeutiger, teils auch problematischer Lebenswirklichkeiten zu verbinden. Dieser hohe mehr- und multiperspektivische Anspruch der sozioökonomischen Bildung kann im Schulalltag dadurch realisiert werden, dass der Unterricht als sozialer und performativer (Erkenntnis-)Prozess arrangiert wird.

Die performative Kraft der sozioökonomischen Bildung

Die sozioökonomische Bildung sieht sich in allererster Linie den lernenden Subjekten verpflichtet. Ihnen will sie einen Rahmen bieten, Fähigkeiten und Fertigkeiten zu entwickeln, um mit ihren Bedürfnissen, Erwartungen, Wertvorstellungen, Erfahrungen sowie mit Chancen und Gefährdungen im Kontext gesellschaftlicher Herausforderungen eigenverantwortlich umgehen zu können.

Dabei wird auf unterschiedliche Bildungsvorstellungen zurückgegriffen, zwischen denen die sozioökonomische Bildung pendelt. So berücksichtigt sie materielle und formale Bildungstheorien und setzt zugleich kategoriale Impulse, damit der Einzelne sich „die" bzw. seine Welt(en) intersubjektiv erschließen kann. In diesem Zusammenhang geht es nicht nur um ein abbildendes Erfassen (Stichwort: Abbilddidaktik), sondern darum, Veränderungen im Bereich ökonomischen, ökologischen und sozialen Handelns anzubahnen und zu ermöglichen, die nicht nur Reaktionen auf vorher schon erzeugte Problemlagen sind. Pointiert heißt das, dass die sozioökonomische Bildung soziale Wirklichkeiten wie Wirtschaften, Demokratie oder Emanzipation nicht nur nachzeichnet, sondern hierfür eigene Bilder entwirft bzw. entwerfen lässt.

Bildungstheoretische Ideen für den Unterricht

Damit werden scheinbar unfassbar hohe Erwartungen an Lehrende formuliert und sicher ist es verfehlt, zu erwarten, dass sie vor dem Hintergrund des bildungstheoretischen Erwartungshorizonts strukturelle Probleme – einseitige Curricula und Lehr-/Lernmaterialien – allein auffangen sollen (vgl. Kap. 5).

Vielleicht hilft es allen, Wirtschaft als Kommunikation oder als „Diskurswelt“ zu begreifen, in der Präferenzen geschaffen und verändert sowie Erwartungen formuliert und wirtschaftliche Handlungen koordiniert werden (vgl. Kap. 12). Dies findet intersubjektiv, also in Interaktion mit anderen Subjekten statt. Dabei werden Theorien aufgegriffen, reflektiert und unmittelbare Erfahrungen erweitert, verallgemeinert, in Frage gestellt oder bestätigt (vgl. Kap. 8). Hier rücken Prinzipien in den Blick, die bereits die didaktische Analyse von Klafki (1996) prägten: Ausgehend vom lernenden Subjekt (und unter dessen Partizipation) steht zunächst die Frage im Mittelpunkt, welche Vorstellungen von Wirtschaft vorhanden sind und welche Bedeutung sie für die Schülerinnen und Schüler haben (Gegenwartsbedeutung). Zugleich ist darüber zu kommunizieren, welche Relevanz diese Vorstellungen von Wirtschaft für die Lernenden angesichts ihrer (potentiellen) Entwicklungsfähigkeit haben (Zukunftsbedeutung).

Dabei ist zu berücksichtigen, dass das, was Ökonomen Wirtschaft nennen, nur von Ökonomen verstanden wird. Ökonomische Theorie ist vor allem eine Expertenperspektive auf und eine Expertensprache für das, was als Wirtschaft bezeichnet wird. Kurz: Ökonomische Theorie ist eine Expertenkultur, die in der Ö-Sprache kommuniziert wird und die von Alltagsakteuren (Lehrende sowie Schülerinnen und Schüler) häufig ganz anders verstanden und interpretiert wird. Die Sprache und das Wissen der Ö-Experten sind selten relevant für wirtschaftliche Akteure, die die Wirtschaft in ihrer Alltagssprache zu erfassen versuchen (vgl. dazu grundsätzlich Priddat, 2015, 43 ff.).

Für den Unterricht bedeutet dies, zu akzeptieren, dass Lernende andere Sprachen, Bedeutungen und Theorien im Kopf haben als das, was Ökonomen gewöhnlich unter dem Stichwort rational choice standardisiert verwenden. Das erhöht die Komplexität in der Auseinandersetzung mit „der“ Wirtschaft zusätzlich.

Möglicherweise ist es hilfreich, verstärkt mit literarischen Fiktionen wie Poetry-Texten, mit ihren provokativen Übertreibungen, mit ihrer Ironie, Satire und dem Grotesken, mit den Mehrdeutigkeiten, Paradoxien, Absurditäten und mit der Verfremdung, dem Geheimnisvollen und dem Irrationalen in Grenzsituationen zu arbeiten (vgl. dazu Fischer/Hahn, 2016). Denn Fiktionen in der Literatur oder im Film können bei Schülerinnen und Schülern vertiefte Erkenntnisse aufzubauen helfen, die die Wahrnehmung von Wirtschaft beeinflussen.

Tipps zum Weiterlesen

Klafki, Wolfgang; 1996: Neue Studien zur Bildungstheorie und Didaktik. Weinheim/Basel.

Liessmann, Konrad Paul; 2006: Theorie der Unbildung. Wien.

REINHOLD HEDTKE

12 Welches Wirtschaftsverständnis passt zum sozioökonomischen Unterricht?

In der sozioökonomischen Bildung geht es um das Wissen und Können, das Lernenden hilft, sich die „Welten der Wirtschaft" wie Arbeit und Produktion, Haushalt und Konsum, Unternehmen und Märkte, Marktwirtschaften und globale Verflechtung, Wirtschaftsverfassung und Wirtschaftspolitik zu erschließen, sich dort zu verorten und angemessen zu bewegen, zwischen den Welten wechseln und sie kritisch reflektieren und verändern zu können.[1] Hier knüpft die Sozioökonomiedidaktik an, die als Wirtschaftsdidaktik im eigentlichen Wortsinn betrachtet werden kann. Denn Sinn der sozioökonomischen Bildung ist es, die Schülerinnen und Schüler über grundlegende Probleme und Gegebenheiten des Gegenstandsbereichs Wirtschaft in der Gesellschaft aufzuklären. Zugleich soll ihre wirtschaftsbezogene Reflexions- und Handlungsfähigkeit gefördert werden. Denn Wirtschaft begründet ihren Gegenstandsbezug mit Blick auf die Bedingungen des realen wirtschaftlichen Lebens der Lernenden und ihren Chancen und Herausforderungen. Sozioökonomische Bildung stellt also den Gegenstandsbereich Wirtschaft in den Mittelpunkt. Was aber ist Wirtschaft? Eine erste und lapidare Antwort auf diese Frage lautet, Wirtschaft ist das, was man darunter versteht. Doch der Teufel steckt auch hier im Detail.

Was ist die fachdidaktische Herausforderung?

Die fachdidaktische Herausforderung besteht also darin zu klären, was unter dem Gegenstandsbereich Wirtschaft verstanden wird, bzw. mit welchem Verständnis von Wirtschaft man im Unterricht arbeitet. Wir wissen: In der Gesellschaft existieren mehrere kollektiv geteilte mentale Modelle vom Gegenstandsbereich Wirtschaft. Lehrkräfte und Lernende haben diese in ihren Köpfen. Zugleich arbeiten die Sozialwissenschaften mit mehreren Begriffen von Wirtschaft.

1 In diesem Kapitel greife ich teilweise auch auf Hedtke 2018a, 2018c, 2018e und 2019 zurück.

Wenn man im Unterricht über Wirtschaft spricht, muss man folglich immer sagen (können), was genau damit gemeint ist.

Die Situationen, die eine Gesellschaft oder eine Gruppe von Personen als vor allem wirtschaftlich geprägt versteht, fasst auch die Sozioökonomiedidaktik als wirtschaftliche Lebenssituationen auf. Die Kategorisierung als „wirtschaftlich" erfolgt somit *zunächst* in der Praxis und Wahrnehmung der dortigen Akteurinnen und Akteure (vgl. Kap. 8). Denn die ökonomischen Vorstellungen der Akteure, die sich auf ökonomische Ideen wie z.B. Markteffizienz, Freihandel, Entrepreneurship, Anreizsteuerung oder Austeritätspolitik stützen, können wirtschaftlich, politisch und gesellschaftlich höchst wirksam werden, seien sie richtig oder falsch, harmlos oder gefährlich (vgl. klassisch Keynes 1973, 383f.). Ein Klassiker dazu ist das Thomas-Theorem: „Wenn Menschen Situationen als real definieren, so sind sie real in ihren Konsequenzen" (Thomas/Thomas 1928, 572, zit. n. Mijić 2010, 21).

Das ist aber nur der eine Teil der Herausforderung. Denn jeder Begriff von Wirtschaft steht auch für eine spezifische praktische, politische oder wissenschaftliche Perspektive, mit der etwas Bestimmtes in den Blick genommen, alles andere hingegen ausgeblendet wird. Begriffe prägen also die Art und Weise, wie man „die Wirtschaft" wahrnimmt, d.h. sie bestimmen mit, wie sie Beobachterinnen und Beobachtern erscheint.

Die große fachdidaktische Herausforderung besteht mithin darin, dass Lehrkräfte und Lernende die perspektivenbildende Kraft der unterschiedlichen Begriffe von Wirtschaft erkennen, erklären, erfahren, anwenden und kritisch reflektieren können.

Welche fachdidaktischen Zugänge bieten sich an?

Was sollen „wirtschaftlich" und „Wirtschaft" bedeuten? Sozioökonomische Bildung stützt sich auf gesellschaftliches Wissen über Wirtschaft, denn sie ist subjekt- und erfahrungsorientiert. Sie stützt sich zugleich auf sozialwissenschaftliches Wissen, denn sie ist theoretisch und empirisch fundiert. Im Folgenden steht das wissenschaftliche Wissen im Zentrum. Wie sich zeigen wird, kommt es darauf an, kompetent mit sozialwissenschaftlicher Multiperspektivität umgehen zu können (vgl. Kap. 7).

Selbstverständlich bleibt der sozioökonomische Unterricht nicht dabei stehen, dass Lernende ihre Alltagsvorstellungen bestätigen, differenzieren oder reflektieren. Das Prinzip der Wissenschaftsorientierung verpflichtet vielmehr dazu, diese Vorstellungen mit wissenschaftlich fundiertem Wissen über Wirtschaft zu konfrontieren (vgl. Kap. 8). Das Prinzip der Wissenschaftsorientierung gilt inzwischen als ein konstitutives Qualitätskriterium des Unterrichts. Es wird in der gymnasialen Sekundarstufe II zur Wissenschaftspropädeutik weiterentwickelt und in nahezu allen Fächern curricular festgeschrieben (KMK 2018, 5).

In einem wissenschaftsorientierten Zugriff sieht man, dass die multiparadigmatischen, theoretisch und methodisch pluralen Sozialwissenschaften *mehrere* Antworten auf die Frage geben, was Wirtschaft „ist". Die Lernenden sollen erfahren, dass die Pluralität des wissenschaftlichen Wissens in den Sozialwissenschaften als Normalfall gilt (vgl. Kap. 3). Das bedeutet jedoch keine Beliebigkeit des Wissens.

Übersicht 12: Wissenschaftliche Vorstellungen von Wirtschaft

Begriff: Wirtschaft als …	Leitidee	Fokus
(a) Realitätsbereich	Reproduktion: Materielle Versorgung und Vorsorge der Gesellschaft	Gesellschaft
(b) Problemstruktur:		
Knappheit	Relation: verfügbare Mittel reichen nicht für die Ziele	Individueller Akteur
Ungewissheit	Unberechenbarkeit: Zukunft und Absichten Dritter sind unbekannt	Akteur und Gesellschaft
(c) Handlungstyp	Kalkulation: zweckrationale Auswahl der besten Alternative	Individueller Akteur
(d) Kommunikation	Sprache: soziale Formung der wirtschaftlichen Handlungen	Interaktion der Akteure

Quelle: Eigene Darstellung

Von den Wirtschaftsbegriffen der Wirtschaftsforschung sind vier Typen besonders bildungsrelevant: Wirtschaft als (a) Realitätsbereich, (b) Problemstruktur (Knappheit bzw. Ungewissheit), (c) Handlungstyp (Zweckrationalität) und als (d) Kommunikation (vgl. Übersicht 12). Mit dem Realitätsbereich Wirtschaft und mit den Schwierigkeiten, die daraus resultieren, dass sie nur über begrenzte Mittel (Geld, Zeit, Kontakte, Informationen, Kompetenzen) verfügen und ihr Leben angesichts einer ungewissen Zukunft gestalten müssen, sind die Lernenden in ihrem Alltag und in typischen Lebenssituationen konfrontiert. Zweckrationalität begegnet ihnen als in der Wirtschaft weit verbreitetes und breit akzeptiertes Handlungsmuster sowie als normative Erwartung an ihre eigene Lebensgestaltung, etwa bei Konsum, Berufswahl oder Vorsorge (vgl. Kap. 3). Über ihre sozioökonomischen Situationen, Denkweisen und Handlungsformen sind sie nicht nur sozial eingebettet, sondern auch laufend in Kommunikation in der und über die Wirtschaft involviert. Geldkulturen, Konsumstile oder Arbeitseinstellungen sind nur drei Beispiele von vielen. Damit betreffen alle vier Wirtschaftsbegriffe das Selbst-, Sozial- und Weltverhältnis der Person und werden durch Reflexionsprozesse bildungsrelevant. Weitere Wirtschaftsbegriffe bieten die Politische Ökonomie, die Sozioökonomik und die Systemtheorie; auf diese wird hier nicht weiter eingegangen (vgl. dazu exemplarisch Jäger/Springler 2013, 69 ff.; Baecker 2017).

(a) Wirtschaft als materielle Reproduktion und Vorsorge

Wird sie als *Realitätsbereich* verstanden, umfasst Wirtschaft bestimmte Organisationen, Institutionen, Handlungen und Prozesse, die das individuelle und kollektive Leben materiell sicherstellen. Dazu zählen in modernen Gesellschaften z.B. private und öffentliche Unternehmen, Märkte, Wirtschaftsregionen, globale Produktionsnetzwerke, Zentralbank, Kartellbehörde, Welthandelsorganisation, Gewerkschaften, Arbeitgeber- und Branchenverbände, Konsumentinnen und Konsumenten, private Haushalte, Buchführung, Geld, Gewerbefreiheit, Arbeitsmarkt oder Vertragsrecht.

Grenzt man Wirtschaft auf diese Weise sektoral und funktional (Produktion, Konsum, Verteilung) ab, dann arbeitet man mit einem *materialen* Begriff von Wirtschaft. Wirtschaft bezeichnet dann die Versorgungs- und Vorsorgeprozesse einer Gesellschaft, die Organisationen und Institutionen, mit denen sie die Reproduktion ihrer Existenzmittel organisiert (Boulding 1986, 9 ff.; Coase 1998, 73). Dieser materiale oder institutionale Wirtschaftsbegriff geht zurück bis auf Adam Smith.

Ein erweiterter materialer Wirtschaftsbegriff umfasst auch die haushälterische Funktion der Vorsorge (Fürsorge und Versorgung) von Mitgliedern eines Haushalts gemäß Leitbildern des guten Lebens oder schichtspezifischen, milieubezogenen, religiösen bzw. regionalen Vorstellungen eines angemessenen Lebensstandards (Biesecker/Kesting 2003, 198 ff.). Die wirtschaftlich relevante Haushaltstätigkeit geht dann weit über den Konsum hinaus und schließt auch Herstellen, Kommunikation, Pflege und Erziehung ein. Vor allem aber umfasst sie das Hervorbringen und Reproduzieren der Produktivkraft Arbeit (Biesecker/Hofmeister 2013, 242).

(b) Wirtschaft als Problemstruktur

Umgang mit Knappheit

Eine *formale* Vorstellung von Wirtschaft zielt dagegen auf eine besondere Problemstruktur ab: Sie geht von der allgegenwärtigen *Knappheit* aus. Knappheit wird hier definiert als das quantifizierte Verhältnis zwischen Zwecken und dafür notwendigen und verfügbaren Mitteln, wenn diese nicht für alle Zwecke ausreichen. Als Ausgangspunkt setzt man die allgemeine Annahme, es liege in der menschlichen Natur, immer mehr Ziele (unbegrenzte Bedürfnisse) zu haben, als Mittel zu deren Erreichen zur Verfügung stehen. Als Inbegriff wirtschaftlichen Handelns gelten dann Wahlentscheidungen der Individuen über die Verwendung ihrer Mittel, die dem Wirtschaftlichkeitsprinzip folgen. Eine Reflexion über die individuellen Ziele bzw. die Bedürfnisse sieht dieser Ansatz nicht vor, sie werden als wirtschaftsextern vorgegeben betrachtet. Deshalb kann Knappheit nur durch mehr Wirtschaftlichkeit und stärkeres Wirtschaftswachstum reduziert werden. Alternativen wie Suffizienz spielen keine Rolle.

Überdies erscheint Wirtschaft als der Handlungsraum, in dem zweckrationale Wahlentscheidungen unter Knappheitsbedingungen getroffen werden. Das bedeutet, dass jede Aktivität, für die man auf andere gewünschte Aktivitäten verzichten muss (Opportunitätskosten), eine *wirtschaftliche* Aktivität ist (Robbins 1932, 16). Für viele, aber keineswegs alle Jugendlichen ist es eine triviale Alltagserfahrung, dass ihre finanziellen Mittel bezogen auf ihre Bedürfnisse knapp sind.

Diese Vorstellung, es gebe eine *universelle* Knappheit – auch Aufmerksamkeit, Wählerstimmen, Macht oder Liebe sind knapp – und deshalb einen unausweichlichen Zwang zum wirtschaftlichen Kalkül und zur Wahlentscheidung, ist eine zentrale Idee der neoklassischen Theorierichtung der Volkswirtschaftslehre. Die Neoklassik versteht Wirtschaft dabei als etwas, was außerhalb der Gesellschaft und außerhalb sozialer Beziehungen stattfindet. Sie bricht insofern mit der Grundidee der volkswirtschaftlichen Klassik, die die Bedeutung des sozialen und politischen Kontexts für wirtschaftliche Institutionen und Handlungspraxen betont(e).

Knappheit als Relation bedeutet, dass Akteurinnen und Akteure immer mehr haben wollen als sie finanzieren können. In einem System, das mikroökonomisch und makroökonomisch auf Wirtschaftswachstum ausgerichtet ist, kommt es darauf an, Knappheit aufrechtzuerhalten, weil sie der Ursprung einer wachsenden Nachfrage nach Gütern und Dienstleistungen ist. Die Basisstrategie, um das zu erreichen, ist die fortlaufende Erzeugung weiterer Wünsche, die die Personen durch Akte des Kaufens oder Mietens zu befriedigen suchen. Die

Abwesenheit von Knappheit ist aus systemischen Gründen unerwünscht: „ein *zufriedener* (wunschlos glücklicher) Kunde [ist …] die furchteinflößendste aller Bedrohungen“ (Bauman 2009, 129).

Umgang mit Ungewissheit

Eine ganz andere allgegenwärtige Problemstruktur stellen der Keynesianismus und die Neue Wirtschaftssoziologie in den Mittelpunkt des Gegenstandsbereichs Wirtschaft. Danach ist die fundamentale *Ungewissheit* der Zukunft das Grundproblem allen ökonomischen Handelns (vgl. Jäger/Springler 2013, 54 ff.). Nach Keynes bestimmen die Erwartungen der Haushalte und Unternehmen sowie die animalischen Instinkte der Handelnden die Zukunft, beide seien schlecht kalkulierbar. Denn in Situationen der Ungewissheit, so Keynes, kann man keine Wahrscheinlichkeitsrechnung für die Risikoabschätzung unterschiedlicher Handlungsalternativen aufstellen. Man kann gar nicht kalkulieren – die beste Alternative, für die man sich entscheiden kann, bleibt unbekannt. Heute erleben viele Jugendliche diese Problemstruktur beispielsweise hinsichtlich ihrer beruflichen Zukunft und viele junge Erwachsene hinsichtlich ihrer individuellen Altersvorsorge über die Kapitalmärkte.

Aus dieser Perspektive verstärken Märkte die wirtschaftliche Ungewissheit. Sie besteht in der Unsicherheit bei der Beurteilung des Werts der Marktgüter, in der Unberechenbarkeit des Marktwettbewerbs, in der Unkenntnis über die Absichten der Tauschpartner sowie in der Unvorhersehbarkeit der Innovationsdynamik (Beckert 2007, 52 ff.). Man braucht also soziale Institutionen auf Märkten, die die Ungewissheit reduzieren: beispielsweise Wertzuschreibungen, die Marktakteure gemeinsam konstruieren, wie Klassifikationen und Standardisierungen von Gütern und Dienstleistungen, einen durch stabile Statushierarchien der Hersteller strukturierten und durch Produktdifferenzierung gezähmten Wettbewerb, eine durch soziale Netzwerke, dauerhafte Hersteller-Zulieferer-Beziehungen sowie durch allgemein anerkannte Branchenpraktiken und Marktethiken verlässlicher gemachte Marktkooperation. Soziale Beziehungen und Institutionen machen also die Marktwelten sicherer, stabiler und berechenbarer und ermöglichen so erst ein wirtschaftlich-kalkulierendes Handeln auf Märkten.

(c) Wirtschaft als Handlungstyp

Eng mit dem Knappheitskonzept verwandt ist der Ansatz, Wirtschaft über einen besonderen *Handlungstyp* abzugrenzen (vgl. Jäger/Springler 2013, 36 ff.). Danach umfasst Wirtschaft alles Handeln, das planvoll-kalkulierend auf Maximierung oder Optimierung zielt und im weitesten Sinne von Eigennutz geprägt ist. Dieser wirtschaftlich-zweckrationale Handlungstyp gehört zu den Kernannahmen der Rational Choice-Theorien, die in allen Sozialwissenschaften stark verbreitet sind. Diese Tatsache wird von der orthodoxen Wirtschaftsdidaktik ignoriert, sie erklärt die „ökonomische Verhaltenstheorie" zu einem Alleinstellungsmerkmal der Volkswirtschaftslehre (Karpe/Krol 1997). Wirtschaft versteht man im Sinne von Rational Choice als das Feld, in dem individuelle Akteurinnen und Akteure „ökonomisch" handeln, also zweckrational prüfen, welche Alternative die beste ist und diese dann auch auswählen, sei es im Haushalt, im Unternehmen oder auf Märkten (instrumentelles Rationalhandeln; vgl. Kap. 3).

Damit stellt sich aber das Problem der Abgrenzung von „Wirtschaft". Denn aus dieser Perspektive kann man nicht nur das Arbeiten, Investieren oder Konsumieren, sondern auch Weltanschauung, Moral, Religion, Familiengründung, Lebensstil oder Selbstmord sowie Wahlprogramme von Parteien, Politiken oder Gesetze am besten erklären, wenn man sie als das Resultat von Entscheidungen modelliert, in denen die Kosten und Nutzen der jeweiligen Alternativen gegeneinander aufgerechnet werden (Becker 1993).

(d) Wirtschaft als Kommunikation

Noch einmal anders erscheint Wirtschaft, wenn man sie als Kommunikation (oder Diskurswelt) versteht. Mittels Kommunikation werden Präferenzen geschaffen, geformt und geändert, Erwartungen gebildet und wirtschaftliche Handlungen koordiniert; ökonomische Transaktionen vollziehen sich dann als soziale Kommunikationen, bei denen immer „mindestens zwei Akteure interagieren", was wiederum Dritte beobachten, bereden und beeinflussen können (vgl. zum Folgenden Priddat 2014; zit. 33). Auf modernen Märkten sind Güter und Dienstleistungen sozial konstruiert (Aspers 2015, 91 ff., 127 ff.). Die Dinge selbst können die Konsumentinnen und Konsumenten überreden, etwa mit ihrer Ästhetik. Sie sind vor allem Kommunikationsmedien, mit Imagination verbundene Objekte und besitzen keinen oder kaum objektivierbaren Gebrauchsnutzen.

Im kommunikativ konstruierten Wettbewerbsfeld existiert eine Vielfalt potenzieller Transaktionspartnerinnen und -partner und damit die Option einer Transaktion mit Dritten. Die meisten Unternehmen können mehrere potenzielle Zulieferer haben, Arbeitskräfte können oft zwischen Arbeitgebern wählen, Käuferinnen haben in der Regel die Wahl zwischen mehreren Anbietern und Anlegerinnen stehen mehrere Investmentfonds zur Verfügung. Marktwettbewerb beruht also auf triadischen Beziehungen und benötigt Kommunikationsprozesse. Dabei wirkt neben den Marktteilnehmern auch eine Mehrzahl von

Nicht-Marktteilnehmern kommunikativ auf die Transaktionsprozesse ein – Familie, Freundinnen und Freunde, soziale Milieus, Medien, Werbung usw. –, sie bringen soziale Kriterien wie Legitimität, Reputation, Position oder Prestige in die Prozesse ein. Die meisten Konsumentscheidungen basieren auf vorgängiger Kommunikation – etwa über Konsumgüter, Qualität, Unternehmen, Marken, Moden, Motive, Preise und nicht zuletzt über den Eindruck, den man mit einem Konsumgut in seinem sozialen Umfeld erzielen kann –, und oft ziehen Käufe Kommunikation nach sich, beispielsweise, wenn man darüber mit Dritten spricht oder wenn Dritte dazu etwas sagen.

Die Wirtschaft und ihre Märkte sind also Kommunikation: „In einer modernen Wirtschaft besteht etwa ein Viertel aller wirtschaftlichen Aktivitäten aus Überzeugungsarbeit", Werbung macht nur einen Bruchteil davon aus (McCloskey 2015, 143). In Zeiten expandierenden Internethandels wächst der Kommunikationsanteil der Wirtschaft weiter. In modernen Volkswirtschaften, in denen Märkte eine wesentliche Rolle spielen, ist Wirtschaft dann ein sozialer und damit kommunikativer Prozess. Wenn individuelle Wünsche und Präferenzen sowie Güter und Dienstleistungen kommunikativ konstruiert werden, dann wird auch Knappheit zu einem sozialen Phänomen: sie ist – jedenfalls in reichen Volkswirtschaften des 21. Jahrhunderts – kein naturgegebener Zustand, sondern sozial konstituiert und sozial reproduziert.

Welche Hindernisse sind zu bewältigen?

Die oben skizzierten Wirtschaftsverständnisse stammen aus den Sozialwissenschaften und nicht aus einer einzelnen oder einer einzigen Disziplin. Wissenschaftliche Pluralität ist ein Kerncharakteristikum der Sozialwissenschaften insgesamt und jeder einzelnen Disziplin. Schon diese kurze Beschäftigung mit Wirtschaftsbegriffen zeigt, dass auch elementare Begriffe wie Knappheit oder Ungewissheit Theorien transportieren, Perspektiven definieren und weder objektiv noch folgenlos sind (vgl. Jäger/Springler 2013, 14 ff.). Wirtschaftsbegriffe bevorzugen und befördern aber auch bestimmte Normen, etwa wenn der Knappheitsbegriff dazu dient, das eigene Leben als unentrinnbar von Knappheit bestimmt wahrzunehmen, oder wenn der Wahlhandlungsansatz instrumentalisiert wird, um Kinder und Jugendliche zum zweckrationalen, will heißen: rechenhaften Handeln zu erziehen.

Die Pluralität schon in den Grundbegriffen widerspricht der verbreiteten Erwartung an Wissenschaft, eindeutige Ergebnisse und klare wahr/falsch-Unterscheidungen zu präsentieren, die sich auch in Tests und Klassenarbeiten abprüfen lassen. Aber man kann sich nicht einfach auf einen einzigen der sozialwissenschaftlichen Wirtschaftsbegriffe beschränken. Das wäre wissenschaftlich willkürlich, es widerspräche dem Prinzip der Wissenschaftsorientierung von Lehren und Lernen und es ignorierte auch die Berechtigung außerwissenschaftlicher Begriffe.

Lehrende und Lernende benötigen also wirtschaftliche Multiperspektivitätskompetenz, d.h. sie können Phänomene der Pluralität von Wirtschaft, Wissenschaft und Gesellschaft erfassen, einordnen, erklären und einschätzen. Diese Kompetenz können sie erwerben und anwenden, wenn sie alternative Ansätze – hier Wirtschaftsverständnisse – nutzen, um ein exemplarisches Problem zu beschreiben, zu erklären und zu bearbeiten.

Eine weitere Herausforderung besteht darin, dass die Lehrenden im wirtschaftswissenschaftlichen Teil ihres Studiums oft einseitig ausgebildet wurden und nur einen Begriff von Wirtschaft kennengelernt haben (vgl. Beckenbach u.a. 2016, 125 ff.). Diesen Begriff halten sie dann oft für den einzig richtigen, nur ihn vermitteln sie in ihrem Unterricht. So laufen sie Gefahr, nicht nur einseitige Vorstellungen von Wirtschaft zu reproduzieren, sondern auch dogmatische Denkweisen bei den Lernenden zu fördern (vgl. Kap. 8). Das verhindert eine Metakognition über die Natur der Sozialwissenschaften sowie damit forschendes Lernen und einen wissenschaftsorientierten Habitus (Szukala 2013, 35 ff.; Szukala/Krebs 2015, 46 ff.). Aber ein aufgeklärtes Verständnis von Wissenschaft braucht jede Bürgerin und jeder Bürger, wenn sie die wissenschaftsgeprägte Wirtschaft, Gesellschaft und Politik verstehen und gestalten wollen. Unternehmen betreiben eigene Forschung, sie rechtfertigen Prozesse und Produkte mit Bezug auf Wissenschaft, im öffentlichen Diskurs gehört die Berufung auf Wissenschaft zum Standardrepertoire, und in Form der Politikberatung – etwa durch die Forschung in Denkfabriken, wissenschaftliche Beiräte von Ministerien oder Präsentation von Forschungsergebnissen – nimmt Wissenschaft Einfluss auf politische Entscheidungen (Weingart 2003, 89 ff.). Die Debatte um den Klimawandel bietet ein Beispiel, das alle drei Bereiche betrifft.

Ein konkretes Beispiel: Konsumpraxis und Werbung

Wählen wir als konkretes Beispiel die Konsumpraxis von Jugendlichen und dort die Werbung im weitesten Sinne, um die Wirkungen der unterschiedlichen Wirtschaftsbegriffe exemplarisch aufzuzeigen (vgl. Kap. 15). Aus Platzgründen behandeln wir nur die Begriffsvarianten Knappheit, Handlungstyp und Kommunikation.

In der üblichen Kombination der beiden eben erläuterten Begriffe – Wirtschaft als Problemstruktur der Knappheit und Wirtschaft als Handlungstyp – wird Werbung in ihrer Wirkung auf den Zusammenhang Knappheit-Wahlentscheidung-Effizienz bei der einzelnen Käuferin und dem einzelnen Käufer betrachtet. Dann erscheint Werbung zum einen als Information, die das zweckrationale Kalkül der Einzelnen verbessern kann. Zum anderen wirkt sie aber auch als Störfaktor für individuelle wirtschaftliche Entscheidungen, wenn sie etwa mittels Spontaneität, Affekten, Emotionen, Imitationsstreben, Manipulation usw. die kühle Rationalität der Kaufentscheidung beeinträchtigt oder gar beseitigt.

Hier setzt die kritische Werbeerziehung an, indem sie versucht, Kinder und Jugendliche gegenüber Werbung zu immunisieren oder sie zumindest unabhängiger davon zu machen. Mit diesem Zugang gibt man die Annahme auf, dass Rationalhandlung der real gegebene, durchschnittliche Normalfall sei, diagnostiziert die individuelle Rationalität als defizitär oder bedroht und macht ihre Sicherung oder Wiederherstellung zum Erziehungsziel (vgl. Kap. 3). So sollen die Lernenden etwa wissen, wie Werbung wirkt, weil man hofft, dass Bewusstmachen und Reflektieren vor unerwünschten Werbewirkungen schützt – eine wenig realistische Hoffnung, da man unbewusste Mechanismen per definitionem nicht bewusst kontrollieren kann. Die üblichen Handlungsempfehlungen lauten, die Lernenden sollen sich vor dem Kauf objektiv informieren, Produkte und Preise vergleichen, Warentests heranziehen, eine Budgetgrenze bestimmen, eine Entscheidung noch einmal überdenken, bevor sie sie umsetzen usw. Sie sollen das für sich objektiv Beste wählen – und sich nicht zu etwas anderem überreden lassen.

Mit dem Begriff von Wirtschaft als *Kommunikation* verändert sich die Perspektive radikal. Die Fokussierung auf Werbung als Störfaktor für wahre Wünsche erscheint als verkürzt und veraltet, sie verfehlt sogar den Kern des Wirtschaftlichen im 21. Jahrhundert, die Überredung.

Zum einen ist Werbung mit einer Vielzahl anderer Einflussformen in einer breiten, vielfältig differenzierten gesellschaftlichen Konsumkommunikation verflochten, die die Umworbenen selbst mit produzieren. Zum anderen sind einzelne Kaufakte ebenso wie Formen der Inbesitznahme, Nutzung und Entledigung verwoben mit je spezifischen Konsumweisen der Jugendlichen, die mit unterschiedlichen, sozial konstituierten Milieus oder Lebensstilen zusammenhängen (Calmbach u.a. 2016). Werbung im weitesten Sinne ist also integraler Bestandteil von Konsum, der im Wesentlichen auf Kommunikation, auf Sozialität, und weit weniger auf individuell-autonomer Bedürfnisbefriedigung beruht.

Oft existiert aber keine zweckrationale Wahl, die durch Werbung verzerrt werden könnte. Vielmehr herrschen affektive Entscheidungen vor, im Kaufprozess selbst ändert man seine Budgetvorgabe, seine Präferenz und seine Nutzenfunktion. Man wählt nicht das Beste, sondern das, was einen emotional am meisten anspricht oder das, was man aus Konvention, Routine oder bestimmten Haltungen heraus kauft. Die in der Perspektive „Wirtschaft als Rationalhandlung" stehende Werbeerziehung wird damit gegenstandslos. Rationale Wahl erweist sich dann als „ein Nischen- oder Elitentheorem", sie greift nur ausnahmsweise, nämlich dann, wenn die Überredung auf dem Markt und die soziale Zugehörigkeit durch Konsum keine Rolle spielen (Priddat 2014, 90).

Eine weitere wichtige Implikation sei hier nur notiert: Unter den genannten Bedingungen sind Konsummärkte nicht mehr effizient, sie folgen vielmehr einer „Ökonomie der Überredung und Rhetorik" (Priddat 2015, 19 f., zit. 19). Werden Wünsche und Präferenzen *marktintern* generiert (oder jedenfalls wesentlich geprägt), fehlt jeder Maßstab für die Messung der Effizienz eines Marktes.

Schülerinnen und Schüler können mit diesen beiden oder weiteren Varianten des Wirtschaftsbegriffs kleine empirische Untersuchungen durchführen (mit Fragebogen, kurzen Videointerviews, als Onlinebefragung usw., aber auch als Analyse von Schulbuchkapiteln oder Unterrichtsmaterialien; vgl. Kap. 9). Erheben und untersuchen können sie etwa Vorstellungen von Werbung, Erfahrungen, Werbepraktiken von Jugendlichen (etwa die Clips bei „Ausgepackt!" oder „Shopping Haul" auf YouTube) oder Angebote der Verbraucherzentralen. Sie können kurze Gruppendiskussionen zum Umgang mit Testergebnissen bei sozial-emotional besetzten Produkten inszenieren, analysieren und reflektieren. Fiktional können sie Werbeclips oder Werbewarnungen drehen. Sie können die Kommunikationsphänomene in Supermärkten, Warenhäusern oder Shopping Malls systematisch beobachten und auswerten.

Zusammenfassung und Ausblick

Angesichts der unterschiedlichen und zum Teil widersprüchlichen Vorstellungen über das, was mit dem Begriff Wirtschaft verknüpft wird, ist es notwendig und sinnvoll, diese heterogenen Zugänge im sozioökonomischen Unterricht zu thematisieren.

Wer nur mit einer einzigen Wirtschaftsvorstellung arbeitet, betreibt einen einseitigen Unterricht. Er verhindert, dass sich die Lernenden die unterschiedlichen wissenschaftlichen Zugänge zu den ökonomischen Welten erarbeiten und behindert somit ein Verstehen und Agieren in der Wirtschaft selbst. Der Wechsel von einer Wirtschaftsvorstellung zu einer anderen, das konkrete und vergleichende Durchspielen dieser Vorstellungen und die Reflexion darüber, wie sich das, was man sieht, dadurch verändert, verlangt eine immer wieder neue Auseinandersetzung über alle Schuljahre hinweg.

Auch wenn es Lehrkräften und Lernenden schwer fallen mag, sich mit der Pluralität von Wirtschaftsvorstellungen zu beschäftigen, die konstruktive Auseinandersetzung mit den Wirtschaftsvorstellungen und -ideen und ihre Anwendung auf reale wirtschaftliche Phänomene fördert eine Multiperspektivitätskompetenz.

Tipps zum Weiterlesen

Akerlof, George A./Shiller, Robert J. (2009): Animal spirits. Wie Wirtschaft wirklich funktioniert. Frankfurt/M., S. 7–39.

Exploring Economics (2019): Theorieschulen der Ökonomik. Vergleiche die Perspektiven der Theorieschulen der Ökonomik. https://www.exploring-economics.org/de/orientieren/ (Zugriff 21.1.2019).

Hedtke, Reinhold (2019): Wirtschaftssoziologie. Konstanz, S. 15–23.

BETTINA ZURSTRASSEN

13 Berufsorientierung in der sozioökonomischen Bildung

„Eine bessere Bildungs- und Berufsberatung kann auch die Schülerpräferenzen besser an den Arbeitsmarkterfordernissen orientieren" (Hoeckel/Schwartz 2010, 61), so definiert die OECD in der Studie „Lernen für die Arbeitswelt" die Zielsetzung von Berufsorientierungsmaßnahmen. Die Schülerinnen und Schüler sollen gemäß den Vorstellungen der OECD durch Berufsorientierung dem „Arbeitsmarkt gerecht werden" (ebd., 49).

Für die OECD wie auch für die Bundesregierung und die Landesregierungen ist die Berufsorientierung ein arbeitsmarkt-, sozial- und gesellschaftspolitisches Steuerungsinstrument. Berufsorientierung soll die zukünftigen Arbeitnehmer und Arbeitnehmerinnen für den im modernen Begriffsverständnis neoliberalen, d.h. deregulierten, am Leitbild des „unternehmerischen Selbst" bzw. „Arbeitskraftunternehmers"[1] ausgerichteten Arbeitsmarkt befähigen und sozialisieren.

Berufsorientierung wird markttheoretisch als Problem der Passung von Angebot und Nachfrage definiert. Von den Akteurinnen und Akteuren auf den Arbeitsmärkten wird Flexibilität und eine hohe Anpassungsfähigkeit gefordert. Ausgehend von den Markt- und Machtverhältnissen sind es faktisch aber zumeist die (zukünftigen) Arbeitnehmerinnen und Arbeitnehmer, denen die Anpassungsleistung politisch zugewiesen wird und die diese Anpassungsleistung erbringen müssen (Büchter/Christe 2014, 13), weil ihre Verhandlungsmacht geringer ist. Dort jedoch, wo der Markt nicht für den erwarteten Ausgleich von Angebot und Nachfrage im Sinne der Unternehmen sorgt, wie derzeit in eini-

1 Bröckling differenziert in seiner Studie „Das unternehmerische Selbst" zwischen dem „unternehmerischen Selbst" und dem „Arbeitskraftunternehme" gemäß Pongratz und Voß: Das „unternehmerische Selbst" beschreibe die Weise „in der „Individuen als Person adressiert werden, und zugleich die Richtung, in der sie verändert werden und sich verändern sollen" (2016, 46). Der „Arbeitskraftunternehmer" verkörpere dagegen einen aktuellen Idealtypus. Eine neue Grundform der Ware Arbeitskraft (ebd., 47). Beide Konzepte tragen die die Diagnose, dass in der Gegenwart die Maximen unternehmerischen Handelns das Verhältnis der Individuen zu sich selbst wie auch zu anderen zeigen" (ebd., 50).

gen Handwerks- und Dienstleistungsberufen, wird versucht, steuernd einzugreifen, z.B. durch die Berufsberatung der Agentur für Arbeit, durch Online-Berufsorientierungstest, die gezielt in Mangelberufe hineinberaten oder durch die Potentialanalyse (Stöbe-Blossey u.a. 2015, 134). Die individuellen Wünsche der Jugendlichen sollen kanalisiert werden, damit diese lernen, „ihre lebens- und berufsperspektivischen Grenzen zu akzeptieren" (vgl. Büchter/Christe 2014, 13). Die Jugendlichen sollen durch Berufsorientierung „realistische" Berufsperspektiven entwickeln (Stöbe-Blossey u.a. 2015, 134).

Von diesen Steuerungsmaßnahmen sind zwar alle Schüler betroffen, vor allem aber diejenigen, die einen formal niedrigen Schulabschluss anstreben. In einer Studie des Berufsbildungsinstituts äußerte z.B. gut ein Viertel der befragten Hauptschülerinnen und Hauptschüler einen Berufswunsch, der ein Studium voraussetzt. Dies wird vielfach von Lehrkräften sowie von Berufsberaterinnen und Berufsberatern pauschalisierend als „unrealistisch" eingestuft (vgl. Kohlmaier 2015; Dombrowski 2015). Den Lernenden wird eine mangelnde Adaptionsleistung an den Arbeitsmarkt unterstellt (siehe auch Menzei/Peinemann 2015, 1 f.).

Das stark am Fachkräftebedarf orientierte Konzept der Berufsorientierung der OECD erfährt auch Kritik. So insistieren Büchter und Christe darauf, dass Berufsorientierung nicht einseitig am Fachkräftebedarf ausgerichtet werden dürfe, da ansonsten der allgemeine Bildungsauftrag von Schule ebenso vernachlässigt werde wie die soziale und politische Dimension von Arbeit und Beruf (2014, 15). In der Tat ist das OECD-Berufsorientierungskonzept in politischer und didaktischer Hinsicht problematisch. Die Grundrechte der Lernenden auf freie Berufswahl und die freie Entfaltung der Persönlichkeit drohen durch stark steuernde Maßnahmen ausgehöhlt und die Lernenden überwältigt (Indoktrinationsverbot) zu werden.

Dass dieses Problem öffentlich bisher kaum thematisiert wird, dürfte wesentlich darin begründet sein, dass insbesondere Schülerinnen und Schüler betroffen sind, die einen formal niedrigen Bildungsabschluss haben bzw. anstreben und oft aus sozioökonomisch benachteiligten Herkunftsmilieus kommen (Bognanni 2010). Ihre Lobby ist schwach.

Berufsorientierung in der sozioökonomischen Bildung

Das OECD-Konzept von Berufsorientierung ist derzeit im wissenschaftlichen, politischen und öffentlichen Diskurs dominant. Entlang ausgewählter Charakteristika der sozioökonomischen Bildung (Hedtke 2014b, 83 f.) soll nachfolgend aufgezeigt werden, wie Berufsorientierung dagegen in der sozioökonomischen

Bildung konzeptualisiert wird. Berufsorientierung gilt zwar als fächerübergreifende Aufgabe allgemeinbildender Schulen, faktisch erfolgt sie jedoch vornehmlich in den Unterrichtsfächern der sozialwissenschaftlichen Domäne (vgl. Kap. 5).

Sozioökonomische Bildung ist pluralistische Bildung

Plurale Werte, Rationalitäten, Lebensentwürfe, Alltagspraxen, Theorien und Weltbilder werden in der sozioökonomischen Bildung anerkannt und thematisiert (vgl. Hedtke 2014b, 84; vgl. Kap. 3). Berufsorientierung, die sich einseitig oder dominant am neoliberalen oder einem anderen wirtschafts- und gesellschaftspolitischen Paradigma orientiert, ist also mit den didaktischen Charakteristika der sozioökonomischen Bildung nicht vereinbar. Sie verstößt auch gegen das Kontroversitätsgebot des Beutelsbacher Konsenses.

Gemäß den didaktischen Prinzipien Multiperspektivität und multiparadigmatische Analyse wird der OECD-Ansatz der Berufsorientierung in der sozioökonomischen Bildung als eines von mehreren Paradigmen aufgegriffen. Er erschließt den Schülerinnen und Schülern eine Perspektive zur Regulierung des Arbeits- und Ausbildungsstellenmarktes, die derzeit gesellschaftlich und politisch dominant ist. In der sozioökonomischen Bildung wird der am neoliberalen Paradigma orientierte Ansatz der Berufsorientierung der OECD jedoch nicht normativ gesetzt, sondern es werden sozialwissenschaftlich die Interessenlagen analysiert und zentrale Fragen diskutiert, z.B.: Welche Besonderheiten weisen Ausbildungsstellen- und Arbeitsmarkt gegenüber anderen Märkten auf? Thematisiert werden kann auch die Problematik sozialer Ungleichheit bei der Ausbildungsstellensuche. So sind Hauptschülerinnen und Hauptschüler bei 60% der Stellenausschreibungen für Auszubildende ausgeschlossen, obwohl sie für viele der Berufsbilder durchaus die Fähigkeiten haben (DGB 2016; Anbuhl 2016). Es könnte aber auch kritisch erörtert werden, wieso mit sozialtechnologischen Maßnahmen die Schülerinnen und Schüler in Mangelberufe hineingedrängt werden – gegenwärtig z.B. in Berufe des Gastgewerbes oder in Pflegeberufe –, obwohl mit Anreizen wie besseren Arbeitsbedingungen oder höheren Löhnen die Berufe dem neoliberalen Paradigma entsprechend für Ausbildungsstellensuchende attraktiver gemacht werden könnten.

Thematisiert werden muss jedoch auch, dass mit steuernden Eingriffen bei der Berufsorientierung durchaus auch gesellschaftlich positiv bewertete Ziele verfolgt werden, z.B. die Reduktion von Jugendarbeitslosigkeit, die Aufrechterhaltung der Funktionsfähigkeit einzelner Branchen (z.B. im Pflegebereich) oder die Sicherung der (internationalen) Wettbewerbsfähigkeit von Unternehmen, die gefährdet ist, wenn Arbeitskräfte fehlen, die über die am Arbeitsmarkt gesuchten Qualifikationen verfügen.

Sozioökonomische Bildung ist subjektorientierte Bildung

Sozioökonomische Bildung sieht sich vor allem den lernenden Personen verpflichtet, „ihren Bedürfnissen, Werten, Erwartungen, Erfahrungen und Problemen sowie der Entwicklung ihrer Fähigkeiten, mit Gefährdungen und Chancen angemessen umzugehen“ (Hedtke 2014b, 85; vgl. auch Steinmann/Ochs 1994, 36ff.). In der sozioökonomischen Bildung wird Berufsorientierung daher auch nicht als Steuerungs- und Anpassungstechnologie verstanden, sondern sie stellt die Bedürfnisse der Lernenden, ihre Entwicklungsmöglichkeiten und ihre Persönlichkeitsbildung in den Mittelpunkt. Sie möchte den Lernenden soziale und gesellschaftliche Orientierung geben und sie ermutigen, ihre Berufswünsche zu verfolgen. Konkret bedeutet das, wenn Haupt- oder Realschülerinnen oder -schüler einen Beruf ergreifen möchten, der ein Studium voraussetzt, wird dieser Wunsch ernst genommen und es werden verschiedene Karrierewege aufgezeigt, z.B. der Weg über eine duale Ausbildung (Dritter Bildungsweg bzw. Studieren ohne Abitur; Famulla 2012), über die Fachhochschule, über das Berufsgymnasium.

Es wird des Weiteren lebensweltlich anerkannt, dass die Berufsorientierung für die Schülerinnen und Schüler eine biografisch hoch sensible Lebensphase ist. Berufsarbeit ist identitätsstiftend und vermischt sich immer stärker mit anderen Lebensbereichen. Es erstaunt daher nicht, dass in einer Vodafone-Studie 87% der befragten Jugendlichen äußerten, dass ihnen für die Zukunft besonders wichtig sei, einen Beruf zu haben, der ihnen Spaß mache (Vodafone-Stiftung 2014, 32). Die Erwartungen, die Jugendliche an ihren Beruf stellen, werden in der Shell-Studie wie folgt zusammengefasst:

> „In engem Zusammenhang mit erzählten und eigenen Erfahrungen stehen die *Erwartungen* der Jugendlichen an Erwerbsarbeit und an ‚ihren‘ Beruf. Bei den Erwartungen an die eigene Berufstätigkeit steht die Arbeitsplatzsicherheit an oberster Stelle, auf den Plätzen zwei, drei und fünf folgen Einbringen eigener Ideen, sinnvolle Tätigkeit und Nützlichkeit für die Gesellschaft“ (Leven u.a. 2015, 78ff.).

Die hohen Erwartungen an den zukünftigen Beruf erschweren Jugendlichen die Berufswahl, weil sie Lebensrisiken in ihrer Entscheidung antizipieren und ihre Wahl sinnvoll gestalten möchten.

Grundlegend für die berufliche Orientierung in der sozioökonomischen Bildung ist es deshalb, dass Schülerinnen und Schüler befähigt werden, deuten und reflektieren zu können, in welchen politischen, ökonomischen und gesellschaftlichen Strukturen sie handeln und wie diese ihr Leben und Handeln beeinflussen. Die Lernenden können so politische, ökonomische und gesellschaftliche Strukturen und Prozesse sowie individuelle Erfahrungen reflektieren, gesellschaftlich einordnen und in ihrem Handeln aufgreifen (vgl. Kap. 8). Berufsorientierung kann Perspektiven eröffnen und den Schülerinnen und Schülern aufzeigen, dass gesellschaftliche Verhältnisse veränderbar sind und das Leben viele Gestaltungsoptionen bereithält. Dem Anpassungsdruck der oben erwähnten Berufsorientierungskonzepte stellt die sozioökonomische Bildung die Mündigkeit und die Freiheit der Individuen entgegen. Sie thematisiert die unterschiedlichen Konzepte und stellt sie im Unterricht zur Diskussion. In diesem Kontext zeigt sie z.B. Möglichkeiten der politischen Gestaltung auf, die weitreichender sind als die in der fachdidaktischen Literatur oft anvisierte individualisierte politisch-parlamentarisch-zivilbürgerliche Partizipation. Sie thematisiert auch die Möglichkeiten der Solidarität und des kollektiven Handelns auf den Arbeitsmärkten zum Aufbau eines Verständnisses (gewerkschaftlich-)kollektiver Machtpositionen am Markt.

Zur sozioökonomischen Bildung gehört aber auch, dass sie pragmatisch und realistisch ist (Hedtke 2014b, 84). Angelehnt an Bauman bedeutet dies mit Blick auf die gesellschaftliche Mündigkeit, dass die Fähigkeit zur sozialwissenschaftlichen Analyse in der sozioökonomischen Bildung zwar „keine Garantie [ist] für die Auflösung und Entmächtigung des Widerstands, der von den ‚harten' Realitäten des Lebens ausgeht. Denn die Macht des Verstehens kommt gegen den Druck der Zwänge, […] vereint, allein nicht an". Aber, so Bauman weiter „ohne solches Verstehen stünde es um die Chance für eine erfolgreiche Gestaltung des eigenen Lebens und die kollektive Gestaltung gemeinsamer Lebensbedingungen noch schlechter" (2015, 31).

Sozioökonomische Bildung ist sozialwissenschaftliche Bildung – didaktische Transparenz als Charakteristikum sozioökonomischer Bildung

Die sozioökonomische Bildung als sozialwissenschaftliche Bildung zu definieren bedeutet erstens, dass sie sich in pragmatischer Relation zum Beitrag für die Analyse und Lösung von ökonomisch geprägten gesellschaftlichen Problemen, Phänomenen und Lebenssituationen aus den Wissens-, Theorie- und Methodenbeständen von Politikwissenschaft, Soziologie und Wirtschaftswissenschaft bedient (Hedtke 2014b, 84; vgl. Kap. 4). Noch wesentlicher ist aber zweitens, dass sie als ein Disziplinbereich, der gesellschaftliche Phänomene als Gegenstand der wissenschaftlichen Auseinandersetzung hat, auch das Curriculum zum Gegenstand sozialwissenschaftlicher Analysen macht (vgl. Kap. 5).

Berufsorientierung ist ein politisches Programm, das starken Lobbyinteressen unterliegt (Zurstrassen 2016). In der sozioökonomischen Bildung werden die politischen Interessen, Machtverhältnisse sowie gesellschaftlichen und didaktischen Selbstverständnisse, die hinter Berufsorientierung (und allgemein hinter der curricularen Implementation von Lerninhalten, Lehrlernmethoden und diagnostischen Instrumenten) stehen, analysiert, zumindest aber diskursiv thematisiert. Charakteristisch für sozioökonomische Bildung ist daher das Herstellen von didaktischer Transparenz, die sich auf Curricula, aber auch auf Lehrerhandeln bezieht.

Curricula sind immer auch Ausdruck politischer Interessen, Machtverhältnisse und gesellschaftlicher Selbstverständnisse (Steffens 2007, 112.). Curricula und Bildungspläne sind Instrumente einer Regierungspraktik, mit denen gesellschaftliche Diskursdominanz hergestellt werden soll. Immer wieder sind Curricula für die sozialwissenschaftlichen Unterrichtsfächer daher Gegenstand öffentlicher Debatten (z.B. Rahmenrichtlinien Gesellschaftslehre Hessen von 1972).

In den sozialwissenschaftlichen Unterrichtsfächern ist die Einflussnahme von Lobbygruppen auf die (Bildungs-)Politik erheblich. Exemplarisch steht hierfür der vom ZDH in Auftrag gegebene Bildungsplan für die Lehrerbildung für ein Unterrichtsfach „Wirtschaft“, das in Baden-Württemberg von der rot-grünen Landesregierung trotz erheblicher Proteste von Eltern-, Schüler-, Lehrer- und Fachverbänden sowie erheblicher wissenschaftlicher Kritik (Famulla u.a. 2011), auch im Rahmen des Anhörungsverfahrens (iböb), im Bildungsplan ohne substantielle Veränderungen umgesetzt wurde.

Analysiert man jedoch Schulbücher und Unterrichtsmaterialien, dann werden die in die Curricula eingehenden gesellschaftlichen Interessen und Machtverhältnisse selten thematisiert. Den Schülerinnen und Schülern wird im Grunde der politische Diskurs über ihre Lehrinhalte vorenthalten.

Wie können politische, ökonomische und soziale Interessen, die mit Curricula verfolgt werden, im Unterricht thematisiert werden? Eine mögliche Umsetzung wird im Folgenden am Beispiel des „Arbeitskraftunternehmers" aufgezeigt. In vielen Bildungsplänen werden mit Berufsorientierung vor allem Lernziele wie „Selbststeuerung", „Selbstoptimierung", Selbstverantwortung, Flexibilität und Anpassungsfähigkeit verfolgt. Diese Lernziele sind eng mit dem politisch initiierten gesellschaftlichen Wandel seit den 1980er-Jahren verbunden:

> „Die bisherige Absicherung von sozialen und individuellen Risiken durch den Staat soll durch Rahmenbedingungen abgelöst werden, die es dem Einzelnen ermöglichen, Verantwortung für sich und andere zu übernehmen, wobei der Staat den Menschen eine gewisse Grundversorgung und temporäre Nothilfen garantiert. Letztlich geht es in den neuen Leitlinien der Politik um die Aktivierung des Einzelnen zu mehr Verantwortung für sich selbst und andere. Implizit wird das Bild eines eigennützigen ‚Unternehmers' handlungsleitend; wie es sich in der Konzeption des Begriffes ‚Arbeitskraftunternehmer' niederschlägt" (Lutz 2008, 3 f.).

Der Arbeitskraftunternehmer als Idealtyp ist ein Arbeitnehmer, der sich, so Pongratz und Voß (1998), als Unternehmer seiner Arbeitskraft versteht (vgl. Kap. 3). Anhand der Kategorien „Selbstökonomisierung", „Selbstkontrolle" und „Verbetrieblichung des Lebenshintergrundes" wird ein Arbeitnehmer beschrieben, der als strategisch handelnder Akteur Nachfrage für seine Arbeitskraft schaffen muss, indem er durch permanente selbstständige Qualifizierung wettbewerbsfähig bleibt. Die Tätigkeit des Arbeitskraftunternehmers ist geprägt durch Eigenmotivation, Selbstoptimierung, Selbstorganisation und Flexibilität, wodurch sich eine Annäherung der Struktur des Lebens an die Struktur eines Betriebs (Verbetrieblichung) ergibt. Pongratz und Voß sind von der These ausgegangen, dass sich die gesellschaftliche Verfassung von Arbeitskraft ändert. Der bisher dominierende Typus des verberuflichten Arbeitnehmers im fordistischen und tayloristischen System (Normalarbeitsverhältnis, Festanstellung, rigide strukturierte Arbeitsanweisungen) wird ersetzt durch den Arbeitskraftunternehmer, der projektbezogen eingestellt oder beauftragt wird. Obwohl der Arbeitskraftunternehmer sich (noch) nicht in allen Branchen durchgesetzt hat, ist der Typus „Arbeitskraftunternehmer" durch die Diskussion in den Massenmedien oder im Erziehungssystem (Hagedorn/Kölzer 2014, 257, 278) dennoch ein gesellschaftlich relevanter Bezugsrahmen, in dem „der eigene Marktwert, unternehmerische Strategien und ein positiver Bezug zum Arbeitsmarkt als Ideal installiert werden" (Köhler, Barteczeko, Schröder u.a. 2014, 120).

Der Arbeitskraftunternehmer wird in vielen Konzepten der Berufsorientierung als Modell zukünftiger Verfassung von Arbeit normativ gesetzt. Die anvisierte Sozialisation zum Arbeitskraftunternehmer durch Berufsorientierung zeigt sich in Kompetenzbeschreibungen, wie: die Schülerinnen und Schüler sollen durch Berufsorientierung befähigt werden „(...) „langfristig eigenverantwortlich ihre Berufsbiografien zu planen und zu gestalten" (Drever/Kracke 2011, 37). Diesen Kompetenzbeschreibungen entsprechend müsse nach Krzatala und Retzmann die Berufsorientierung als ein lebenslanger und individueller Prozess verstanden werden, den die einzelnen Akteurinnen und Akteure gestalten müssten und der „die Selbstständigkeit, Eigenverantwortung und Persönlichkeitsentwicklung fordere und fördere" (2014, 130). Bei diesem Verständnis von Berufsorientierung wird aber nicht nur die gesellschaftliche Dimension der Berufswahl vernachlässigt oder gar ausgeblendet (z.B. sozial ungleiche Zugänge zu Berufen aufgrund der sozialen Herkunft, der ungleichen Bildungsinfrastruktur in den Regionen oder der Arbeitsmarktlage), sondern die Ökonomisierung der eigenen Biografie zum Bildungsziel (Selbstökonomisierung) erklärt (vgl. Lohr/Nickel 2005, 210).

Im Unterricht kann z.B. das Konzept des Arbeitskraftunternehmers (oder des unternehmerischen Selbst) als Zielbestimmung der Berufsorientierung politisch analysiert und eingeordnet werden, indem nach den Interessen gefragt wird, die hinter seiner Vermittlung stehen, z.B. Berufsorientierung als Instrument der Arbeitsmarktsteuerung, der Propagierung von Leitbildern wie Selbstverantwortung mit der Zielrichtung, die soziale Absicherung zu reduzieren. Es kann z.B. auch diskutiert werden, ob durch die Deregulierung von Arbeitsmärkten tatsächlich Wohlstand und Freiheit für alle entsteht. Hieran anknüpfend kann auch die Frage der Solidarität und des kollektiven Handelns aufgegriffen werden. Die grundsätzliche (und normative) Frage, wie die Akteurinnen und Akteure einander in der Wirtschaft gegenübertreten sollen, als mehr oder weniger isolierte und entsolidarisierte Einzelne oder als Gruppe, die die gemeinsamen Interessen vertritt, kann ebenso thematisiert werden.

Wirtschafts- und gesellschaftstheoretische Paradigmen sind auch in anderen Konzepten der Berufsorientierung vorhanden. Diese können je nach sozial-, wirtschafts- und gesellschaftspolitischem Standpunkt von libertären über sozialdemokratische bis hin zu sozialistischen etc. Positionen reichen. Gemäß dem Charakteristikum der didaktischen Transparenz werden aber die Paradigmen, die Interessen und Machtverhältnisse wie auch die gesellschaftlichen und didaktischen Selbstverständnisse in der sozioökonomischen Bildung sozialwissenschaftlich analysiert, thematisiert und interessenpolitisch hinterfragt.

Sozioökonomische Bildung ist wissenschaftsorientierte Bildung

Berufsorientierende Maßnahmen in der sozioökonomischen Bildung unterliegen auch dem Charakteristikum der Wissenschaftsorientierung, das in der politischen Bildung als didaktisches Prinzip seit Jahrzehnten etabliert ist. Dieses bezieht sich sowohl auf die Auswahl, didaktische Aufarbeitung und Thematisierung von Unterrichtsinhalten als auch auf die verwendeten Lehrlernmethoden und diagnostischen Verfahren.

Wissenschaftsorientierung in der Berufsorientierung bedeutet,

- dass die berufsorientierenden Maßnahmen (Betriebserkundung, Betriebspraktika etc.) und die diagnostischen Verfahren (Berufswahltests, Potentialanalyse etc.) mit wissenschaftlichen Verfahren und unter Hinzunahme der Erkenntnisse der sozial-, bildungs- und fachdidaktischen Forschung im Unterricht ausgewählt, analysiert und reflektiert werden.
- dass in der Weise auf die Wissensformen und Wissensbestände der sozialwissenschaftlichen Bezugsdisziplinen zurückgegriffen wird, in der sie zur Problemanalyse und Bewältigung bildungsrelevanter Probleme beitragen (Hedtke 2014b, 84). Sozioökonomische Bildung eröffnet einen sozialwissenschaftlich integrierten Zugang zur Berufs- und Arbeitswelt.
- dass auch die Grenzen wissenschaftlichen Wissens und der Erkenntnisgewinnung aufgezeigt werden.

Exemplarisch wird nachfolgend am Beispiel von Berufswahltests das Prinzip der Wissenschaftsorientierung in der Berufsorientierung dargestellt. Diese sind mittlerweile Standardinstrumente der schulischen (und außerschulischen) Berufsorientierung. Wissenschaftlich untermauerte Berufswahltests basieren zumeist auf psychologischen Theorien der Berufswahl, z.B. auf entwicklungspsychologischen (z.B. Donald E. Supers Laufbahnpsychologie) oder persönlichkeitspsychologischen Ansätzen. Exemplarisch soll in diesem Beitrag auf den Test „Explorix“ eingegangen werden, bei dem es sich um einen der am meisten verwendeten und bekanntesten Tests handelt, der von vielen Kultusministerien auf ihren Homepages beworben wird. Der von Holland entwickelte Berufswahltest Self-Directed Search (SDS), in deutscher Fassung „Explorix“, basiert auf der

RIASEC-Typologie von Holland aus dem Jahre 1978 (1997). Nach Holland werden die Arbeitszufriedenheit und Laufbahnentwicklung gefördert, wenn eine hohe Kongruenz zwischen den Interessen einer Person und den beruflichen Anforderungen vorliegt. Bei der Berufsorientierung sollten daher die Persönlichkeitstypen – er differenziert derer sechs[2] – mit den beruflichen Interessen in Einklang gebracht werden (Schröder 2015, 85 f.). In vielen Studien werden positive Belege für die von Holland identifizierten Persönlichkeitstypen in der untersuchten, zumeist US-amerikanischen Bevölkerung gefunden (Weinrach/Srebalus 1994, 56). Auch hinsichtlich der Kongruenz zwischen dem Persönlichkeitsstil und der Arbeitszufriedenheit liegen Studien vor, die diese These stützen (Hirschi 2013, 27). Dennoch gibt es auch grundlegende Kritik am RIASEC-Ansatz von Holland und dem hierauf basierenden Berufswahltest Explorix.

- Viele klassische Berufswahltheorien, wie die von Holland, sind auf Einzelpersonen fokussiert (Hirschi 2013, 30). Der Berufswahltest Explorix stellt eine Individualdiagnostik dar. Die sozialen Rahmenbedingungen der Berufswahl, z.B. soziale Beziehungsnetzwerke, Zugangschancen oder soziale Erwartungshaltungen, werden vernachlässigt (ebd., 31).
- Die Testteilnehmenden erhalten bei Explorix eine Vorschlagsliste für Berufe, die mit ihrem Persönlichkeitsstil übereinstimmen sollen. Zu berücksichtigen ist jedoch, dass die Anforderungsprofile vieler Berufe einem Wandel unterliegen. In sozialen Berufen beispielsweise nimmt heute der Bereich „Verwaltung“ einen erheblichen Anteil der Arbeitszeit ein. In medizinischen Berufen werden technische Kompetenzen wichtiger, in technischen Berufen hingegen, z.B. aufgrund der Teamarbeit in Betrieben, soziale Kompetenzen.
- Arbeitszufriedenheit ist nicht nur eine Frage der Passung von Persönlichkeitsstruktur und dem Anforderungsprofil eines Berufsbildes, sondern auch abhängig von gesellschaftlichen, politischen und betrieblichen Bedingungen, die stark von der politischen Regulation und der kollektiven Aktion der Beschäftigten abhängen. So ist z.B., trotz einer sinnstiftenden Beschäftigung, die Arbeitszufriedenheit in der Altenpflege niedrig, weil die Arbeitsabläufe in der Pflege zunehmend standardisiert werden, wenig Zeit für persönliche Zuwendung zu den Gepflegten bleibt, der Beruf schlecht entlohnt wird und der soziale Status niedrig ist.

2 RIASEC ist ein Akronym und steht für die Persönlichkeitstypen von John L. Holland: Realistic: handwerklich-technisch, Investigative: untersuchend-forschend, Artistic: künstlerisch-kreativ, Social: erziehend-pflegend, Enterprising: führend-verkaufend, Conventional: ordnend-verwaltend.

- Selbst wenn man der Diagnostik der Berufswahltests vertraut, setzen diese die Unabhängigkeit und Ehrlichkeit der Testteilnehmenden bei der Testbearbeitung voraus. Hier können aber auch Effekte wie sozial erwünschtes Antwortverhalten greifen, infolgedessen falsche Diagnosen gestellt werden und Beratungsprozesse ihr Ziel verfehlen.

Explorix vernachlässigt zudem, wie die meisten psychologischen Berufswahltests, die sozialen Einflussfaktoren der Berufswahl und trägt teilweise sogar zu einer Verfestigung von Strukturen sozialer Ungleichheit bei:

- Weinrach und Srebalus (1994) zeigen anhand von Rohauswertungen im SDS auf, dass Frauen tendenziell häufiger den Bereichen Social und Artistic zugeordnet werden als den Bereichen Conventional und Realistic. Sie werten dies als eine Diskriminierung von Frauen. Entgegengehalten wird ihnen, dass dieses Ergebnis repräsentativ für die Gesellschaftsstruktur sei. Problematisch ist jedoch, dass junge Frauen so im Beratungsprozess immer wieder in die tendenziell schlechter bezahlten, von Frauen dominierten Berufe (soziale Berufe wie medizinisch-technische Assistenz, Krankenpflege, Heilerziehungspflege oder Dienstleistungsberufe wie das Friseurhandwerk, Einzelhandel etc.) hinein beraten werden. Die geschlechterspezifischen Ungleichheitsstrukturen auf dem Arbeitsmarkt können so verfestigt werden. Zudem können Klischees von biologisch bestimmten „Männer- oder Frauenberufen" tradiert werden, obwohl z.B. der hohe Anteil von Frauen in ingenieurs- und naturwissenschaftlichen Berufen in osteuropäischen Staaten das in Frage stellen.
- Explorix wurde für den deutschsprachigen Markt entwickelt und länderspezifisch angepasst. Problematisch ist dennoch, dass von kulturell homogenen Teilnehmergruppen ausgegangen wird. Internationale Studien deuten jedoch darauf hin, dass es bei der Struktur von Interessen kulturelle Unterschiede gibt, wenn auch aufgrund der eher kleineren Stichproben weiterer Forschungsbedarf besteht. Angesichts multikulturell zusammengesetzter Lerngruppen, aktuell in der Berufsberatung von Geflüchteten, muss dennoch intensiv die Eignung der Test- und Diagnoseinstrumente auf ihre kulturelle Sensibilität überprüft und reflektiert werden.
- Mit Blick auf die soziale und kulturelle Heterogenität der Lerngruppen muss in gleicher Weise überprüft werden, ob einzelne Sozialgruppen durch den Sprachcode, die Auswahl der in den Items abgefragten Inhalte und die verwendeten Testinstrumente Benachteiligungen erfahren (Van de Vijver 1998).

Viele Lernende begeistern sich für Berufswahltests, weil sie sich Rückschlüsse auf ihre Persönlichkeit und Unterstützung bei der beruflichen Orientierung erhoffen. Ihren Wert entfalten die Tests, indem sie Reflexions- und Orientierungsprozesse unterstützen können. In der sozioökonomischen Bildung werden aber auch Berufswahltests dekonstruiert und wissenschaftsorientiert analysiert. Das politische Steuerungspotential und die testdiagnostischen Grenzen werden thematisiert und in ihren Auswirkungen eingeordnet.

Berufsorientierung – Praxistipps

In diesem Kapitel wurde bereits exemplarisch aufgezeigt, wie fachdidaktische Charakteristika der sozioökonomischen Bildung im berufsorientierenden Unterricht umgesetzt werden können. Das erfolgte beim Charakteristikum der „fachdidaktischen Transparenz" am Beispiel des „Arbeitskraftunternehmers". Das Charakteristikum der „Wissenschaftsorientierung" wurde exemplarisch mit Bezugnahme auf den Berufsorientierungstest „Explorix" aufgezeigt.

In den weiterführenden Praxistipps wird der Fokus auf das Charakteristikum der „Subjektorientierung" gelegt.

1. Zukunftswerkstatt und Szenario-Technik

Die Berufswahl ist eine Zukunftsentscheidung, auch wenn sie heute vielfach nicht mehr „endgültig" ist. Dennoch ist die Berufswahl immer noch eine biografisch zentrale Entscheidung, die auch über den sozialen Status eines Individuums in der Gesellschaft entscheidet. Eng hiermit verbunden sind Lebenschancen (z.B. Lebenserwartung, Qualität des finanzierbaren Wohnraums, soziale Beziehungsnetzwerke), Gesundheitsrisiken oder auch politische Partizipationschancen.

In der Vodafone-Studie (2014) haben 46% der befragten Jugendlichen angegeben, dass ihnen die Berufswahl sehr schwer oder schwer fallen würde (S. 24). Berufswahl in einer Arbeitswelt, die durch starke Umbrüche gekennzeichnet ist, ist voraussetzungsreich. Dass die Berufswahl beinahe der Hälfte der Jugendlichen „sehr schwer oder schwer" fällt, verdeutlicht die Ernsthaftigkeit, mit der diese sich mit der Berufswahlentscheidung auseinandersetzen. Wie im Kapitel bereits ausgeführt, versuchen die Jugendlichen, mögliche Entwicklungen im Berufsfeld (z.B. Digitalisierung,Gesundheitsrisiken, Altersarmut) zu antizipieren. Im Unterricht sollte diesen Überlegungen der Jugendlichen Raum gegeben werden, z.B. im Rahmen einer Zukunftswerkstatt zum Thema „Meine berufliche Zukunft – wie möchte ich arbeiten und leben?". Eine Anleitung zur Umsetzung von Zukunftswerkstätten ist kostenfrei abrufbar bei sowi-online.de, das vom Autorenteam „Sozioökonomische Bildung" maßgeblich betreut wird: https://www.sowi-online.de/praxis/methode/zukunftswerkstatt.html_2

Teil der Zukunftswerkstatt ist auch eine Realisierungs- bzw. Umsetzungsphase. In diese Phase kann auch eine Szenario-Technik eingebunden werden. Die Jugendlichen können verschiedene Szenarien zu ihrer beruflichen Zukunft entwickeln und Strategien der Realisierung bzw. Vermeidung aufstellen. Unter sowi-online.de gibt es auch zu dieser Lehrlernmethode eine Anleitung: https://www.sowi-online.de/praxis/methode/szenariotechnik.html.

Zielsetzung der Zukunftswerkstatt und der Szenario-Technik ist es nicht, dass alle beteiligten Jugendlichen mit konkreten Berufswünschen die Lehr-Lern-Methoden abschließen. Die Berufswahl ist kein stringenter Prozess, sondern Berufswünsche werden immer wieder definiert und verworfen. In den Jahrgangsstufen fünf bis zehn kann die Forschung keine zunehmende Entscheidungssicherheit in der Berufspräferenz feststellen. Erst mit 18 Jahren stabilisieren sich die Berufswünsche (vgl. Ratschinski 2009, S. 77).

Die Zukunftswerkstatt und die Szenario-Technik sind aber Lehr-Lern-Methoden, bei denen die Orientierungsbedürfnisse der Jugendlichen in den Mittelpunkt gestellt werden. Grundlegend ist, dass sie die Möglichkeit erhalten, mit anderen Jugendlichen über ihre Wünsche und Ängste zu sprechen und mit diesen gemeinsam individuelle und kollektive Handlungsstrategien zu entwickeln.

2. Befragung/Expertenbefragung

Vor allem bei Jugendlichen, die einen formal niedrigen Schulabschluss anvisieren oder aus sozioökonomisch benachteiligten Herkunftsfamilien stammen, werden Berufswünsche oft als unrealistisch deklariert, z.B. wenn ein Studium Voraussetzung ist.

Auch diese Handlungen manifestieren und reproduzieren die soziale Ungleichheit im Bildungssystem. Alternativ könnten Lehrende diese Wünsche auch ernst nehmen und im Unterricht erörtern. Möglich wäre die Befragung von Betroffenen/Experten, die den Bildungsweg von der Hauptschule an die Hochschule gegangen sind oder die als Arbeiterkind ein Studium aufgenommen haben. Interessierte Jugendliche können auch auf entsprechende Netzwerke verwiesen werden: https://netzwerk.arbeiterkind.de/toro/resource/html#!.

Ein Beispiel für die Befragung von Betroffenen/Expertenbefragungen steht auf: https://sowi-online.de/praxis/methode/leben_ohne_arbeit_befragung_einer_arbeitsloseninitiative.html.

3. Reflexion von Berufsorientierungsmaßnahmen durch schulexterne Institutionen

Die Schule ist nur eine Institution im Feld der Berufsorientierung. Neben der Bundesagentur für Arbeit sind zunehmend auch Unternehmen der Sozial- und Privatwirtschaft in der Berufsorientierung tätig, oft in Kooperation mit Schulen. Die Erfahrungen der Lernenden mit der Berufsberatung externer Institutionen sollte thematisiert werden. Folgende Fragen können erörtert werden:

1. Mit welchen beruflichen Vorstellungen bin ich in das Gespräch gegangen? Welche Berufe wurden mir vorgeschlagen?
2. Wurden meine Wünsche respektiert?
3. Wurde besprochen, wie ich meinen Berufswunsch realisieren kann?
4. Wurde über die Herausforderungen der Realisierung meines Berufswunsches gesprochen?

Fazit: Sozioökonomische Berufsorientierung

Das Konzept der Berufsorientierung in der sozioökonomischen Bildung konnte in diesem Beitrag nur in Grundzügen aufgezeigt werden. Der Leitgedanke sollte deutlich geworden sein: Berufsorientierung in der sozioökonomischen Bildung ist in erster Linie den Lernenden verpflichtet und sieht ihre Aufgabe in der sozialwissenschaftlichen Aufklärung als Grundlage von Mündigkeit – auch bei der Berufswahl.

Tipps zum Weiterlesen

Feldhoff, Jürgen/Otto, Karl A./Simoleit, Jürgen/Schott, Claus (1985): Projekt Betriebspraktikum. Berufsorientierung im Problemzusammenhang von Rationalisierung und Humanisierung der Arbeit. Düsseldorf.

Hirschi, Andreas (2013): Berufswahltheorien – Entwicklung und Stand der Diskussion. In: Brüggemann, Tim/Rahn, Sylvia (Hg.): Berufsorientierung. Ein Lehr- und Arbeitsbuch. Münster, S. 27–41.

Hagedorn, Udo/Kölzer, Carolin (2014): Arbeit, Subjekt und Gesellschaft. In: Bundeszentrale für politische Bildung (Hg.): Ökonomie und Gesellschaft. Zwölf Bausteine für die schulische und außerschulische politische Bildung, Bonn, S. 255–282.

REINHOLD HEDTKE

14 Märkte in der sozioökonomischen Bildung

Was ist die didaktische Herausforderung?[1]

Märkte, die für Jugendliche lebensweltliche Relevanz haben, sind meist kommunikativ aufgeladen, fokussieren sich auf die *symbolische* Qualität der dort gehandelten Güter und sind über Bezugsgruppen und Kommunikation sozial eingebettet. Dafür bieten Mode-, Musik-, Spiele-, Sport- und Unterhaltungselektronikmärkte einschlägige Beispiele. Die üblicherweise präsentierten Marktmodelle ignorieren die kommunikative, qualitative, soziale und subjektive Dimension von Märkten und konzentrieren sich meist auf den Preismechanismus. Das Lernen von derart selektiven Modellen verfehlt wesentliche Charakteristika moderner Volkswirtschaften, da deren Märkte stark von Kommunikation geprägt sind, auf vielfältigen sozialen Voraussetzungen aufbauen und aus der Kooperation ganz unterschiedlicher Akteure hervorgehen (vgl. Kap. 12).

Damit stellt sich als erste Herausforderung das Problem des Realitätsbezugs von Marktmodellen und damit ihrer Relevanz für die Lernenden. In den üblichen mikroökonomischen Modellen, die sich auch in den Schulbüchern finden, geht es im Wesentlichen um zwei Akteurstypen (Anbieter und Nachfrager), um Gütermengen (Angebot und Nachfrage) und daraus resultierende Preise. In der Lebenswelt von jugendlichen (und anderen) Konsumenten und auf „ihren" Konsumgütermärkten geht es aber vor allem um Kommunikation über und durch Güter, um ihre stark ausdifferenzierte, oft unbestimmte und kommunikativ definierte Qualität sowie um die Wechselwirkungen zwischen Gütern, Identität und sozialer Inklusion. Nicht zuletzt steht die symbolische und soziale Wirkung, die man durch Besitzen, Zeigen und Nutzen eines bestimmten Konsumguts auf andere Personen aus seinen Bezugsgruppen erzielt, im Zentrum des Interesses. All das wird von den herkömmlichen Modellen ignoriert, die nur die zweipoli-

1 In diesem Kapitel greife ich zum Teil auch auf Hedtke 2019, 164 ff., 2014c und 2018a zurück.

ge Anbieter-Nachfrager-Beziehung berücksichtigen, welche allein vom Marktpreis abhängt, weil die Güterqualität objektiv eindeutig gegeben ist.

Die zweite Herausforderung resultiert aus der realitätsverändernden, sozialkonstruktiven Wirkung von Modellen. Reale Märkte sind untereinander verschieden. Unterschiedliche *Sichtweisen* auf reale Märkte (Marktmodelle) bringen diese Unterschiedlichkeit hervor, indem Akteurinnen und Akteure ihr Verständnis und Handeln auf einem Markt an einem gemeinsamen Marktmodell orientieren, auf anderen Märkten aber an anderen, davon abweichenden Modellen. Die didaktische Herausforderung für sozio-ökonomische Bildung besteht darüber hinaus darin, dass das Vertrauen in die Repräsentation der Realität durch ein bestimmtes Marktmodell nicht nur die Weltsicht der Lernenden (mit) prägt, sondern auch ihr privates und politisches Handeln berührt.

Welche didaktischen Zugänge bieten sich an?

Eine auf Aufklärung und Selbstbestimmung zielende Bildung muss diese Zusammenhänge thematisieren, systematisieren und reflektieren. Deshalb greift die sozioökonomische Bildung den wissenschaftlichen Diskussionsstand zum Inhaltskomplex „Markt und Märkte" auf und wählt Zugänge für den Unterricht, die den sozioökonomiedidaktischen Prinzipien der Pluralität und Interdisziplinarität entsprechen (vgl. Kap. 3).

Übersicht 13: Dreimal Markt

	Neoklassik	Institutionalismus	Konventionenökonomie
Markt als …	natürliches Phänomen	Organisation und Netzwerk	Kooperation und Situation
Entstehung durch …	Wettbewerb individueller Akteurinnen und Akteure	soziale Beziehungen und Einbettung	gemeinsame Interpretation von Gütern und Werten
Koordination durch …	Preismechanismus	Marktmacher, Regeln, Preise	gemeinsame Definition der Situation
Zielzustand	Gleichgewicht von Angebot und Nachfrage	Stabilität für Marktakteurinnen und -akteure	Handlungsfähigkeit durch kollektive Reduktion von Ungewissheit
Verhältnis von Markt zu Gesellschaft	Autonomie des Marktes	Einbettung der Märkte	Märkte als Produkt

Quelle: Eigene Darstellung

Bislang finden zwei Perspektiven auf den Markt innerhalb des Mainstreams der Wirtschaftswissenschaften besondere Beachtung (vgl. zum Folgenden Jäger/Springler 2013, 108 ff.; vgl. Übersicht 13). Da ist zum einen das mikroökonomische Marktmodell der Neoklassik, das den Markt mit Wettbewerb gleichsetzt und als einen natürlichen Mechanismus der freien Preisbildung mit einer Tendenz zum Gleichgewichtspreis und dadurch zur effizienten Güterallokation definiert. Zum anderen gibt es das keynesianisch geprägte makroökonomische Marktmodell, in dem der Markt das gesellschaftlich erwünschte Gleichgewicht nicht hervorbringt. Insbesondere auf dem Arbeitsmarkt kommt es zu einem dauerhaften Unterbeschäftigungsgleichgewicht, das nur durch antizyklische Fiskalpolitik von Seiten des Staates überwunden werden kann. Das Modell der Neoklassik ist im Grundsatz marktoptimistisch, wohingegen das keynesianische Modell als marktskeptisch bezeichnet werden kann.

Diesen konventionellen Zugängen aus der Volkswirtschaftslehre stehen andere Ansätze gegenüber – oder jedenfalls zur Seite (vgl. Kap. 7). So etwa sieht die transdisziplinäre Politische Ökonomie u.a. Machtverhältnisse als wesentliches Element von Märkten an, beschreibt diese als Mechanismen der Produktion gesellschaftlicher Ungleichheit und analysiert die Deregulierung von Märkten – insbesondere von Finanzmärkten – als eine Strategie der Machtverschiebung zugunsten von Kapitaleigentümern und zulasten des Staates und der Politik, insbesondere zulasten von Parlamenten, Regierungen und Regulierungsinstanzen wie die Banken- und Finanzaufsicht (Jäger/Springler 2013, 137 ff.).

Die Neue Wirtschaftssoziologie und Teile der Neuen Institutionenökonomik verstehen einen Markt im Gegensatz zur Neoklassik als höchst voraussetzungsvolle und relativ dauerhafte *gesellschaftliche* Einrichtung (Institution), als „soziales Netzwerk sozialer Beziehungen zwischen Einzelpersonen, die potentielle Käufer und Verkäufer sind und in vertikalen oder horizontalen Geschäftsbeziehungen stehen können“ (zit. Richter/Furubotn 2010, 329; Swedberg 2009, 155, Fligstein 2011, 42). Märkte sind danach sozial konstruierte Räume für Produktion und Tausch. Aus dieser institutionalistischen Perspektive kommt es auf Märkten darauf an, wie das Handeln der Akteurinnen und Akteure durch formelle und informelle soziale Regeln, durch dauerhafte Überzeugungen und etablierte Ordnungen sowie durch gemeinsame Qualitätsvorstellungen und anerkannte Praktiken gesteuert und koordiniert wird.

Seit einiger Zeit gewinnt ein kommunikatives Marktmodell an Beachtung und Bedeutung. Demnach sind Märkte Einrichtungen, die die Präferenzen, Erwartungen, Entscheidungen und Handlungen der Akteurinnen und Akteure sowie die dort relevanten Güter und Dienstleistungen mittels sozialer Kommunikation erst hervorbringen (vgl. Kap. 12). In der Forschungstradition der Ökonomie der Konventionen entstehen Märkte durch die Kooperation von Akteurinnen und Akteuren, die eine gemeinsam getragene Interpretation der Güter und des Marktes bewerkstelligen und aufrechterhalten (vgl. Diaz-Bone 2018, 197 ff.). Das Modell von Märkten als Kommunikationsarenen steht in größtmöglichem Gegensatz zum neoklassischen Modell des Marktes als „kalkulierender Maschine" (McCloskey 2015, 140).

Mit dem Keynesianismus und der Neuen Institutionenökonomik teilt die Wirtschaftssoziologie die Problemdiagnose, dass sich Akteurinnen und Akteure auf Märkten in einer Situation struktureller Ungewissheit befinden. Diese betrifft vor allem den Wert der Tauschobjekte, die Dynamik des Wettbewerbs und die Kooperationsbereitschaft potenzieller Tauschpartner. Unter diesen Bedingungen ist die Kalkulation von Wahrscheinlichkeiten unmöglich. Diese Unberechenbarkeit macht den zweckrational berechnenden Marktakteur entscheidungs- und handlungsunfähig. Unterstrichen wird dieser Befund durch Forschungsergebnisse der Wirtschaftspsychologie (heute oft Verhaltensökonomik genannt), nach denen Akteurinnen und Akteure nur selten zu rational kalkulierenden Entscheidungen fähig sind (Ariely 2008; Kahneman 2012).

Dennoch kommt es tatsächlich zu unzähligen Tauschhandlungen auf Märkten. Wirtschaftssoziologinnen und -soziologen sehen den Hauptgrund dafür darin, dass Markthandlungen sozial eingebettet sind und sich dadurch stabile Strukturen entwickeln, an denen sich verschiedene Akteurinnen und Akteure orientieren (können) und so ihrerseits zur Stabilisierung beitragen. Zu den stabilisierenden sozialen Phänomenen zählen sie Netzwerke, Normen oder formale Institutionen wie Unternehmensformen, Wettbewerbsrecht oder Lohnarbeit, branchen- oder marktspezifische Qualitätsstandards, Reputationsordnungen oder Handelspraktiken sowie material-soziale Phänomene wie Kommunikationstechnologien, Kalkulationssoftware, Vergleichsportale im Internet oder die Ordnung der Warenpräsentation in SB-Warenhäusern und Onlineshops.

Die historische Perspektive gehört zwingend zur sozioökonomischen Bildung (Prinzip der Historizität; vgl. Fridrich u.a. 2018). Nur wenn man sie einnimmt, wird deutlich, dass durch Märkte gesteuerte Wirtschaftssysteme im 19. Jahrhundert entstehen konnten, weil staatliche Regulierungen und Infrastrukturleistungen wie das Eigentums- und Unternehmensrecht, Standardisierungen, Berufsausbildung oder Verkehrssysteme die Voraussetzungen dafür erst herstellten (z.B. Fligstein 2011, 39 ff.).

Die Innovationsgeschichte des Kapitalismus zeigt, dass oft der Staat am Anfang vieler radikaler Innovationen stand und dass er mit frühen und teuren Investitionen die Kosten und Risiken für diese getragen hat, nicht die Unternehmen (Mazzucato 2014, 13 ff.). So gibt es beispielsweise das iPhone von Apple nur, weil es voller staatlich finanzierter Technologien wie Internet, GPS, Touchscreen und SIRI, der sprachgesteuerten Assistentin, steckt, für deren Nutzung das Unternehmen keine Lizenzgebühren an den Staat entrichten muss (dem es im Übrigen auch nur sehr wenig Steuern zahlt; Mazzucato 2014, 115 ff.).

Insofern entstehen und bestehen Marktwirtschaften und Märkte als Systeme, die vom Staat nicht nur gefordert und gefördert, sondern auch gestützt und gesichert werden. In dieser Perspektive springt der Staat nicht nur im Falle von Marktversagen ein, sondern übernimmt überdies die Funktion der aktiven Marktschaffung und -gestaltung (Mazzucato/Semieniuk 2017, 42 f.). Eine klare Trennung von Markt und Staat wird daher schwierig.

Schließlich passt das sozioökonomiedidaktische Prinzip der Subjektorientierung bestens zum Lerngegenstand Märkte (vgl. Kap. 3 und 11). Kinder und Jugendliche verfügen meist über vielfältige Erfahrungen mit Marktphänomenen (vgl. Kap. 8). In Form von selbst erlebtem und beobachtetem Kaufen, Sparen, Jobben und Verkaufen bewegen sie sich im Erfahrungsraum „Markt“, der sich mit ihren Erfahrungsräumen Konsum, Geld und Arbeit verbindet. Sie agieren in Marktfeldern, die durch je spezifische „Logiken“ gekennzeichnet sind, man denke etwa an Märkte für Nahrungsmittel, Getränke, Kleidung, Sport, Medien oder Musik.

Marktkommunikation durchdringt den jugendlichen Alltag, sei es auf stationären oder virtuellen Märkten, und die Jugendlichen selbst agieren laufend als Marktkommunikatoren. Das betrifft insbesondere die sozialen Kontexte des Konsums, die den Konsummärkten vor- und nachgelagert sind.

Nicht zuletzt machen Kinder und Jugendliche mit Blick auf ihnen zugängliche Märkte die Erfahrung von sozioökonomischer Ungleichheit, die sich in der kaufkraftbedingten Zugänglichkeit von Gütern, in der Verteilung von marktbezogenen Chancen und Risiken sowie in unterschiedlichen Konsumpräferenzen ausdrückt. Dies gilt im Großen und Ganzen für Konsumgütermärkte, Ausbildungsplatzmärkte, Arbeitsmärkte und Wohnungsmärkte insgesamt.

Welche Hindernisse und Kontroversen sind zu bewältigen?

Bereits dieser kursorische, zwangsläufig unvollständige Blick auf Märkte lässt erkennen, dass das sozialwissenschaftliche Wissen über Märkte zahlreiche Kontroversen enthält.

In Lehrplänen und in Schulbüchern kommen die genannten Kontroversen dagegen eher selten vor, beschränken sie sich doch zumeist auf das neoklassisch-mikroökonomische Marktmodell, ohne diese Selektivität wissenschaftlich zu begründen. Auch die wirtschaftswissenschaftliche Ausbildung von Lehrkräften an Hochschulen verfehlt meist die Pluralität der Marktbegriffe und -modelle (Beckenbach u.a. 2016). Die Hindernisse für einen wissenschaftsorientierten Unterricht sind also gewissermaßen institutionalisiert. Deshalb verlangt ihre Überwindung von der Lehrkraft ein „Denken gegen den Strich“ und eine eigenständige, mithin zeitaufwändige Materialsuche.

In der sozioökonomischen Bildung reicht es also nicht, lediglich die Grundzüge des neoklassischen und des keynesianischen Marktmodells aufzugreifen. Dagegen sprechen gleich mehrere sozioökonomiedidaktische Prinzipien: Subjektorientierung in Form des Lebensweltbezugs, Wissenschaftsorientierung in Form des Pluralismus sowie Sozialwissenschaftlichkeit und Interdisziplinarität in Form disziplinübergreifender Konzepte (im vorliegenden Fall für „den“ Markt).

Wie man diese Anforderungen für das Beispiel Markt angemessen in eine erste Rahmenplanung für Unterricht umsetzen kann, illustriert die folgende curriculare Skizze, die auch für die schulinterne Lehr-Lern-Planung als Grundlage genutzt werden kann.

Ein konkretes Beispiel: Das Inhaltsfeld „Markt und Preis“

Für die sozioökonomische Bildung in der Sekundarstufe I wurde jüngst ein curriculares Konzept veröffentlicht, das Sozioökonomische Curriculum (Hedtke 2018a). Dort sollen die Schülerinnen und Schüler im Inhaltsfeld „Markt und Preis“ den Markt als Institution sowie eine kleine Auswahl aus der Vielzahl organisierter Märkte und diverser Formen der Preisbildung kennenlernen. Sie sehen, dass viele Akteurinnen und Akteure in Werbeagenturen, Handelsvertretungen, Groß- und Einzelhandel sowie Verkäuferinnen und Verkäufer im direkten Kundenkontakt zwischen Angebot und Nachfrage vermitteln und beide aufeinander abzustimmen versuchen. Daran kann man zeigen, wie und durch wen ein erheblicher Teil der wirtschaftlichen Tauschaktivitäten in modernen Wirtschaften trotz hoher Unsicherheit und extremer Komplexität relativ reibungslos koordiniert wird. Dabei geht es um den freien, wechselseitig vorteilhaften Tausch auf Märkten sowie um machtgeprägte Tauschverhältnisse. Exemplarisch stehen einzelne Aspekte der Leistungsfähigkeit und der Schwächen von Märkten als Koordinationsmechanismen neben Gemeinschaft und Hierarchie zur Diskussion. Bei den pluralen Zugriffen bringen das die Pole „marktliche Selbststeuerung" und „Marktversagen" zum Ausdruck.

Empirische Exempel zeigen, dass sich Kooperation und Konkurrenz auf Märkten in vielfältigen Mustern mischen – nicht nur und vor allem zwischen Anbieterinnen und Anbietern, sondern auch zwischen Politik (Regierung, Parlament, Nichtregierungsorganisationen), Behörden, Unternehmen und ihren Verbänden sowie anderen Anspruchsgruppen wie Gewerkschaften oder Verbrauchern. Damit stellt sich die kontroverse Frage, wer auf Märkten mit wem wie und wie stark kooperieren kann respektive soll und wie eine angemessene Mischung von Kooperation und Konkurrenz ausfällt.

Märkte für sehr investitionsintensive Produkte mit hohen Markteintrittsschwellen (vgl. Großchemie, Automobilindustrie oder Luftverkehrsbranche) belegen beispielhaft, dass gleiche Wettbewerbsbedingungen nicht der reale Regelfall und oft nur schwer herzustellen sind. Politisch finden etablierte „nationale" Anbieter auf Märkten nicht selten Schutz gegenüber Wettbewerbern aus dem Ausland. Märkte für Markenprodukte sind für neue Anbieterinnen und Anbieter meist schwer zugänglich. Diese Tatsache unterstreicht die besondere Bedeutung organisierter Kommunikation und anbieterseitiger Steuerung auf modernen Märkten (z.B. mittels Marketing) und Versuche, diese abzuschwächen (z.B. durch Warentests oder Konsumentenbildung).

An einem Beispiel aus einem Markt für Mode oder Unterhaltungselektronik lässt sich entlang der Erfahrungen der Lernenden herausarbeiten, dass Märkte Knappheit sowohl reduzieren als auch systematisch hervorbringen. Einerseits bedienen die Anbieterinnen und Anbieter Bedürfnisse durch den Verkauf von Gütern und Dienstleistungen, andererseits sorgen sie zugleich dafür, dass immer neue Bedürfnisse hinzukommen, indem sie vorhandene Produkte variieren, neue Produkte erfinden und dies mit erheblichem Aufwand an Konsumentinnen und Konsumenten kommunizieren. Weil diese konsumerfahren sind und laufend über Konsum kommunizieren, erkennen sie zum Beispiel leicht, welche Schuhmarke oder welches Smartphone von gestern ist (relative, vor allem psychologische Obsoleszenz). Die immer kürzeren Produktzyklen in der Modebranche und der Kommunikationselektronik sind Paradebeispiele dafür, auch weil der Besitz voll funktionsfähiger, aber „veralteter" Produkte öffentlich für jedermann sichtbar ist. Das deutet darauf hin, dass es auch und vor allem die sozialen Konsumpraktiken sind, die die Obsoleszenz von vorhandenen Produkten und den Wunsch nach dem Besitz von neuen hervorbringen (Jäger-Erben/Hipp 2018). Vor diesem Hintergrund verwandeln sich bislang erfüllte Bedürfnisse fortlaufend in nun wieder unerfüllte Bedürfnisse zurück mit der Folge, dass die individuell erlebte Knappheit bleibt oder zunimmt. Das gilt auch für die kollektive Knappheit, wenn man an den materiellen Ressourcenverbrauch für die Produktion denkt.

Das Inhaltsfeld „Markt und Preis" enthält auch die sozialwissenschaftlichen Konzepte, mit denen die Lernenden die wirtschaftliche und gesellschaftliche Bedeutung von Märkten analysieren, Tendenzen und Politiken der Vermarktlichung sowie die persönliche Marktteilnahme zwischen Option und Zwang herausarbeiten und reflektieren können. Vermarktlichung heißt beispielsweise im Bildungsbereich, dass etwa Kindergärten oder Schulen als Anbietende verstanden werden, die ihre Plätze nicht nach bildungspolitischen und pädagogischen Kriterien, sondern nach Angebot und Nachfrage vergeben. Die Eltern können frei wählen, die Schulen auch, das schafft einen Bildungsmarkt. Weniger konkurrenzfähige Einrichtungen erhalten weniger Finanzmittel und letztlich müssen diejenigen, die nicht wenigstens kostendeckend arbeiten, den Markt verlassen und schließen.

Wenn es unterschiedliche Marktkonzepte, die bildungsrelevant sind, gibt, stellt sich die Frage, mit welchen Verfahrensweisen die Lernenden sich diese erschließen können (vgl. Kap. 9). Das kann man exemplarisch an zwei Unterrichtsbeispielen zeigen.

Erstes Unterrichtsbeispiel: Analyse der Beziehung von Marktbildern in Schulbüchern zur Marktrealität (Methodenkritik).

Schulbücher und andere Lehr-Lern-Materialien zum Inhaltskomplex „Markt" arbeiten oft mit Bildern, die sozioökonomische Realitäten repräsentieren sollen, so etwa mit Fotos von Märkten. Aber die soziale Welt wird durch Bilder „nicht nur repräsentiert, sondern auch konstituiert" (Bohnsack 2014, 869), Bilder im Unterricht wirken deshalb realitätskonstituierend und sie leiten das Denken und Handeln. Dieses Phänomen bedarf einer methodenkritischen Reflexion durch die Lernenden am konkreten Beispiel. So repräsentieren etwa die beliebten Fotos von Wochenmärkten das äußere Bild eines verschwindend geringen Teils des hiesigen Einzelhandels. Demgegenüber kann man den tatsächlichen marktlichen Erfahrungsraum der Lernenden von ihnen selbst empirisch erheben lassen – vermutlich mit dem Ergebnis, dass die wenigsten sich auf Wochenmärkten auch nur einigermaßen auskennen.

Zweites Unterrichtsbeispiel: Kleine Untersuchungen realer Märkte aus unterschiedlichen Perspektiven und deren Vergleich (Multiperspektivität).

Konkrete stationäre und virtuelle Märkte, zu denen Jugendliche einen erfahrungsbasierten Zugang haben, sodass sie diese vergleichsweise einfach beforschen können, sind etwa der Lebensmitteleinzelhandel oder die Märkte für Mode, Unterhaltungselektronik und Gastronomie. Es empfiehlt sich, mit Bezug auf eine Auswahl von zwei bis drei Marktmodellen leitende Untersuchungsfragen für einen solchen erfahrungsnahen Markt zu formulieren, die die Lernenden in nach Modellen getrennter Arbeitsteilung in Richtung konkreter empirischer Erhebungsaufgaben ausarbeiten. Auf jeden Fall sollten sie auch Marktakteurinnen und -akteure selbst befragen.

Die Untersuchungsfragen könnten beispielsweise lauten: Was unterscheidet diesen Markt von anderen Märkten? Wie kann man ihn abgrenzen? Wer bestimmt die Regeln für den Markt? Wer spielt welche Rolle in diesem Markt? Wie ist das Verhältnis zwischen den Akteurinnen und Akteuren auf diesem Markt? Wer ist mächtig, wer hat kaum Einfluss? Wer kommuniziert mit wem? Wer ist unabhängig, wer ist von wem abhängig? Kennen sich auf dem Markt alle mit der Qualität der Waren aus? Bewerten alle die Qualität nach demselben Maßstab? Wer bestimmt die Preise auf dem Markt? Wie oft werden sie geändert? Wie funktioniert die Kommunikation über Waren, Qualitäten und Preise? Woran erkennt man einen guten Markt, woran einen schlechten?

Durch die Arbeit mit unterschiedlichen Modellen und deren Vergleich entstehen unterschiedliche, empirisch fundierte Perspektiven auf ein und denselben Markt, die die Lernenden anhand der Präsentationen der Forschungsergebnisse systematisieren und bezüglich ihrer Erklärungskraft bewerten können. Verallgemeinernd können sie so zum einen ein multiperspektivisches Bild eines bestimmten Marktes beschreiben und zum anderen herausarbeiten, dass und was man aus unterschiedlichen Modellperspektiven sehen kann bzw. was nicht. Dieses Projekt lässt sich erweitern, wenn man die dem Markt vorgelagerten Kontexte der jugendlichen Lebenswelten in die empirische Analyse einbezieht und auch dabei die Marktmodelle zunächst voneinander getrennt hält.

Ausblick

Die knappe Skizze über Märkte macht deutlich, dass bereits basale Grundbegriffe der sozialwissenschaftlichen Wirtschaftsforschung plural und inner- sowie interdisziplinär kontrovers sind. Eine wissenschaftsorientierte, der Pluralität im Denken verpflichtete sozioökonomische Bildung trägt der Multiperspektivität deshalb von Anfang an Rechnung. Die empirische Arbeit in kleinen, für die Lernenden umsetzbaren und beherrschbaren Forschungsprojekten übt den Perspektivenwechsel nicht nur, sondern macht die Wirkungen unterschiedlicher Perspektiven unmittelbar erfahrbar und damit vergleichsweise leicht thematisierbar.

Tipps zum Weiterlesen

Hedtke, Reinhold (2014): Preis oder Qualität? Wie Märkte entstehen und bestehen. In: Bundeszentrale für politische Bildung (Hg.): Ökonomie und Gesellschaft. Zwölf Bausteine für die schulische und außerschulische politische Bildung. Bonn, S. 141–178.

Herzog, Lisa/Honneth, Axel (Hg.) (2016): Der Wert des Marktes. Ein ökonomisch-philosophischer Diskurs vom 18. Jahrhundert bis zur Gegenwart. 2. Aufl. Berlin.

Jäger, Johannes/Springler, Elisabeth (2013): Ökonomie der internationalen Entwicklung. Eine kritische Einführung in die Volkswirtschaftslehre. Wien, S. 108–156.

CHRISTIAN FRIDRICH

15 Konsum in der sozioökonomischen Bildung

Was ist die didaktische Herausforderung?

Lange bevor Kinder eine Verbraucherbildung in der Schule genießen, werden sie in ihrem Alltag durch Familie, Peers und Unternehmen in ihren Konsumgewohnheiten und -entscheidungen geprägt. Durch die permanente Konfrontation mit Konsumgepflogenheiten, -mustern und -erwartungen bilden junge Menschen frühzeitig individuelle Denk-, Deutungs- und Handlungsmuster sowie Werthaltungen aus. Junge Menschen sind somit von ihren vielfältigen vergangenen Erlebnissen, Erfahrungen und Lernprozessen geprägt (Lahire 2011, 53; vgl. Kap. 8 in diesem Buch). Dass diese nicht dem Zufall überlassen werden, sondern mitunter system(at)ische Beeinflussungsstrategien von Unternehmen dahinter stehen, räumen Marketingexpertinnen und -experten unumwunden ein: „Für Marken, die dauerhafte Lebensbegleiter sein können, gilt es, Kinder schon frühzeitig zu Fans zu machen und sie häufig mit der Marke in Kontakt zu bringen" (Diehl u.a. 2009, 41).

Spätestens in der Primarstufe sollte eine sozioökonomische Bildung mit integrierter Verbraucherbildung damit beginnen, Heranwachsende dazu zu befähigen, mündig mit alltäglichen wirtschaftlichen Herausforderungen umzugehen.[1] Dieser sich bis zum Ende der Sekundarstufe erstreckende Prozess sollte sowohl *emanzipatorisch* sein, weil er zur personalen Selbstbestimmung beitragen soll, als auch *kompensatorisch*, weil (junge) Menschen ihre Konsumhandlungen oft wenig reflektiert vollziehen. Zudem herrscht eine deutlich ausgeprägte Machtasymmetrie zwischen Unternehmen auf der einen Seite, die über mehr oder we-

1 Mündigkeit wird in diesem Kontext primär als Zielvorstellung verstanden, zu der es ein weiter Weg ist und bedeutet hier, sowohl selbstkritisch als auch kritisch gegenüber der (Konsum-)Welt zu sein (Hedtke 2015b, 30). So wird etwa diskutiert, ob es mündige Verbraucherinnen und Verbraucher überhaupt gibt oder ob wir nicht eher „gläserne Verbraucher" (z.B. Bala/Müller 2014a) oder „verletzliche Verbraucher" (z.B. Bala/Müller 2014b) sind bzw. nicht verstärkt „verantwortungsvolle Verbraucher" (z.B. Bala/Schuldzinski 2015) sein sollten.

niger subtile Werbemaßnahmen sowie eine ausgeprägte Marktmacht verfügen, und jungen, meist (noch) unmündigen Konsumentinnen und Konsumenten auf der anderen. Während Unternehmensinteressen systematisch vermittelt werden, agieren Eltern bei Reflexionen des Konsums mit ihren Kindern oft intuitiv (Feil 2003, 95). Diese Asymmetrie gilt besonders in einkommensschwachen, bildungsfernen Haushalten mit manchmal wenig reflektierten und übersteigerten Konsumbedürfnissen sowie geringem Interesse an Themen der Verbraucherbildung (Griese 2008, 56). Nicht wenige junge Menschen sind von Ver- oder Überschuldung betroffen – entweder im Haushalt der Eltern oder nach der eigenen Haushaltsgründung. Wenn Schülerinnen und Schüler selbst armutsgefährdet bzw. armutsbetroffen sind, wird die Ausübung vieler Freizeitaktivitäten stark eingeschränkt, ein Verlust an Lebensqualität spürbar, Ausgrenzung aufgrund von Armut erfahren, und es werden sogar räumliche Segregationstendenzen bei der Nutzung von Orten in der Freizeit deutlich (Einböck u.a. 2015, 11 ff.).

Aufgrund dieser (hier notwendigerweise nur kurz umrissenen) Komplexität des Feldes ist eine ausschließlich auf ökonomische Aspekte abzielende schulische Behandlung des Themas „Konsum“ sowie eine Verkürzung von Konsum auf den Kaufakt und auf einen rein ökonomischen Prozess ohne gesellschaftliche Einbettung daher inadäquat (vgl. Kap. 7). Vielmehr umfasst eine reflektierte Verbraucherbildung neben einer kognitiven insbesondere auch eine Handlungsdimension, wobei es aus sozioökonomischer Perspektive zur Entfaltung von Emanzipation und Partizipation erforderlich ist, auf die Orientierungs-, Urteils- und Handlungsfähigkeit von jungen Menschen zu fokussieren (Haarmann 2014, 208 f.). Unter Beachtung didaktisch-methodischer Perspektiven wie Konflikt- und Problemorientierung, kritische, multiperspektivische, induktive Betrachtung sowie Wert-, Handlungs-, Lebenswelt- und Schülerorientierung ergeben sich daraus folgende drei Dimensionen des Denkens und Handelns in der sozioökonomisch ausgerichteten Verbraucherbildung (Engartner/Heiduk 2015, 340):

- Fragen stellen nach: Bedürfnissen, Motiven, Einflussfaktoren, Handlungs- und Gestaltungsspielräumen, Entscheidungs- und Wertmaßstäben, Konsequenzen, Alternativen.
- Urteil bilden über: eigene Konsumgründe bzw. -verweigerungen, eigene Zustimmung bzw. Ablehnung bzw. Kritik, eigene Konsumentscheidungen anhand von subjektiven Wertmaßstäben.
- Handeln durch: Buykott, Boykott, Exit bzw. Voice, Durchbrechen von Routinen, Verzicht, Sharing- bzw. Repair-Kultur, bewusste Auswahl, Melden von Verstößen, Einholen und Verbreiten von Informationen zum Beispiel auch auf Plattformen und in Blogs.

Welche Spannungsfelder sind zu bewältigen?

Kinder und Jugendliche verfügen über eine in Summe enorme und ständig steigende Kaufkraft: Vier- bis Fünfjährige verfügen in Deutschland durch Taschengeld, Geldgeschenke und Sparguthaben über rund 650 Millionen Euro, Sechs- bis Dreizehnjährige sogar über etwa fünf Milliarden Euro pro Jahr (Dinkelmeyer 2013). Junge Menschen werden von Unternehmen als „primary market" und als „future market" dementsprechend ernst genommen und umworben, wobei Wunscherfüllung, Einkaufen („Shopping") und Konsumieren positiv und lustvoll vermittelt werden. Dabei wird primär auf die emotionale Ebene abgezielt, während die herkömmliche Behandlung dieses Themas im Unterricht meist kognitiv erfolgt (Spannungsfeld 1).

Neben der direkten Kaufkraft verfügen Kinder und Jugendliche über eine indirekte Kaufkraft (Fridrich 2017, 213), mit der sie Kaufentscheidungen ihrer Eltern von geringwertigen Konsumgütern bis hin zu teuren Investitionen (Verstraete 2016, 3) wie z.B. beim Autokauf oder bei der Urlaubsbuchung beeinflussen. Junge Menschen sind jedoch auch durch den Konsum sozialisierte, weil sie von Eltern und Peers frühzeitig im Umgang mit Geld und Verschuldung sowie dem Einkaufen und Nutzen von Gütern beeinflusst werden. Eine große Bedeutung hat dabei die Schaffung von Identität und Gruppenzugehörigkeit durch (Marken-)Produkte. Denn in spätmodernen Gesellschaften verlieren traditionelle identitätsstiftende Institutionen wie Kirche, Gewerkschaft, politische Partei, „klassische" Familie etc. an Bedeutung (Giddens 1990/2015, 20), während Wahlmöglichkeiten und parallel dazu Orientierungslosigkeit sowie Unsicherheit zunehmen. Diese „metaphysische Lücke" (Hübner 2010) kann durch materielle Symbole gefüllt werden. Daher ist Konsum „nicht nur ein passiver Akt, dem Produktion vorausgegangen ist, sondern ein aktiver Prozess des Individuums zur Produktion, Erhaltung, Absicherung und Vertiefung von Identität" (Fridrich 2017, 118). Konsum im Unterricht nur negativ zu behandeln würde dieses Werkzeug zur Identitätsstiftung grundsätzlich in Frage stellen und bei Schülerinnen und Schülern auf Ablehnung stoßen (*Spannungsfeld* 2). Dabei liegt eine wesentliche Herausforderung u.a. darin, konsumierende (junge) Menschen als „Black Box" mit individuellen kognitiven, affektiven, motivationalen und sozialen Ausprägungen in unterschiedlichen Informationsverarbeitungsprozessen zu begreifen (Übersicht 14).

Übersicht 14: Konsumentinnen und Konsumenten als „Black Box"

Umwelt →		„Black Box" →		Handlungen
Marketing-instrumente	**Umwelt-einflüsse**	**Individuelle Aspekte**	**Informations-verarbeitung**	**Optionen von Konsum-handlungen**
Produktpolitik Kontrahie-rungspolitik Distribution Kommunika-tion …	gesellschaft-liche wirtschaftliche politische kulturelle räumliche technische …	Einstellungen Wahrnehmun-gen Deutungen Bedürfnisse Persönlichkeit Motivation Lebensstil …	Informations-suche Alternativen-bewertung Entschluss Beschaffung …	• Beschaffungsart: Tausch, Eigenproduktion oder Kauf • Wahl: Güter, Ort, Zeitpunkt, Menge, Ausgaben • Nutzungsformen • Nachnutzung: Weiter-gabe, Tausch, Verkauf, Lagerung, Entsorgung …

Quelle: modifiziert und erweitert nach Weis 2012, 76

Es geht vielmehr um die unterrichtliche kritische Reflexion von eigenen und fremden Denk- und Handlungsmustern in der Konsumgesellschaft (Fridrich 2018a, 217 ff.), was am Beispiel der Obsoleszenz veranschaulicht werden kann. Mit diesem Begriff ist nicht nur gemeint, dass Unternehmen rasch verschleißende Teile wie Plastikzahnräder in Billigwaschmaschinen einbauen („geplante Obsoleszenz"), sondern auch das geweckte Bedürfnis der Konsumentinnen und Konsumenten nach den immer neuesten Produkten. Damit werden aus der Sicht von Menschen Güter obsolet, deren Nutzungsdauer noch nicht abgelaufen ist. So bieten beispielweise Telekom-Unternehmen ihren Kundinnen und Kunden bei verschiedenen Vertragsformen an, das Smartphone jedes Jahr wegzuwerfen und gratis durch ein neues zu ersetzen. Dieses ständig eingelöste Versprechen des Neuesten und Aktuellsten bei gleichzeitig stark steigendem Ressourcenverbrauch und wachsenden Müllbergen wird ökonomisch effizient eingelöst. Auch das stark lustbetonte Upgraden von Produkten hat – nicht nur – bei vielen jungen Menschen eine stark emotionale Komponente, was eine kritische Bearbeitung im Unterricht nicht eben erleichtern dürfte (*Spannungsfeld* 3).

Neben emotionalen Barrieren bei kognitiv ausgerichteten Lehr-Lern-Designs spielen *Moral* und *Moralisierung* eine große Rolle. Die Frage lautet nicht (nur): Was ist eigentlich „richtiger" Konsum? Zugleich muss folgende Frage gestellt werden: Dürfen wir als Lehrpersonen überhaupt jungen Menschen „anerkannte" Konzepte von Erwachsenen – das Überwältigungsverbot des Beutelsbacher Konsens' beachtend – aufdrängen bzw. überstülpen? *Moral* im Sinne von Werteorientierung, Schärfung der Reflexions- und Urteilsfähigkeit sowie Förderung eines ethisch reflektierten, verantwortungsbewussten, nachhaltigen und politisch motivierten Konsumhandelns ist essenziell (Engartner und Heiduk 2015, 339 ff.), während *Moralisierung* aus mehreren Gründen abzulehnen ist (Fridrich 2017, 143 ff. (*Spannungsfeld* 4)):

- Moralisierung überträgt die Verantwortlichkeit zur Gänze von Staat und Gesellschaft, wo Probleme nicht gelöst werden konnten, auf junge Menschen, wodurch eine Privatisierung der Verantwortung erfolgt.
- Eine „Abstimmung mit dem Einkaufskorb" ist undemokratisch, weil Wohlhabendere leichter auf teurere umweltfreundliche Technologien oder ethischen Konsum umsteigen können als ärmere Menschen (Ermann 2013, 249).
- Moralisierung mit einem schlechten Gewissen wird daher wenig erfolgreich sein, denn „Shopping" und Konsum wird von einer milliardenschweren Werbewirtschaft tagtäglich als etwas Lustvolles, Entlastendes, Identitätsstiftendes, Befreiendes und somit emotional Positives inszeniert. Zudem ist ein ständiges schlechtes Gewissen bei Konsumhandlungen kaum zu ertragen.
- Es ist unklar, was „besserer" oder „richtiger" Konsum ist und wer welche Maßstäbe definieren darf, was rasch zu stark vereinfachenden Richtig-Falsch-Dichotomien, etwa beim Fleischkonsum, führen kann (Bruckner/Kowasch 2018).

Welche didaktischen und thematischen Zugänge bieten sich an?

Konsum ist integraler Bestandteil der ökonomisch geprägten Alltagswelt junger Menschen. Konsum bedeutet jedoch mehr als den Kauf und die Nutzung von Gütern, denn mittels Konsum gestalten Menschen ihre Lebenswelt aktiv mit:

> „Konsum darf nicht auf den Kauf von Marktgütern, will heißen: Kaufentscheidungen und Marktentnahme sowie damit verbundene Formen bürgerschaftlichen Engagements reduziert werden. Vielmehr muss Konsum als mehrphasiger Prozess der Lebensgestaltung mit einer Vielzahl an Handlungsoptionen in jeder Phase verstanden werden, der sämtliche mentalen und physischen Aktivitäten zur Bedürfnisbefriedigung einschließt: von der Bedarfs- und Zielbildung über die Entscheidungen zur Beschaffung, Verwendung und Entsorgung von privaten (Markt-)Gütern, öffentlichen Gütern, Geld und Wissen sowie der Nutzung der Lebenskräfte in der Zeit" (Fridrich u.a. 2014, 325).

Im Folgenden sollen – abgeleitet aus diesem Zitat – einige Aspekte der Auseinandersetzung mit den Themenfeldern „Konsum“ und „Haushalt“ aus einer sozioökonomischen Perspektive skizziert werden (vgl. dazu auch Kowasch u.a. 2018):

– Entgegen der Annahmen des Modells des Homo Oeconomicus streben Menschen prinzipiell nicht ein marktkonformes und durchweg optimiertes Leben an (vgl. die Kritik bei Engartner/Krisanthan 2014, 162 f. und Bögenhold 2015, 17 ff.), sind folglich nicht mit ständiger Nutzenmaximierung beschäftigt (Hellmich 2014, 32; vgl. Kap. 3 in diesem Buch). Menschen visieren gemäß ihren subjektiven Vorstellungen in ihren sozialen Beziehungen eher ein gutes, zufriedenstellendes Leben an (Famulla 2014, 405; Hedtke 2014b, 85). Ein Ausgangspunkt für den Unterricht wäre die Frage, was junge Menschen unter diesem Leben verstehen, welche Bedürfnisse und Interessen sie haben sowie welche Rolle der Konsum in ihrem Leben spielt. Zentral geht es somit um die Frage der Gestaltung der eigenen Lebenslage – und damit letztlich um die Mitgestaltung von Wirtschaft (Fridrich 2018b, 90).
– Eng damit verbunden ist der Haushaltskontext mit Fragen
  (a) der Einkommensbeschaffung durch Erwerbsarbeit mit der daraus resultierenden größeren oder geringeren Kaufkraft,
  (b) der Einkommensverwendung im Zuge individueller Abwägungs- und Entscheidungsprozesse innerhalb des Ein- oder Mehrpersonenhaushalts, was von alltäglichen Einkäufen über die Freizeitgestaltung bis hin zu langfristigen Entscheidungen wie Spar-, Versicherungs- und Vorsorgestrategien reicht,
  (c) der Möglichkeiten und Grenzen des Zeitaufwendens sowohl beim Einkaufen als auch beim Ersetzen von Fertigprodukten durch vermehrte Eigenproduktion beispielsweise bei der Zubereitung von Mahlzeiten sowie
  (d) der Umsetzung verstärkter Eigenproduktion im eigenen Haushalt wie etwa bei Einrichtungsgegenständen des Haushalts, Stromerzeugung mit Solarzellen und der Pflege von Angehörigen (Weber 2008, 157; Fridrich u.a. 2014, 323 f.).
– „Konsum ist ein mehrphasiger und mehrdimensionaler Prozess der Lebensgestaltung“ (Fridrich u.a. 2014, 325). Mehrphasig meint die komplette Konsumabfolge, nämlich (a) die verschiedenen Ausprägungen der Bedürfnisgenerierung, (b) die Entscheidung gegen oder für die Beschaffung bestimmter Güter, (c) die unterschiedlichen Optionen der Beschaffung vom Tausch über die Eigenproduktion bis hin zum Kauf, (d) die vielen Varianten der Weiter-

gabe, des Tauschs, des Verkaufs etc. sowie (e) die Möglichkeiten der Lagerung, der Nachnutzung, des Recyclings oder der Entsorgung.

- Obwohl Konsum meist in lokalen Kontexten stattfindet, haben Konsumhandlungen in unserer stark vernetzten Welt oft Auswirkungen auf in entfernten Regionen arbeitende und/oder lebende Menschen – sei es beim Abbau, beim Transport oder bei der Weiterverarbeitung von Rohstoffen oder aber bei der Produktion, dem Transport, der Nutzung und der Entsorgung von Gütern. Das eigene Konsumhandeln zu reflektieren und daraus Konsequenzen für die Sozial- und Umweltverträglichkeit abzuleiten, erscheint essenziell (Heiduk/Engartner 2016, 23 f.). Nicht Moralisierung (s.o. Spannungsfeld 4) darf das Ziel sein, sondern ein reflektierender und reflektierter Zugang zu Konsumhandlungen sowie die Förderung der Entwicklung zu verantwortungsvollen Wirtschaftsbürgerinnen und -bürgern (Ulrich 2001, 3; Fischer/Zurstrassen 2014b, 21 f.).

Ein konkretes Beispiel

Das folgende Beispiel geht inhaltlich von zwei Ansätzen aus: „Follow the thing" und „Cheaponomics". Das Konzept „Follow the thing" (Cook 2004) basiert auf der Prämisse, Dinge des Alltags – in diesem Beispiel Organgensaft – im Unterricht hinsichtlich ihrer Herkunft, Produktion, Produktionsbedingungen, Ausgangsstoffe sowie generell auf soziale, wirtschaftliche, gesellschaftliche, ökologische und politische Implikationen zu untersuchen (Ermann 2012). Im Ansatz „Cheaponomics" (Carolan 2016) wird deutlich, dass zu niedrige Verkaufspreise keine Kostenwahrheit beinhalten und somit menschliche, tierische und ökologische Ausbeutung auslagern (Brand/Wissen 2017) sowie Einkommensungleichheiten und Machtasymmetrien stabilisiert werden (Carolan 2016, 13 f.).

Eine von vielen Methoden, die es ermöglichen, eigene Interpretationen von Sachverhalten in Kleingruppen zu diskutieren und selbst Schlüsse im Sinne des Eröffnens von Denk- und Handlungsalternativen für das eigene Leben zu ziehen, heißt „Mystery" (vgl. Kap. 9). Bei dieser ergebnisoffenen, kompetenzorientierten und motivierenden Vorgehensweise versuchen die Mitglieder einer kleinen Lerngruppe ungeordnet erscheinende, auf einzelnen Kärtchen befindliche Informationen zu einem Thema zu ordnen und zu strukturieren sowie die eingangs gestellte Leitfrage zu beantworten (Vankan u.a. 2007, 106 ff.).

Das im Folgenden exemplarisch vorgestellte und nach der realen Lebenssituation des Arbeiters Asit auf einer Orangenplantage in Süditalien entwickelte *Mystery* orientiert sich an der Leitfrage: „Warum lebt Asit in einem Slum in

Europa?"[2] Zunächst versuchen die Lernenden die Frage aufgrund ihrer Vermutungen zu beantworten, womit Vorerfahrungen und Alltagsvorstellungen aktiviert werden. Anschließend ordnen die Schülerinnen und Schüler die Info-Kärtchen in einem Wirkungsgefüge an, stellen Beziehungen zwischen den einzelnen Elementen her, halten anschließend ihre individuelle Antwort auf die Leitfrage fest und suchen abschließend einen Bezug zu ihrem (Konsum-)Alltag. Die einzelnen Gruppen präsentieren, vergleichen und diskutieren ihre jeweiligen Ergebnisse im Plenum, wo schließlich deutlich wird, dass es mehrere Sichtweisen gibt, jedoch eine letztgültige und eindeutige Lösung der Frage nicht existiert. Je nach Schwerpunktsetzung der Interpretation werden nutzen- bzw. gewinnmaximierenden Akteurinnen und Akteuren entlang der Wertschöpfungskette, Gewinnerwartungen der *shareholder*, Erwartungen von niedrigen Preisen durch Konsumentinnen und Konsumenten sowie Nichtbeachtung der Menschenwürde und des Arbeitsrechts auch innerhalb der EU unterschiedliche Bedeutung bei der Antwort zukommen.

Durch dieses Lehr-Lern-Arrangement werden neben sozialen Kompetenzen fachliche (Zusammenhänge und Detailaspekte einschließlich ihrer Bewertung), methodische (Erstellung eines Wirkungsgefüges) und metakognitive (Reflexion der Informationsstrukturierung) Kompetenzen gefördert (Fridrich 2015, 53 ff.). Bei der Diskussion der Alltagsbezüge werden die subjektiven Einschätzungen und Handlungen der Lernenden ernst genommen, wenn der selbst konsumierte oder nicht konsumierte Orangensaft, ebenso wie die eigene Herstellung von Organgensaft im Haushalt oder die Verweigerung des Orangensaftkonsums wegen des hohen Zuckergehalts sowie schließlich die Beachtung oder die Nichtbeachtung von Fairtrade-Säften beim Einkauf in den Fokus des Interesses rückt (Fridrich 2017, 146 f.). Am Beispiel des Organgensafts kann weiterhin generell thematisiert werden, welche Rolle der Konsum im eigenen Leben spielt, welche Arten von Konsum als ethisch angemessen betrachtet werden etc.

2 Diese Frage erscheint auf den ersten Blick nicht mit Konsum und Verbraucherbildung zu tun zu haben, sondern mit menschlichen und gesellschaftlichen Problemen. Im Verlauf des Mysterys wird jedoch klar, dass dieser gesellschaftlich konstituierte Widerspruch bzw. Konflikt *auch* durch individuelle und kollektiv geteilte Konsummuster, realisierte Machtstrukturen entlang der Wertschöpfungskette und Einflüsse von Institutionen wie EU, WTO etc. perpetuiert und verstärkt wird. Der Autor hat bewusst dieses Fallbeispiel gewählt, um die enge Verflochtenheit zwischen Konsum-, Arbeits- und Gesellschaftsökonomie exemplarisch und insbesondere für junge Menschen in schulischen Kontexten herauszuarbeiten.

Werden junge Menschen für diese Themen sensibilisiert, können die Erkenntnisse subjektspezifisch unterschiedlich ausfallen.

Anregungen für die Praxis

Konkrete Anregungen für den Umgang mit Konsum im sozioökonomischen Unterricht finden sich in den beiden vorherigen Abschnitten. Daraus wird ersichtlich, dass Konsum und Verbraucherbildung nicht nur für das Subjekt bei der Gestaltung seiner Lebenslage relevant sind und an den Vorerfahrungen sowie subjektiven Theorien (vgl. Kap. 8) von jungen Menschen angedockt werden soll, sondern auch, dass das Prinzip der inhaltlichen Mehrperspektivität gewinnbringend angewendet werden kann. Denn es lohnt sich, unterschiedliche Interessen, Sichtweisem und Handlungen verschiedener Akteurinnen und Akteure wie etwa Produzierende, Konsumierende, ärmere und reichere Menschen Nachhaltigkeits- und Umweltbewusste etc. zu rekonstruieren und kritisch zu betrachten.

Tipps zum Weiterlesen

Bauman, Zygmunt (2009): Leben als Konsum. Hamburg.

Fridrich, Christian/Hübner, Renate/Hufnagel, Rainer/Jaquemoth, Miriam/Kollmann, Karl/Piorkowsky, Michael-Burkhard/Schneider, Norbert/Tröger, Nina/Wahlen, Stefan (2014): Bamberger Manifest für ein neues Verbraucherverständnis. In: Journal für Verbraucherschutz und Lebensmittelsicherheit, 3/2014, S. 321–326. Web: http://link.springer.com/article/10.1007/s00003-014-0880-1 (Zugriff 11.12.2018).

REINHOLD HEDTKE, GERD-E. FAMULLA

16 Marktwirtschaften in der sozioökonomischen Bildung

In Lehrplänen und Schulbüchern ist sehr häufig die Rede von „der" sozialen Marktwirtschaft, sehr selten von allgemeinen Merkmalen von Marktwirtschaften und von ihren Unterschieden. Diese Schieflage passt weder zur gegenwärtigen Vielfalt der Marktwirtschaften westlicher Industrieländer noch zur Europäisierung und Internationalisierung der marktwirtschaftlichen Institutionen noch zur Komplexität der internationalen wirtschaftlichen Verflechtungen. Im Folgenden stellen wir deshalb den Ansatz „Spielarten des Kapitalismus" vor, der die reale Vielfalt marktwirtschaftlicher Systeme berücksichtigt und typisiert und ein zeitgemäßes Konzept von Marktwirtschaft für den Unterricht anbietet.

Einige didaktische Herausforderungen

Eine *erste* Herausforderung für den Lernprozess betrifft den Konzeptwechsel vom mikroökonomischen Konzept des Einzelmarkts hin zu einer Marktwirtschaft als System, das aus lokal, regional, national, supranational und global vielfältig miteinander verflochtenen Märkten und anderen Institutionen wie Privateigentum, Vertrags- und Steuerrecht, Unternehmensformen, Freihandelszonen, Tarifverträgen oder Verbraucherschutz besteht. Eine Systembetrachtung von Marktwirtschaften und marktwirtschaftlich relevanten Institutionen wird in Lehrplänen, Schulbüchern und Unterricht meist versäumt (zum Begriff von Institutionen vgl. Hedtke 2019, 77 ff.).

Die Öffnung der national verengten Perspektive auf den vermeintlichen Sonderfall der sozialen Marktwirtschaft in Deutschland hin zu einer internationalen Perspektive stellt eine *zweite* Herausforderung dar (vgl. Kap. 7). Man braucht dafür eine analytische Heuristik, die Merkmale beschreibt, mit denen man real existierende und in Kontexten wie dem europäischen Binnenmarkt oder der ökonomischen Globalisierung relevante Typen von Marktwirtschaften systematisch unterscheiden kann. Erst dann ist es auch möglich, die gegenwärtigen wirtschafts- und sozialpolitischen Konfliktlinien in Europa und in seinen

Volkswirtschaften zu verstehen, die sich u.a. in populistischen, nationalistischen und protektionistischen Tendenzen niederschlagen.

Unter den derzeitigen curricularen Bedingungen besteht eine *dritte* Herausforderung darin, Lernenden die Gelegenheit zu geben, sich theoretisch, empirisch und normativ sowie kritisch mit den Institutionen der realen Marktwirtschaft in der Gesellschaft und ihren Alternativen auseinanderzusetzen statt nur eine einzige, normativ fundierte Vorstellung von „der" sozialen Marktwirtschaft kennenzulernen (vgl. Kap. 5). Erst mit Blick auf die Pluralität tatsächlich existierender Marktwirtschaften können Jugendliche Wirtschaftsordnungen „als spezifisches Produkt eines ergebnisoffenen politischen Prozesses" erkennen und „vor dem Hintergrund aktueller und historischer Möglichkeitsperspektiven" beurteilen (Haarmann 2011, 28). Denn dann sehen sie konkrete, bereits verwirklichte Alternativen, sodass sie ihr Denken von der oft propagierten Alternativlosigkeit von marktwirtschaftlich relevanten Institutionen und Politiken befreien können. Das ist eine wesentliche Voraussetzung für eine effektive Partizipation an der politischen Gestaltung und Veränderung von Marktwirtschaften, auch im eigenen sozioökonomischen Interesse.

Modelle und Kern der Marktwirtschaft

In der wirtschaftlichen Realität findet man „die" Marktwirtschaft nicht. Aus einer *ersten*, empirischen und internationalen Perspektive beobachtet man vielmehr eine Mehrzahl von institutionell unterschiedlich ausgestalteten Marktwirtschaften, etwa die US-amerikanische, französische, deutsche oder chinesische Variante von Marktwirtschaft. Dabei unterscheiden sich vor allem die Institutionen der staatlichen Wirtschaftspolitik, der Sozialpolitik (Wohlfahrtsstaat), der Eigentumsverhältnisse (Privat-, Kollektiveigentum; Verteilung des Produktivvermögens) sowie der industriellen Beziehungen (Tarifvertragssystem, Unternehmens- und Betriebsverfassung; Zinn 1992, 16 ff.). Eine *zweite* Blickrichtung nimmt nur die soziale Marktwirtschaft deutschen Typs in den Blick, die dadurch als Einzelfall ohnegleichen erscheint.

Eine *dritte*, typisierende und verallgemeinernde Perspektive legt dagegen inhaltlich fest, *welche* Institutionen *jede* Marktwirtschaft charakterisieren: Anreizstrukturen, die in Form von Wettbewerb und Preisen, Gewinnen und Privateigentum das Verhalten der Individuen steuern, weil diese immer ihren größtmöglichen Vorteil suchen (Stiglitz/Walsh 2010, 30 ff.). Danach entspringt das Gewinnstreben der Motivation des Individuums, es entsteht nicht im System der Marktwirtschaft. Aber die empirische Forschung zeigt zugleich, dass individuelles Handeln vielfältiger motiviert ist als nur durch das Eigeninteresse; Präferenzen und Handlungsweisen werden etwa entscheidend durch das soziale Umfeld und die Information darüber beeinflusst (Ostrom 2010; Akerlof/Kranton 2011).

Eine *vierte* Position unterscheidet Marktwirtschaft und Kapitalismus. Sehr stark vereinfacht bezeichnet Kapitalismus ein Wirtschaftssystem, in dem Unternehmer und Unternehmen die Produktionsmittel (Kapital), die ihnen als Privateigentum gehören, mit Arbeitskräften kombinieren, die sie über den Arbeitsmarkt einwerben, und so Waren herstellen, die sie verkaufen, um Gewinn zu erzielen (Bowles u.a. 2018, 96). Daraus resultiert „die Bedeutung des Profits als die wichtigste Messlatte des Erfolgs und die zentrale Stellung von Akkumulation und Dynamik", d.h. die fortlaufende Anhäufung von Kapital durch die erneute Investition von Teilen des Profits und die daraus entstehenden permanenten Veränderungen bei Gütern, Dienstleistungen, Produktionstechniken und Märkten (Kocka 2017, 555). Insbesondere die Konkurrenz auf Absatzmärkten erzeugt einen systemischen Druck zu grenzenloser Kapitalverwertung durch gesteigertes Wachstum und beschleunigte Innovation. Das System zwingt die Akteurinnen und Akteure gewinnorientiert zu agieren. So gesehen ist die ständige „Umwälzung des Produktionsprozesses" (Karl Marx) mit dem Ziel der Kostensenkung bzw. Gewinnmaximierung nicht in das Belieben des einzelnen Unternehmens bzw. des Managements gestellt. Es muss ständig versuchen, die höchstmögliche Rentabilität zu erwirtschaften, da die Eigentümerinnen und Eigentümer (vor allem Aktienanteile besitzende Pensions- und Investmentfonds) ihm das Kapital entziehen, wenn sie nur eine vergleichsweise niedrige Rentabilität erreichen oder gar Verluste machen (Shareholder-Value-Denken der Kapitaleigentümer; z.B. Young/Hegelich 2003).

Man sieht, dass nicht nur die realen marktwirtschaftlichen Systeme der Länder, sondern auch die theoretischen Modelle von Marktwirtschaft sich deutlich unterscheiden. Aber was macht den Kern einer Marktwirtschaft aus?

Man kann von einer Marktwirtschaft sprechen, wenn ein erheblicher Teil der Koordination der wirtschaftlichen Aktivitäten einer Volkswirtschaft über miteinander verbundene Märkte abgewickelt wird (vgl. Kap. 14). Dazu gehören meist eine große Vielzahl von Güter- und Dienstleistungsmärkten sowie Faktormärkte für Arbeit, Land und Kapital.

Aber auch in einer Marktwirtschaft werden viele wirtschaftliche Aktivitäten nicht über Märkte koordiniert, sondern von privaten Haushalten, Unternehmen und anderen Organisationen, Interessenverbänden, Netzwerken, Genossenschaften, Nichtregierungsorganisationen, Gewerkschaften, Arbeitgeberverbänden, Wirtschaftskammern, Behörden usw. in Zusammenhang gebracht. Die unbezahlte Arbeit von Haushalten, Familien und lokalen Gemeinschaften bildet den Kernbereich der Wirtschaft, der in Industrieländern je nach Schätzung ein Drittel bis zur Hälfte aller wirtschaftlichen Leistungen erbringt (Goodwin u.a. 2015, 38 f.).

Nicht-marktliche Institutionen durchdringen auch die Märkte selbst. So werden beispielsweise Arbeitsmärkte durch Tarifverträge, Arbeitsmarktgesetze, Arbeitsgesetze, Sozial- und Familienrecht, Bildungs- und Berufsbildungssystem oder Geschlechterordnung zu einer institutionellen Ordnung (Beschäftigungssystem), innerhalb derer der Markt *eine* Koordinationsform neben anderen ist (Bosch 2010, 647 ff.). Dort resultieren Löhne und Gehälter als Preise für Arbeitskraft zu einem erheblichen Teil aus Kollektivverhandlungen zwischen Verbänden und nicht aus Marktprozessen (Busemeyer/Iversen 2012, 206 ff.). Ähnliches gilt für Gesundheitsmärkte.

Wer gestaltet und reguliert Marktwirtschaften und einzelne Märkte? In den Ländern der Europäischen Union bestimmt die EU weitgehend über die Politikfelder Binnenmarkt, Währungs-, Geld-, Wettbewerbs-, Verbraucher- und Agrarpolitik, während die Arbeitsmarkt-, Sozial- und Steuerpolitik überwiegend in den Händen der einzelnen Mitgliedsstaaten bleibt (Hartmann 2018, 161, 195 ff.). Die EU-Wirtschaftspolitik tendiert zur Marktliberalisierung und betont Wettbewerb, weitgehende Marktoffenheit, eine relativ passive Rolle des Staates und Deregulierungspolitik (Hoelscher 2012, 187 ff.). Auch die Sozialpolitik der EU orientiert sich eher an einem liberalen Wohlfahrtsstaatsmodell (Hoelscher 2012, 192). Dennoch bestehen die unterschiedlichen Marktwirtschaftstypen weiter. Vor diesem Hintergrund wählen wir den Spielarten-des-Kapitalismus-Ansatz als bevorzugten, nicht aber als einzigen sozialwissenschaftlichen Zugang zu den kapitalistischen Marktwirtschaften im 21. Jahrhundert.

Der Spielarten-des-Kapitalismus-Ansatz

Historisch gesehen gehen Märkte und Marktwirtschaft dem Kapitalismus meist voraus, Marktwirtschaft gab (und gibt) es also auch ohne Kapitalismus. Der Spielarten-Ansatz geht von einem Kontinuum zwischen den beiden Polen „koordinierte Marktwirtschaft" und „liberale Marktwirtschaft" aus, und untersucht, wo man dort reale Volkswirtschaften verorten kann, beispielsweise Deutschland und Österreich auf der einen, die USA und Großbritannien auf der anderen Seite (Höpner 2015, 174). Im Mittelpunkt der Unterscheidungen steht das Verhältnis von Markt und Organisation (Unternehmen, Staat) (Kocka/Merkel 2015,

311). Einen Überblick zur Spielarten-des-Kapitalismus-Forschung findet man bei Martin Schröder sowie bei Peter A. Hall und Martin Höpner (Hall 2006; Höpner 2015; Schröder 2014).

Der Spielarten-des-Kapitalismus-Ansatz sieht in Unternehmen die zentralen wirtschaftlichen Akteure in kapitalistisch-marktwirtschaftlichen Systemen, die wir im Folgenden kurz Marktwirtschaften nennen. Er klassifiziert Volkswirtschaften zunächst nach dem Ausmaß, in dem Unternehmen in der Koordination ihrer Aktivitäten mit anderen Akteurinnen und Akteuren von marktförmigen oder von strategischen Koordinationsformen abhängen (Hall 2006, 185). Liberale Marktwirtschaften regulieren ihre Wirtschaft bevorzugt über den Markt, koordinierte Marktwirtschaften beschränken den Markt zum Zweck der Koordination (Schröder 2014, 75, 94). Die Unterschiede betreffen Unternehmensverfassung, Arbeitsbeziehungen (z.B. Lohnaushandlung), Wirtschaftsverbände, Ausbildungssysteme, Unternehmensfinanzierung und Unternehmenskooperation (Schröder 2014, 19 ff.).

Die Spielarten der Marktwirtschaft gehen mit unterschiedlichen Typen von Sozialpolitik zusammen, vor allem hinsichtlich wohlfahrtsstaatlicher Arrangements für Arbeits- und Kündigungsschutz, Arbeitslosenunterstützung und andere Lohnersatzleistungen sowie Umverteilung (Höpner 2015, 187 ff.).

In der analytischen Unterscheidung von Typen der Marktwirtschaft und des Wohlfahrtsstaats und in der Betrachtung von typischen Kombinationen zwischen beiden liegt eine besondere Stärke des Konzepts für die sozioökonomische Bildung, weil es das Denken von normativen Vorgaben zum Verhältnis von Markt und Staat befreit, die ordoliberalen Ansätze von sozialer Marktwirtschaft üblicherweise transportieren, und zugleich die Pluralität von Marktwirtschaften empirisch belegt.

Selbstverständlich hat jedes Land seine spezifischen Charakteristika (Schröder 2014, 74). Unterhalb der allgemeinen Unterscheidung von „liberal“ gegenüber „koordiniert“ existiert eine Vielzahl unterschiedlicher Institutionen. Diese stellen die Koordination auf unterschiedliche Art und Weise sicher. Die Koordination erfolgt etwa zum einen durch kurzfristige, flexible und ohne längerfristige Bindungen auskommende Interaktionen über Wettbewerbsmärkte, zum anderen durch dauerhaftere und verbindlichere Kooperationsbeziehungen mit Gewerkschaften, Betriebsräten, Kapitalgebern, anderen Unternehmen, Wirtschaftsverbänden, Behörden, Staat und Politik.

Fachdidaktische Zugänge zum Komplex „Marktwirtschaften"

Welche fachdidaktischen Zugänge liegen nahe, um den Komplex „Marktwirtschaften" angemessen zu erschließen?

Zunächst greifen hier die Prinzipien Historizität und Kontextualisierung der sozioökonomischen Bildung (Hedtke 2018a; Fridrich u.a. 2018). Einschlägige Stichworte für eine Kontextualisierung wären beispielsweise Europäisierung, Binnenmarkt und Währungsunion verknüpft mit Machtverlusten der Nationalstaaten gegenüber globalen Konzernen und supranationalen Instanzen. Da die institutionelle Gestalt einer Marktwirtschaft aus historischen Konstellationen, politischen Konflikten und Kontroversen erwächst, verkörpern die Institutionen einer Marktwirtschaft politische Kompromisse und spiegeln Interessenlagen und politisch-ökonomische Machtverhältnisse wider, die auch labil sein können (Busemeyer/Trampusch 2012, 4f.). Die errungenen Kompromisse bleiben teilweise umstritten, so wie etwa der Rückbau des Sozialstaats und die Flexibilisierung der Arbeitsmärkte im Zuge der Agenda 2010 der rot-grünen Bundesregierung.

Gemäß den fachdidaktischen Prinzipien von Kritik und Kontroversität fragt die sozioökonomische Bildung deshalb regelmäßig danach, welche politischen Interessen mit wissenschaftlichen Konzepten und politischen Aussagen über Gestaltung und Regulierung einer Marktwirtschaft verbunden sind (vgl. Kap. 7). Sie berücksichtigt auch, welche sozialen Gruppen und welche Interessenorganisationen über welche Ressourcen in Form von Geld, Macht und Aufmerksamkeit Dritter verfügen, um die institutionellen Regeln so zu beeinflussen, dass sie die Durchsetzung der eigenen Interessen im Markttausch begünstigen.

Mit Historizität, Kontextualisierung, Kritik und Kontroversität wendet man allgemeine sozioökonomiedidaktische Prinzipien auf den Komplex Marktwirtschaft an. Aber welcher konkrete fachliche Zugang eignet sich für diesen Gegenstand? Gegenwärtig dominiert ein wirtschaftsdidaktischer Ansatz, der nur das normative Konzept der deutschen sozialen Marktwirtschaft aufgreift und diese einseitig aus ordoliberaler Perspektive betrachtet (z.B. Schuhen u.a. 2012). Wir schlagen dagegen hier einen Zugang vor, der der Europäisierung und Internationalisierung heutiger Marktwirtschaften und ihrer Institutionen besser gerecht wird: die Unterscheidung von liberalen und koordinierten Marktwirtschaften, die die sozialwissenschaftliche Wirtschaftsforschung seit den 1990er-Jahren unter dem Sammelbegriff „Spielarten" oder „Varianten des Kapitalismus" untersucht (Schröder 2014).

Dieser Ansatz legt ein schlankes, empirisch fundiertes Modell vor und sieht in der Pluralität von Theoriekonzepten einen Vorteil für die Analyse realer Phänomene (Höpner 2015, 191 ff.). Mit ihm können Lernende in Europa oder der übrigen Welt real existierende Marktwirtschaften anhand weniger Merkmale beschreiben, ordnen und vergleichen. Das erschließt ihnen zum einen die Besonderheiten der deutschen Marktwirtschaft, zum anderen entdecken sie transnationale Gemeinsamkeiten von Marktwirtschaften. Zugleich erarbeiten sie sich so Grundlagen für das Verständnis der internationalen Verflechtung der Wirtschaft und der Möglichkeiten und Grenzen von Wirtschaftspolitik.

Dieser Ansatz ist fachdidaktisch weiterführender als die Beschränkung auf die oft praktizierte idealtypische Gegenüberstellung von zentraler Planwirtschaft und freier Marktwirtschaft, die zum Verstehen von realen Marktwirtschaften und den Problemen der Wirtschaftspolitik im 21. Jahrhundert wenig beiträgt (differenzierter bei Rogall 2006, 113 ff.). Das betrifft insbesondere eine pauschale Gegenüberstellung und Konfrontation von Staat und Markt, die der eben erwähnten Typenvielfalt der wirtschaftlichen Koordinations- und Steuerungsformen wie Markt, Hierarchie, Netzwerk, Selbstregulierung und Selbstverwaltung, Verhandlung oder Kooperation nicht gerecht wird.

Schließlich entspricht das hier vorgeschlagene Vorgehen dem Pluralitätsprinzip, weil es *auch* das ordoliberale Konzept von sozialer Marktwirtschaft explizit aufgreift. Das ist schon deshalb unverzichtbar, weil die soziale Marktwirtschaft deutscher Prägung als Integrationsformel und Legitimationsnarrativ seit Jahrzehnten den institutionenpolitischen Diskurs in Deutschland bestimmt (Zinn 1992, 44 ff.). Sie dient als Instrument in wirtschafts- und sozialpolitischen Auseinandersetzungen.

Alles in allem halten wir die „Spielarten des Kapitalismus“ für eine Heuristik, die den Lernenden „powerful knowledge“ in dem Sinne bietet, dass sie sie dazu befähigt, sich alternative und neue Möglichkeiten vorzustellen (Young/Muller 2013, 245), statt sie auf eine ordoliberale Vorstellung von sozialer Marktwirtschaft festzulegen. Als ein Modell von Marktwirtschaften, das transnationale Gemeinsamkeiten und nationale Spezifika verbindet, hat es eine größere Reichweite und Tiefe und enthält zugleich auch Kernelemente von sozialer Marktwirtschaft. Es passt besser zu den Institutionensystemen einer internationalisierten Marktwirtschaft.

Kontroversen und Hindernisse

Es wird kritisiert, dass der Spielarten-des-Kapitalismus-Ansatz zu sehr an westlichen Volkswirtschaften orientiert sei und dabei die insbesondere im Globalen Süden hoch relevante informelle Wirtschaft ignoriere, zu stark auf Markt und Unternehmen fokussiere, Machtverhältnisse, die Rolle des Staates und seiner Regulierungen unterbelichte, zu sehr die Kontinuität betone und den Wandel vernachlässige (Bruff u.a. 2013). Zumindest die letzten beiden Kritikpunkte adressiert die sozioökonomische Bildung im Themenkomplex „Markt" (vgl. Kap. 14).

Die konventionelle Wirtschaftsdidaktik verfolgt einen viel engeren Ansatz. Sie identifiziert sich mit einer bestimmten, normativen Konzeption der deutschen sozialen Marktwirtschaft, die sie den Lernenden vermitteln will, und blendet Kontroversen innerhalb des Ordoliberalismus, alternative Konzeptionen der Wirtschaftswissenschaften sowie soziale Marktwirtschaften in anderen Ländern oft systematisch aus (z.B. Hofmann u.a. 2012, 75 ff.). Damit bleibt sie theoretisch einseitig und empirisch nationalistisch. In diesen Hinsichten ist das Spielarten-Konzept dem ordoliberalen Modell weit überlegen.

Anregungen für die Unterrichtspraxis: Konkrete Beispiele

Die Lehr-Lern-Praxis soll sich am Idealbild forschenden Lernens orientieren (vgl. Kap. 9). Motivation und Engagement der Lernenden werden dadurch geweckt bzw. gefördert. Das kann bei unserem Lerngegenstand auch in binationaler oder internationaler Kooperation von Lerngruppen erfolgen, etwa mit europäischen Partnerschulen. Auch bei eng auf ein abgegrenztes Phänomen beschränkten internationalen Vergleichen von Marktwirtschaften – etwa dem Ausbildungsstellenmarkt – stößt man allerdings auf das Problem der Sprachkompetenz der Lernenden. Bei Deutschland, Österreich und der Schweiz entfällt das zwar, aber sie gehören zur Gruppe der koordinierten Marktwirtschaften, sodass es eher schwerfällt, kontrastierende Fälle zu finden. Diese müssen in der Regel durch deutschsprachige Texte repräsentiert werden.

Für die erfahrungsorientierte Erschließung der horizontalen und vertikalen Verflechtung von Märkten in einer Marktwirtschaft und der für sie relevanten Institutionen bietet sich eine exemplarische Analyse an, die an einem konkreten Markt im Erfahrungsraum der Lernenden ansetzt und von dort aus die Perspektive immer weiter öffnet (vgl. Kap. 8). Beispiele sind horizontale Wechselbeziehungen zwischen Mobilitätsmärkten wie Flug-, Bahn-, Bus- oder Schiffsreisen oder zwischen den Märkten in einer Wirtschaftsregion, etwa im Silicon Valley oder in Ostwestfalen, und die vertikalen Warenketten, die eine Mehrzahl von Märkten vom Rohstoffmarkt bis zum Konsumgütermarkt für das Endprodukt verknüpfen. Zu einer ganzen Reihe von Märkten liegen Unterrichtsskizzen vor, die man als Startpunkt nutzen kann, z.B. für den Kaffeemarkt oder den Orangensaftmarkt (Hedtke 2008, 189ff.; 2014c). Das Konzept globaler Warenketten kann als ein Strukturierungsinstrument dienen.

Als ein empirisches Exempel für die Spielarten-des-Kapitalismus-Heuristik eignet sich die Berufsausbildung (vgl. Kap. 13). Jugendlichen ist der sogenannte Ausbildungs(platz)markt zugänglich, zum einen, weil viele von ihnen sich mit der Berufsausbildung als Zukunftsperspektive auseinandersetzen (müssen), zum anderen, weil die Schulen dazu im Zuge der Berufsorientierung eine Vielfalt von Aktivitäten mit außerschulischen Partnerinnen und Partnern entwickeln. Die ähnlichen Gestalten des Ausbildungsmarktes etwa in Deutschland, Österreich und der Schweiz sind ein Musterbeispiel für die Einbindung einer Institution in eine koordinierte Marktwirtschaft (Busemeyer/Trampusch 2012, 4). Die Lernenden können in kleinen empirischen Studien und anhand von Materialien konkret herausarbeiten, wie Staat, Arbeitgeberverbände und Gewerkschaften gemeinsam Ausbildungsberufe definieren, die Arbeitgeberverbände ihre Mitgliedsunternehmen zur Ausbildung auffordern und wie staatliche Schulen und private Unternehmen in Formen einer dualen Ausbildung kooperieren (Schröder 2014, 35).

Kollektive Systeme der dualen Berufsausbildung sind eng verflochten mit den Arbeitsmarktinstitutionen, die die Löhne und die Lohnunterschiede festlegen, etwa die von Arbeitgeberverbänden und Gewerkschaft zentral ausgehandelten Tarifverträge (Busemeyer/Iversen 2012, 208f.). Hier kann man mit einem fokussierten Vergleich der basalen Institutionen der Lohnfindung in liberalen und koordinierten Marktwirtschaften am Beispiel von zwei Ländern anschließen, z.B. Großbritannien und Deutschland. Ein Schwerpunkt kann auf der Institution Berufserstausbildung und konkreter auf der Ausbildungsvergütung liegen; beides variiert nicht nur nach Ländern, sondern auch nach Branchen. So erhalten im englischen Einzelhandel die Berufsanfänger fast alle ein On-the-job-training im einzelnen Unternehmen, während in Deutschland fast alle einen Ausbildungsberuf im dualen System erlernen. Die Ausbildungsvergütung in Deutschland basiert ganz überwiegend auf Tarifverträgen, also auf zentralen und kollektiven Verhandlungen. Im britischen Einzelhandel wird sie meist marktförmig-dezentral im Einzelbetrieb oder im Unternehmen verhandelt – und die britischen Auszubildenden werden wesentlich besser bezahlt als die deutschen.

Bei allen drei Beispielen kann man binationale oder trinationale Teams von Lernenden in Deutschland und anderen Ländern bilden. Dafür kann man die Möglichkeiten der Kommunikationstechniken und der sogenannten sozialen Medien für Vernetzung, gemeinsame Planung, arbeitsteilige Untersuchung und wechselseitige Präsentation nutzen, die man dort auch veröffentlichen und kommentieren kann. Damit stärkt man zugleich den europäischen Bildungsraum.

Ausblick

Wenn man die beiden Extreme der unübersichtlichen empirischen Vielfalt und der normativen Einseitigkeit in der Auseinandersetzung mit realen Marktwirtschaften vermeiden will, bietet sich der Ansatz „Spielarten des Kapitalismus“ als eine handhabbare Heuristik an. Er repräsentiert die internationale Dimension von Marktwirtschaften und die systematische Diversität von wirtschaftlich relevanten Institutionen und liefert ein differenziertes, empirisch geprüftes Typisierungsinstrument. Die Beschäftigung mit derartigen Modellen und Konzepten entspricht einer anspruchsvollen und zeitgemäßen sozioökonomischen Bildung.

Tipps zum Weiterlesen

Hedtke, Reinhold (2008): Ökonomische Denkweisen. Eine Einführung; Multiperspektivität, Alternativen, Grundlagen. Schwalbach/Ts., S. 183–283.

Schröder, Martin (2014): Varianten des Kapitalismus. Die Unterschiede liberaler und koordinierter Marktwirtschaften. Wiesbaden.

Literaturverzeichnis

Akerlof, George A./Kranton, Rachel E. (2011): Identity Economics. Warum wir ganz anders ticken, als die meisten Ökonomen denken. München.

Akerlof, George A./Shiller, Robert J. (2009): Animal spirits. Wie Wirtschaft wirklich funktioniert. Frankfurt/M.

Alston, Richard M./Kearl, J.R./Vaughan, Michael B. (1992): Is there a Consensus among Economists in the 1990s? American Economic Review 82 (2). Online: http://www.weber.edu/wsu images/AcademicAffairs/ProvostItems/global.pdf (Zugriff: 3.10.2018).

Amos, Karin (2014): Wa(h)re Menschenbildung: oder warum der Bildungsbegriff umstritten und umkämpft ist und bleiben sollte: In: Assmann, Heinz-Dieter/Baasner, Frank/Wertheimer, Jürgen (Hg.): Ware Mensch – Die Ökonomisierung der Welt. Baden-Baden, S. 165–187.

Anbuhl, Matthias (2016): „Kein Anschluss mit diesem Abschluss?“. DGB-Expertise zu den Chancen von Jugendlichen mit Hauptschulabschluss auf dem Ausbildungsstellenmarkt. Eine Analyse anhand der Zahlen der DIHK-Lehrstellenbörse vom 13. Juli 2016 und des Berichts „Bildung in Deutschland 2016“. Online: http://www.dgb.de/themen/++co++f1472caa-523d-11e6 -9331-525400e5a74a (Zugriff: 24.9.2017).

Ariely, Dan (2008): Denken hilft zwar, nützt aber nichts. Warum wir immer wieder unvernünftige Entscheidungen treffen. München.

Arndt, Holger (2013): Methodik des Wirtschaftsunterrichts. Opladen.

Aspers, Patrik (2015): Märkte. Wiesbaden.

Bader, Reinhard (2003): Lernfelder konstruieren – Lernsituationen entwickeln. Eine Handreichung zur Erarbeitung didaktischer Jahresplanungen für die Berufsschule. In: Die berufsbildende Schule, 7–8/2003, S. 210–217.

Baecker, Dirk (2008): Wirtschaft als autonomes Teilsystem. In: Maurer, Andrea (Hg.): Handbuch der Wirtschaftssoziologie. Wiesbaden, S. 109–123.

Baecker, Dirk (2017): Wirtschaft als funktionales Teilsystem. In: Maurer, Andrea (Hg.): Handbuch der Wirtschaftssoziologie. Wiesbaden, S. 163–180.

Bala, Christian/Müller, Klaus (Hg.) (2014a): Der gläserne Verbraucher. Wird Datenschutz zum Verbraucherschutz? Düsseldorf.

Bala, Christian/Müller, Klaus (Hg.) (2014b): Der verletzliche Verbraucher. Die sozialpolitische Dimension der Verbraucherpolitik. Düsseldorf.

Bala, Christian/Schuldzinski, Wolfgang (Hg.) (2015): Der verantwortungsvolle Verbraucher. Aspekte des ethischen, nachhaltigen und politischen Konsums. Düsseldorf.

Bankenverband (2006, 2009, 2012, 2015, 2018): Wirtschaftsverständnis und Finanzkultur. Online: http://schulbank.bankenverband.de/jugendstudie/ (Zugriff: 3.10.2018).

Barner, David/Baron, Andrew Scott (2016): An Introduction to Core Knowledge and Conceptual Change. In: Barner, David/Baron, Andrew Scott (Hg.): Core Knowledge and Conceptual Change. New York, S. 3–8.

Bauer, Thomas (2018): Die Vereindeutigung der Welt. Über den Verlust an Mehrdeutigkeit und Vielfalt. Stuttgart.

Bauman, Zygmunt (2009): Leben als Konsum. Hamburg.

Bauman, Zygmunt (2015, Erstaufl. 1999): Vom Nutzen der Soziologie, Frankfurt/M.

Beck, Klaus/Krumm, Volker (1998): Wirtschaftskundlicher Bildungs-Test (WBT) (in Zusammenarbeit mit Rolf Dubs). Göttingen.

Beck, Ulrich (2002): Macht und Gegenmacht im globalen Zeitalter. Neue weltpolitische Ökonomie. Frankfurt/M.

Beckenbach, Frank/Daskalakis, Maria/Hofmann, David (2016): Zur Pluralität der volkswirtschaftlichen Lehre in Deutschland. Eine empirische Untersuchung des Lehrangebotes in den Grundlagenfächern und der Einstellung der Lehrenden. Weimar/Lahn.

Becker, Gary S. (1993): Der ökonomische Ansatz zur Erklärung menschlichen Verhaltens (Die Einheit der Gesellschaftswissenschaften; Bd. 32). Tübingen.

Beckert, Jens (1997): Grenzen des Marktes. Die sozialen Grundlagen wirtschaftlicher Effizienz. Frankfurt/M.

Beckert, Jens (2007). Die soziale Ordnung von Märkten. In: Beckert, Jens/Diaz-Bone, Rainer/Ganßmann, Heiner (Hg.): Märkte als soziale Strukturen. Frankfurt/M., S. 43–62.

Beckert, Jens (2009): The Social Order of Markets. In: Theory and Society, 3/2009, S. 245–269.

Beckert, Jens/Deutschmann, Christoph (2009): Neue Herausforderungen der Wirtschaftssoziologie. In: Dies. (Hg.): Kölner Zeitschrift für Soziologie und Sozialpsychologie. Sonderheft 49/2009, S. 7–21.

Berti, Anna E./Bombi, Anna S. (1981): The Development of the Concept of Money and Its Value: A Longitudinal Study. In: Child Development, 52/4, S. 1179–1182.

Biesecker, Adelheid/Hofmeister, Sabine (2013): Zur Produktivität des „Reproduktiven". Fürsorgliche Praxis als Element einer Ökonomie der Vorsorge. In: Feministische Studien, 31/2013, S. 240–252.

Biesecker, Adelheid/Kesting, Stefan (2003): Mikroökonomik. Eine Einführung aus sozial-ökologischer Perspektive. München.

Blankertz, Herwig (1975): Bildungstheorie und Ökonomie. In: Kutscha, Günter (Hg.): Ökonomie an Gymnasien. Ziele, Konflikte, Konstruktionen. München, S. 59–72.

Bode, Ingo/Wilke, Felix (2014): Private Vorsorge als Illusion. Rationalitätsprobleme des neuen deutschen Rentenmodells. Frankfurt/M.

Bofinger, Peter (2009): Ist der Markt noch zu retten? Warum wir jetzt einen starken Staat brauchen. Berlin.

Bögenhold, Dieter (2015): Gesellschaft studieren, um Wirtschaft zu verstehen. Plädoyer für eine interdisziplinäre Perspektive. Wiesbaden.

Bognanni, Massimo (2010): Job-Center in der Kritik: Hartz-IV-Schüler fühlen sich zur Ausbildung gedrängt. Online: http://www.spiegel.de/schulspiegel/leben/jobcenter-in-der-kritik-hartz-iv-schueler-fuehlen-sich-zu-ausbildung-gedraengt-a-707608.html (Zugriff: 24.9.2017).

Bohnsack, Ralf (2014): Unbewegte Bilder: Fotografien und Kunstgegenstände. In: Baur, Nina/Blasius, Jörg (Hg.): Handbuch Methoden der empirischen Sozialforschung. Wiesbaden, S. 867–873.

Bokelmann; Hans (1968): Sozialökonomische Bildung an Gymnasien – Perspektiven zur didaktischen Planung und Effektivitätskontrolle. In: Wirtschaft und Höhere Schule. Band 9. Wiesbaden, S. 39–60.

Bosch, Gerhard (2010): Strukturen und Dynamik von Arbeitsmärkten. In: Böhle, Fritz/Voß, G. Günter/Wachtler, Günther (Hg.): Handbuch Arbeitssoziologie. Wiesbaden, S. 643–670.

Boulding, Kenneth E. (1986): What Went Wrong with Economics? In: The American Economist, 1/1986, S. 5–12.

Bowles, Samuel/Edwards, Richard/Roosevelt, Frank/Larudee, Mehrene (2018): Understanding capitalism. Competition, command, and change. New York.

Brakemeier, Heinz/Lisop, Ingrid (1966): Wirtschaftspädagogische Fragen im Oberstufenunterricht des Gymnasiums. In: Seidelmann, Karl/Lorenz, Gerd-Ekkehard (Hg.): Überfachliche Bildungsbereiche im gymnasialen Unterricht. Neuwied, S. 44–65.

Brand, Ulrich/Wissen, Markus (2017): Imperiale Lebensweise. Zur Ausbeutung von Mensch und Natur im globalen Kapitalismus. München.

Bröckling, Ulrich (2007): Das unternehmerische Selbst. Soziologie einer Subjektivierungsform. Frankfurt/M.

Bröckling, Ulrich (2017): Gute Hirten führen sanft. Über Menschenregierungskünste. Berlin.

Bruckner, Heide K./Kowasch, Matthias (2018): Moralizing meat consumption: Bringing food and feeling into education for sustainable development. In: Policy Futures in Education, May/2018, S. 1–20.

Bruff, Ian/Ebenau, Matthias/May, Christian/Nölke, Andreas (Hg.) (2013): Vergleichende Kapitalismusforschung. Stand, Perspektiven, Kritik. Münster.

Büchter, Karin/Christe, Gerhard (2014): Berufsorientierung. Widersprüche und offene Fragen. In: Zeitschrift für Berufspädagogik (bwp@), 1/2014, S. 12–15. Online: https://www.bibb.de/veroeffentlichungen/de/bwp/show/7193 (Zugriff: 19.12.2018).

Bührmann, Andrea (2012): Das unternehmerische Selbst. Subjektivierungsform und Subjektivierungsweise. In: Keller, Reiner/Schneider, Werner/Viehöfer Willy (Hg.): Diskurs – Macht – Subjekt. Theorie und Empirie von Subjektivierung in der Diskursforschung. Wiesbaden, S. 145–164.

Bundesinstitut für Berufsbildung: Berufsorientierung. Online: https://www.bibb.de/de/680.php (Zugriff: 19.12.2018).

Bundesministerium für Bildung und Forschung (2017): Berufsbildungsbericht 2017. Bonn. Online: https://www.bmbf.de/pub/Berufsbildungsbericht_2017.pdf (Zugriff: 11.12.2018).

Bundeszentrale für politische Bildung (Hg.) (2014): Ökonomie und Gesellschaft. Konzipiert von Zurstrassen, Bettina/Lutter, Andreas. Bonn.

Bundeszentrale für politische Bildung (Hg.) (2012): Auch das Berufliche ist politisch. Konzipiert von Zurstrassen, Bettina/Lambertz, Hans-Georg. Bonn.

Bundeszentrale für politische Bildung (fortlaufend): Themenblätter im Unterricht. Online: http://www.bpb.de/shop/lernen/themenblaetter/ (Zugriff 21.1.2019).

Busemeyer, Marius R./Iversen, Torben (2012): Collective Skill Systems, Wage Bargaining, and Labor Market Stratification. In: Busemeyer, Marius R./Trampusch, Christine (Hg.): The political economy of collective skill formation. Oxford, S. 205–233.

Busemeyer, Marius R./Trampusch, Christine (2012): The Comparative Political Economy of Collective Skill Formation. In: dies. (Hg.): The political economy of collective skill formation. Oxford, S. 3–38.

Butler, Judith (1997): Körper von Gewicht. Frankfurt/M.

Calmbach, Marc/Borgstedt, Silke/Borchard, Inga/Thomas, Peter Martin/Flaig, Berthold Bodo (2016): Wie ticken Jugendliche 2016? Lebenswelten von Jugendlichen im Alter von 14 bis 17 Jahren in Deutschland. Wiesbaden.

Carolan, Michael (2016): Cheaponomics. Warum billig zu teuer ist. Bonn.

Claar, Annette (1996): Was kostet die Welt? Wie Kinder lernen, mit Geld umzugehen. Berlin.

Coase, Ronald (1988): The firm, the market and the law. Chicago.

Coase, Ronald (1998): The New Institutional Economics. In: The American Economic Review, 2/1998, S. 72–74.

Cook, Ian (2004): Follow the thing: papaya. In: Antipode, 4/2004, S. 642–664.

Cremer, Will/Schiele, Siegfried (1992): Zum Konsens und zur Kontroversität in der politischen Bildung. In: Breit, Gotthard/Massing, Peter (Hg.): Grundfragen und Praxisprobleme der politischen Bildung. Bonn, S. 135–139.

Dauenhauer, Erich (1997): Kategoriale Wirtschaftsdidaktik. Münchweiler.

DGB (2016): Ausbildungsreport 2016. Online: https://www.dgb.de/presse/++co++b536d92c-6f89-11e6-808e-525400e5a74a (Zugriff: 11.12.2018).

DGB (2018): Ausbildungsreport 2018. Online: http://www.dgb.de/themen/++co++fbe79d1e-ac4c-11e8-84bd-52540088cada (Zugriff: 11.12.2018).

Diaz-Bone, Rainer (2015): Qualitätskonventionen als Diskursordnungen in Märkten. In: Diaz-Bone, Rainer/Krell, Gertraude (Hg.): Diskurs und Ökonomie. Diskursanalytische Perspektiven auf Märkte und Organisationen. Wiesbaden, S. 309–338.

Diaz-Bone, Rainer (2018): Die „Economie des conventions". Grundlagen und Entwicklungen der neuen französischen Wirtschaftssoziologie. 2. Aufl. Wiesbaden.

Diehl, Saskia/Esch, Franz-Rudolf/Gawlowski, Dominika (2009): Markenbindung für das ganze Leben. In: absatzwirtschaft, 12/2009, S. 40–41.

Dinkelmeyer, Nina (2013): Kinder in Deutschland haben so viel Geld wie nie. In: Welt vom 6.8.2013. Online: https://www.welt.de/wirtschaft/article118757061/Kinder-in-Deutschland-haben-so-viel-Geld-wie-nie.html (Zugriff: 11.12.2018).

Dombrowski, Rosine (2015)/bibb (Hg.): Berufswünsche benachteiligter Jugendlicher. Die Konkretisierung der Berufsorientierung gegen Ende der Vollzeitschulpflicht. Bielefeld.

Dreer, Benjamin/Kracke, Bärbel (2011): Wissenschaftliche Fundierung der Berufsorientierung. In: Zeitschrift für Praxis und Theorie in Betrieb und Schule, 131/2011, S. 37–39.

Duit, Reinders (1993): Schülervorstellungen – von Lerndefiziten zu neuen Unterrichtsansätzen. In: NiU-Physik, 16/1993, S. 4–10.

Einböck, Marina/Proyer, Michelle/Fenninger, Erich (2015): Lebensbedingungen und Sichtweisen von Kindern und Jugendlichen in und über Armut. Ergebnisse aus einer Erhebung zu Lebenswelten und Netzwerken armutsbetroffener, armutsgefährdeter und nicht-armutsgefährdeter Kinder und Jugendlicher in zwei österreichischen Regionen. Wien.

Engartner, Tim (2010): Didaktik des Ökonomie- und Politikunterrichts. Paderborn.

Engartner, Tim (2012): Denn wir wissen nicht, was sie tun – oder: Die Wirtschafts- und Finanzmarktkrise 2008 ff. Böckler Schule: Themenheft Finanzkrise. Düsseldorf.

Engartner, Tim (2013): Schlanker Staat, starker Markt – oder: Die Politik der Privatisierung. In: Klug, Christoph/Lutz, Josef/Krusewitz, Knut (Hg.): Perspektiven fortschrittlicher und kritischer Wissenschaft und Kultur. Gelsenkirchen, S. 127–130.

Engartner, Tim (2014a): Pluralismus in der sozialwissenschaftlichen Bildung. Berlin.

Engartner, Tim (2014b): Umwelt- und Sozialsiegel: Wie informativ und glaubwürdig sind sie? Zur Aufhebung von Informationsasymmetrien beim ethischen Konsum von Waren. In: Retzmann, Thomas/Grammes, Tilman (Hg.): Warenethik in der ökonomischen und politischen Bildung. Schwalbach/Ts., S. 21–39.

Engartner, Tim (2015): Auf- statt Verklärung unter dem Dach der politischen Bildung. Aspekte eines integrativen Konzepts sozio-ökonomischer Bildung. In: Spieker, Michael (Hg.): Ökonomische Bildung. Zwischen Pluralismus und Lobbyismus. Schwalbach/Ts., S. 197–224.

Engartner, Tim (2016): Staat im Ausverkauf. Privatisierung in Deutschland. Frankfurt/M.

Engartner, Tim/Heiduk, Nadine (2015): Reflektierter Konsum. Leitlinien einer an ethischen Prinzipien orientierten sozialwissenschaftlichen Konsumbildung. In: GWP – Gesellschaft. Wirtschaft. Politik, 3/2015, S. 335–344.

Engartner, Tim/Krisanthan, Balasundaram (2014): Ökonomische Bildung in Zeiten der Ökonomisierung – oder: Welchen Anforderungen muss sozio-ökonomische Bildung genügen? In: Fischer, Andreas/Zurstrassen, Bettina (Hg.): Sozioökonomische Bildung. Bonn, S. 155–176.

Engartner, Tim/Nölke, Andreas (2015): Fluch oder Segen? Licht und Schatten der Globalisierung. Böckler Schule: Themenheft Globalisierung. Düsseldorf.

Ermann, Ulrich (2012): Follow the Thing! Ein Überblick über einige Geographien der Warenwelt. In: Geograz, 51/2012, S. 6–11.

Ermann, Ulrich (2013): Konsumieren. In: Lossau, Julia/Freytag, Tim/Lippuner, Roland (Hg.): Schlüsselbegriffe der Kultur- und Sozialgeographie. Stuttgart, S. 243–257.

Exploring Economics (2019): Theorieschulen der Ökonomik. Vergleiche die Perspektiven der Theorieschulen der Ökonomik. https://www.exploring-economics.org/de/orientieren/ (Zugriff 21.1.2019).

Falk, Armin (2018): „Ein großer Schatz an spannendem Wissen." Teil 2. In: Die ZEIT Nr. 7 vom 8.2.2018, S. 23.

Famulla, Gerd-E. (2010): Vom Wandel der Arbeit. In: Forum Arbeitslehre, 5/2010, S. 64–80.

Famulla, Gerd-E. (2012): Dritter Bildungsweg. In: May, Hermann/Wiepcke, Claudia (Hg.): Lexikon der ökonomischen Bildung. 8. Aufl. München, S. 185–189.

Famulla, Gerd-E. (2014): Sozio-ökonomische versus ökonomistische Bildung. Zwei Sichtweisen auf die Beiträge der Fachtagung „Was ist Sozioökonomie? Was ist sozio-ökonomische Bildung?" Universität Bielefeld – 28. September 2012. In: Fischer, Andreas/Zurstrassen, Bettina (Hg.): Sozioökonomische Bildung. Bonn, S. 390–410.

Famulla, Gerd-E. (2017): Zum Funktionswandel ökonomischer Bildung – Vom „Homo oeconomicus" zum „unternehmerischen Selbst". Working Paper No 5, Forschungsbereich Didaktik der Sozialwissenschaften (Social Science Education), Fakultät für Soziologie, Universität Bielefeld. Online: https://pub.uni-bielefeld.de/publication/2912128 (Zugriff: 5.2.2018).

Famulla, Gerd-E./Fischer, Andreas/Hedtke, Reinhold/Weber, Birgit/Zurstrassen, Bettina (2011): Bessere ökonomische Bildung: problemorientiert, pluralistisch, multidisziplinär. In: Aus Politik und Zeitgeschichte (APuZ). Themenheft: Ökonomische Bildung. Online: http://www.bpb.de/apuz/33429/bessere-oekonomische-bildung-problemorientiert-pluralistisch-multidisziplinaer?p=all (Zugriff: 11.12.2018).

Feil, Christine (2003): Der Wettbewerb um junge Kunden. Die Kunden von Morgen werden schon heute beworben. In: beziehungsweise, 20/2003, S. 93–95.

Feldhoff, Jürgen/Otto, Karl A./Simoleit, Jürgen/Schott, Claus (1985): Projekt Betriebspraktikum. Berufsorientierung im Problemzusammenhang von Rationalisierung und Humanisierung der Arbeit. Düsseldorf.

Fischer, Andreas (2011): Das Lernfeldkonzept als Forschungsanlass und Diskursthema in der Berufs- und Wirtschaftspädagogik – Leuphana Notizen. In: Kremer, Hans-Hugo/Tramm, Tade (Hg.): bwp@ Spezial 5 – Hochschultage Berufliche Bildung 2011, Fachtagung 19. Online: http://www.bwpat.de/ht2011/ft19/fischer_ft19-ht2011.pdf (Zugriff: 29.1.2018).

Fischer, Andreas/Hahn, Gabriela (Hg.) (2016): Poetry-Slam-Texte als Lehrimpulse. Neue Ideen für den soziökonomischen Unterricht. Bielefeld.

Fischer, Andreas/Zurstrassen, Bettina (Hg.) (2014a): Sozioökonomische Bildung. Schriftenreihe der Bundeszentrale für politische Bildung Nr. 1436, Bonn.

Fischer, Andreas/Zurstrassen, Bettina (2014b): Annäherungen an eine sozioökonomische Bildung. In: Fischer, Andreas/Zurstrassen, Bettina (Hg.): Sozioökonomische Bildung. Bonn, S. 7–31.

Fligstein, Neil (2011): Die Architektur der Märkte. Wiesbaden.

Foucault, Michel (2006): Die Geburt der Biopolitik. Geschichte der Gouvernementalität II. Frankfurt/M.

Frey, Bruno S./Pommerehne, Werner W./Schneider, Friedrich/Gilbert, Guy (1984): Consensus and Dissension among Economists: An Empirical Inquiry. The American Economic Review, December 1984, S. 986–994. Online: http://biblioeconomia.googlepages.com/Frey1984.pdf (Zugriff: 3.10.2018).

Fridrich, Christian (2009): Alltagsvorstellungen von Schüler/inne/n thematisieren und umstrukturieren – gezeigt am Beispiel natürlicher Erdölvorkommen. In: GW-Unterricht 114/2009, S. 17–24.

Fridrich, Christian (2010): Alltagsvorstellungen von Schülern und Konzeptwechsel im GW-Unterricht – Begriff, Bedeutung, Forschungsschwerpunkte, Unterrichtsstrategien. In: Mitteilungen der Österreichischen Geographischen Gesellschaft, Band 152. Wien, S. 304–322.

Fridrich, Christian (2011): Alltagsvorstellungen von Schülern und Erwachsenen im Vergleich. Weiterentwicklung von Präkonzepten im GW-Unterricht. In: Mitteilungen der Österreichischen Geographischen Gesellschaft, Band 153. Wien, S. 221–236.

Fridrich, Christian (2015): Kompetenzorientiertes Lernen mit Mysterys – didaktisches Potenzial und methodische Umsetzung eines ergebnisoffenen Lernarrangements. In: GW-Unterricht, 140/2015, S. 50–62.

Fridrich, Christian (2017): Verbraucherbildung im Rahmen einer umfassenden sozioökonomischen Bildung. Plädoyer für einen kritischen Zugang und für ein erweitertes Verständnis. In: Fridrich, Christian/Hübner, Renate/Kollmann, Karl/Piorkowsky, Michael/Tröger, Nina (Hg.): Abschied vom eindimensionalen Verbraucher. Wiesbaden, S. 113–160.

Fridrich, Christian (2018a): Verankerung und Prinzipien der Verbraucherbildung im Rahmen einer umfassenden sozioökonomischen Bildung in Österreich – Leitlinien für ein Erlebniszentrum zum Thema „Konsum und Konsumieren". In: Nessel, Sebastian/Tröger, Nina/Hübner, Renate/Fridrich, Christian (Hg.): Multiperspektivische Verbraucherforschung. Dimensionen, Ansätze und Perspektiven. Wiesbaden, S. 201–228.

Fridrich, Christian (2018b): Sozioökonomische Bildung an allgemeinbildenden Schulen der Sekundarstufe I und II in Österreich. Entwicklungslinien, Umsetzungspraxis und Plädoyer für das Integrationsfach Geographie und Wirtschaftskunde. In: Engartner, Tim/Fridrich, Christian/Graupe, Silja/Hedtke, Reinhold/Tafner, Georg (Hg.): Sozioökonomische Bildung und Wissenschaft. Entwicklungslinien und Perspektiven. Wiesbaden, S. 81–108.

Fridrich, Christian/Hedtke, Reinhold/Tafner, Georg (Hg.) (2018): Historizität und Sozialität in der sozioökonomischen Bildung. Frankfurt/M.

Fridrich, Christian/Hofmann-Schneller, Maria (2017): Positionspapier „Sozioökonomische Bildung". GW-Unterricht, 145/2017, S. 54–57.

Fridrich, Christian/Hübner, Renate/Hufnagel, Rainer/Jaquemoth, Miriam/Kollmann, Karl/Piorkowsky, Michael-Burkhard/Schneider, Norbert/Tröger, Nina/Wahlen, Stefan (2014): Bamberger Manifest für ein neues Verbraucherverständnis. In: Journal für Verbraucherschutz und Lebensmittelsicherheit, 3/2014, S. 321–326. Online: http://link.springer.com/article/10.1007/s00003-014-0880-1 (Zugriff: 11.12.2018).

Gerding, Jonas/Kutzim, Julian/Struller, Jakob (2014): Tückische Nachhilfe. In: Die Zeit, 16.4.2014.

Gericke, Christina/Liesner, Andrea (2014): Geben und Nehmen auf Augenhöhe? Kooperationen zwischen Schule und Wirtschaft als Herausforderungen der sozioökonomischen Bildung. In: Fischer, Andreas/Zurstrassen, Bettina (Hg.): Sozioökonomische Bildung. Schriftenreihe der Bundeszentrale für politische Bildung Nr. 1436. Bonn, S. 368–389.

Giddens, Anthony (1990/2015): The Consequences of Modernity. Stanford.

Goodwin, Neva/Harris, Jonathan M./Nelson, Julie A./Roach, Brian/Torras, Mariano (2015): Microeconomics in Context. Armonk, London.

Görs, Dieter (1975): Politische und didaktische Aspekte einer interessenbezogenen „Arbeitslehre/Polytechnik". In: WSI-Mitteilungen 6/1975, S. 294–301.

Graefe, Stefanie (2010): Effekt, Stützpunkt, Überzähliges? Subjektivität zwischen hegemonialer Rationalität und Eigensinn. In: Angermüller, Johannes/van Dyk, Silke (Hg.): Diskursanalyse meets Gouvernementalitätsforschung. Perspektiven auf das Verhältnis von Subjekt, Sprache, Macht und Wissen. Frankfurt/M., S. 289–313.

Grammes, Tilman (1998): Kommunikative Fachdidaktik. Politik. Geschichte. Recht. Wirtschaft. Opladen.

Grammes, Tilman (2005): Kontroversität. In: Sander, Wolfgang (Hg.): Handbuch politische Bildung. Bonn, S. 126–145.

Graupe, Silja (2013): Ökonomische Bildung. Die geistige Monokultur der Wirtschaftswissenschaft und ihre Alternativen. In: Coincidentia. Zeitschrift für europäische Geistesgeschichte, Beiheft 2/2013, S. 139–165.

Griese, Hartmut (2008): Jugend und Wirtschaft – Soziologische Perspektiven. In: Bolscho, Dietmar/Hauenschild, Katrin (Hg.): Ökonomische Bildung mit Kindern und Jugendlichen. Frankfurt/M., S. 49–61.

Gruber, Hans/Mandl, Heinz/Renkl, Alexander (2000): Was lernen wir in Schule und Hochschule: Träges Wissen? In: Mandl, Hans/Gerstenmaier, Jochen (Hg.): Die Kluft zwischen Wissen und Handeln. Empirische und theoretische Lösungsansätze. Göttingen, S. 138–156.

Gruschka, Andreas (2011): Verstehen lernen. Ein Plädoyer für guten Unterricht. Stuttgart.

Haarmann, Moritz Peter (2011): Die Soziale Marktwirtschaft als Lernfeld der Politischen Bildung. In: Lange, Dirk/Fischer, Sebastian (Hg.): Politik und Wirtschaft im Bürgerbewusstsein. Untersuchungen zu den fachlichen Konzepten von Schülerinnen und Schülern in der politischen Bildung. Schwalbach/Taunus, S. 22–46.

Haarmann, Moritz Peter (2014): Sozioökonomische Bildung – ökonomische Bildung unter der Zielperspektive der gesellschaftlichen Mündigkeit. In: Fischer, Andreas/Zurstrassen, Bettina (Hg.): Sozioökonomische Bildung. Bonn, S. 206–222.

Haarmann, Moritz Peter (2015): Wirtschaft – Macht – Bürgerbewusstsein. Walter Euckens Beitrag zur sozioökonomischen Bildung. Wiesbaden.

Haarmann, Moritz Peter (2018): Die mitbestimmte Schülerfirma – demokratisch und nachhaltig wirtschaften. Arbeitsheft Schülerfirma ab Klasse 9. Böckler Schule. Düsseldorf.

Haarmann, Moritz-Peter/Lange, Dirk (2013): Der subjekt-/schülerorientierte Ansatz. In: Deichmann, Carl/Tischner, Christian K. (Hg.): Handbuch Dimensionen und Ansätze der politischen Bildung. Schwalbach/Ts., S. 19–36.

Hagedorn, Udo/Kölzer, Carolin (2014): Arbeit, Subjekt und Gesellschaft. In: Bundeszentrale für politische Bildung (Hg.): Ökonomie und Gesellschaft. Zwölf Bausteine für die schulische und außerschulische politische Bildung. Bonn, S. 255–282.

Hall, Peter A. (2006): Stabilität und Wandel in den Spielarten des Kapitalismus. In: Beckert, Jens/Ebbinghaus, Bernhard/Hassel, Anke (Hg.): Transformationen des Kapitalismus. Frankfurt/M., S. 181–204.

Hantke, Harald (2018): „Resonanzräume des Subpolitischen" als wirtschaftsdidaktische Antwort auf ökonomisierte (wirtschafts-)betriebliche Lebenssituationen – eine Forschungsheuristik vor dem Hintergrund der Nachhaltigkeitsidee. In: Büchter, Karin/Tramm, Tade/Klusmeyer, Jens (Hg.): bwp@ Ausgabe 35 – Ökonomisierung in der Bildung und ökonomische Bildung. Online: http://www.bwpat.de/ausgabe35/hantke_bwpat35.pdf (Zugriff: 13.12.2018).

Häring, Norbert (2010): Markt und Macht. Was Sie schon immer über die Wirtschaft wissen wollten, aber bisher nicht erfahren sollten. Stuttgart.

Hartmann, Jürgen (2018): Politik und Ökonomie. Betrachtung eines schwierigen Verhältnisses in Theorie und Wirklichkeit. Wiesbaden.

Haubl, Rolf (2008): „Wenn's ums Geld geht – Interventionen wider den Zeitgeist". In: Bergknapp, Andreas/Gärtner, Christian/Lederle, Sabine (Hg.): Sozioökonomische Organisationsforschung. München, S. 10–23.

Hayek, Friedrich August von (1969): Der Wettbewerb als Entdeckungsverfahren. In: ders.: Freiburger Studien. Gesammelte Aufsätze. Tübingen.

Hedtke, Reinhold (2002): Die Kontroversität in der Wirtschaftsdidaktik. In: GWP – Gesellschaft, Wirtschaft, Politik, 2/2002, S. 173–186.

Hedtke, Reinhold (2008): Ökonomische Denkweisen. Eine Einführung. Multiperspektivität, Alternativen, Grundlagen. Schwalbach/Ts.

Hedtke, Reinhold (2011): Konzepte ökonomischer Bildung. Schwalbach/Ts.

Hedtke, Reinhold (2013): Sozio-ökonomische Bildung als integratives Paradigma der Wirtschaftsdidaktik. In: Symbole. Zeitschrift für Didaktik der Gesellschaftswissenschaften, 1/2013, S. 130–133.

Hedtke, Reinhold (2014a): Wirtschaftssoziologie. Eine Einführung. Konstanz.

Hedtke, Reinhold (2014b): Was ist sozio-ökonomische Bildung? In: Fischer, Andreas/Zurstrassen, Bettina (Hg.): Sozioökonomische Bildung. Bonn, S. 81–127.

Hedtke, Reinhold (2014c): Preis oder Qualität? Wie Märkte entstehen und bestehen. In: Bundeszentrale für politische Bildung (Hg.): Ökonomie und Gesellschaft. Zwölf Bausteine für die schulische und außerschulische politische Bildung. Bonn, S. 141–178.

Hedtke, Reinhold (2015a): Mein Wohl als Gemeinwohl. Lobbyismus in der ökonomischen Bildung. In: Spieker, Michael (Hg.): Ökonomische Bildung. Zwischen Pluralismus und Lobbyismus. Schwalbach/Ts., S. 127–172.

Hedtke, Reinhold (2015b): Sozioökonomische Bildung als Innovation durch Tradition. GW-Unterricht, 140/2015, S. 18–38.

Hedtke, Reinhold (2016): Paradigmatische Parteilichkeit, lückenhafte Lehrpläne und tendenziöses Unterrichtsmaterial? Eine Studie zu Gestalt und Gehalt sozio/ökonomischer Bildung. Düsseldorf. Online: fgw-nrw.de/fileadmin/user_upload/NOED-Studie-01-Hedtke-A3-komplett-web.pdf (Zugriff: 3.10.2018).

Hedtke, Reinhold (2018a): Das Sozioökonomische Curriculum. Frankfurt/M.

Hedtke. Reinhold (2018b): Das Kerncurriculum der sozioökonomischen Bildung für die Sekundarstufe I. Working Paper der Forschungsförderung der Hans-Böckler-Stiftung, Nr. 105. Düsseldorf.

Hedtke, Reinhold (2018c): Sozialwissenschaftlichkeit als sozioökonomiedidaktisches Prinzip. In: Engartner, Tim/Fridrich, Christian/Graupe, Silja/Hedtke, Reinhold/Tafner, Georg (Hg.): Sozioökonomische Bildung und Wissenschaft. Entwicklungslinien und Perspektiven. Wiesbaden, S. 1–26.

Hedtke, Reinhold (2018d): „Mit Ungewissheit umgehen" als Spezifikum der Subdomäne Wirtschaft – oder „Die Dreidimensionalität der Multiperspektivität". In: Weber, Birgit (Hg.): Wirksamer Fachunterricht. Baltmannsweiler, S. 107–115.

Hedtke, Reinhold (2018e): Die Sozialität der sozioökonomischen Bildung. In: Hedtke, Reinhold/Tafner, Georg/Fridrich, Christian (Hg.): Historizität und Sozialität in der sozioökonomischen Bildung. Wiesbaden, S. 27–48.

Hedtke, Reinhold (2019): Wirtschaftssoziologie. 2. Aufl. Konstanz.

Hedtke, Reinhold/Middelschulte, Henning (2017): Über das Agieren von Personen in Situationen. Ein Vorschlag zur Klärung der „Situation" in der Fachdidaktik. In Oeftering, Tonio/Oppermann, Julia/Fischer, Andreas (Hg.): Der „fachdidaktische Code" der Lebenswelt- und/oder (?) Situationsorientierung. Fachdidaktische Zugänge zu sozialwissenschaftlichen Unterrichtsfächern sowie zum Lernfeldkonzept. Hohengehren, S. 112–136.

Hedtke, Reinhold/Weber, Birgit (Hg.) (2008): Wörterbuch Ökonomische Bildung. Schwalbach/Ts.

Heiduk, Nadine/Engartner, Tim (2016): Blickpunkt Weltkonsum: Leben und Lernen im Netzwerk globalisierter Märkte. In: Zeitschrift für internationale Bildungsforschung und Entwicklungspädagogik, 2/2016, S. 23–27.

Heinrich, Martin/Kohlstock, Barbara (Hg.) (2016): Ambivalenzen des Ökonomischen: Analysen zur „Neuen Steuerung" im Bildungssystem. Wiesbaden.

Hellmich, Simon Niklas (2014): Was ist Sozioökonomie? – Eine Annäherung. In: Fischer, Andreas/Zurstrassen, Bettina (Hg.): Sozioökonomische Bildung. Bonn, S. 32–62.

Heuser, Uwe Jean (2018): Was wissen Sie über Wirtschaft? Teil 1. In: Die ZEIT Nr. 6 vom 1.2.2018, S. 21–23.

Hippe, Thorsten (2010): Wie ist sozialwissenschaftliche Bildung möglich? Gesellschaftliche Schlüsselprobleme als integrativer Gegenstand der ökonomischen und politischen Bildung. Wiesbaden.

Hirschi, Andreas (2013): Berufswahltheorien – Entwicklung und Stand der Diskussion. In: Brüggemann, Tim/Rahn, Sylvia (Hg.): Berufsorientierung. Ein Lehr- und Arbeitsbuch. Münster, S. 27–41.

Hoeckel, Kathrin/Schwartz, Robert (2010): OECD-Studien zur Berufsbildung: Lernen für die Arbeitswelt. Online: http://www.oecd-ilibrary.org/education/oecd-studien-zur-berufsbildung-lernen-fur-die-arbeitswelt_9789264087842-de (Zugriff: 2.10.2017).

Hoelscher, Michael (2012): Transnationale Wirtschaftskulturen in Europa. Empirische Befunde. In: Abelshauser, Werner/Gilgen, David/Leutzsch, Andreas (Hg.): Kulturen der Weltwirtschaft. Göttingen, S. 182–201.

Hofmann, Michael/Schuhen, Michael/Schürkmann, Susanne (2012): Die Soziale Marktwirtschaft aus dem Blickwinkel von Schulbüchern in Nordrhein-Westfalen. In: Schuhen, Michael/Wohlgemuth, Michael/Müller, Christian (Hg.): Ökonomische Bildung und Wirtschaftsordnung. Stuttgart, S. 69–86.

Holland, John L. (1978/1997): Making vocational choices: A theory of vocational personalities and work environments (3rd ed.). Odessa.

Homann, Karl/Suchanek, Andreas (2005): Ökonomik. Eine Einführung. Tübingen.

Höpner, Martin (2015): Spielarten des Kapitalismus. In: Wenzelburger, Georg/Zohlnhöfer, Reimut (Hg.): Handbuch Policy-Forschung. Wiesbaden, S. 173–197.

Horkheimer, Max (1953): Akademisches Studium. Begriff der Bildung. Fragen des Hochschulunterrichts. Frankfurter Universitätsreden 8. Frankfurt/M.

Hübner, Renate (2010): Die Magie der Dinge. Materielle Güter, Identität und metaphysische Lücke. In: Parodi, Oliver/Banse, Gerhard/Schaffer, Axel (Hg.): Wechselspiele: Kultur und Nachhaltigkeit. Berlin, S. 119–150.

Hurrelmann, Klaus/Karch, Heribert (Hg.) (2013): MetallRente Studie 2013. Jugend, Vorsorge, Finanzen. Von der Generation Praktikum zur Generation Altersarmut. Weinheim.

iböb: Kritik am Schulfach Wirtschaft. Online: https://www.iboeb.org/kritik-am-schulfach-wirtschaft-in-baden-wuerttemberg (Zugriff: 19.12.2018).

Jaeger-Erben, Melanie/Hipp, Tamina (2018): Geplanter Verschleiß oder Wegwerfkonsum? Verantwortungsdiskurse und Produktverantwortung im Kontext kurzlebiger Konsumgüter. In: Henkel, Anna/Lüdtke, Nico/Buschmann, Nikolaus (Hg.): Reflexive Responsibilisierung. Verantwortung für nachhaltige Entwicklung. Bielefeld, S. 369–390.

Jäger, Johannes/Springler, Elisabeth (2013): Ökonomie der internationalen Entwicklung. Eine kritische Einführung in die Volkswirtschaftslehre. Wien.

Jung, Walter (1981): Zur Bedeutung von Schülervorstellungen für den Unterricht. In: Duit, Reinders/Jung, Walter/Pfundt, Helga (Hg.): Alltagsvorstellungen und naturwissenschaftlicher Unterricht. Köln, S. 1–23.

Kahneman, Daniel (2012): Schnelles Denken, langsames Denken. München.

Kahneman, Daniel/Deaton, Angus (2010): High income improves evaluation of life but not emotional well-being. In: Proceedings of the National Academy of Sciences of the United States of America, 38/2010, S. 16489–16493.

Kahsnitz, Dietmar (2008): Sozioökonomische Bildung. In: Hedtke, Reinhold/Weber, Birgit (Hg.): Wörterbuch Ökonomische Bildung. Schwalbach/Ts., S. 288–290.

Kaiser, Franz-Josef/Kaminski, Hans (2011): Methodik des Ökonomieunterrichts. Grundlagen eines handlungsorientierten Lernkonzepts mit Beispielen. 4. Auflage. Bad Heilbrunn.

Kaminski, Hans (1996): Ökonomische Bildung und Gymnasium. Ziele, Inhalte, Lernkonzepte des Ökonomikunterrichts. Neuwied.

Kaminski, Hans/Eggert, Karin (2008): Konzeption für die ökonomische Bildung als Allgemeinbildung von der Primarstufe bis zur Sekundarstufe II (unter Mitarbeit von Karl-Josef Burkard; im Auftrag des Bundesverbandes deutscher Banken). Berlin. Online: https://bankenverband.de/media/files/Konzeption_fuer_die_oekonomische_Bildung.pdf (Zugriff: 3.10.2018).

Karpe, Jan/Krol, Gerd-Jan (1997): Ökonomische Verhaltenstheorie, Theorie der Institutionen und ökonomische Bildung. In: Kruber, Klaus-Peter (Hg.): Konzeptionelle Ansätze ökonomischer Bildung. Bergisch Gladbach, S. 75–102.

Kattmann/Ulrich (2007): Didaktische Rekonstruktion – eine praktische Theorie. In: Krüger, Dirk/Vogt, Helmut (Hg.): Theorien in der biologiedidaktischen Forschung. Ein Handbuch für Lehramtsstudenten und Doktoranden. Berlin, S. 93–104.

Keller, Heidi (2011): Kinderalltag. Kulturen der Kindheit und ihre Bedeutung für Bindung, Bildung und Erziehung. Berlin.

Kessl, Fabian (2005): Der Gebrauch der eigenen Kräfte. Eine Gouvernementalität Sozialer Arbeit. Weinheim.

Keynes, John Maynard (1973): The General Theory of Employment, Interest and Money. London.

Klafki, Wolfgang (1996): Neue Studien zur Bildungstheorie und Didaktik. Weinheim.

Klein, Helmut E. (2011): Unternehmer und soziale Marktwirtschaft in Lehrplan und Schulbuch. Der Beitrag gesellschaftswissenschaftlicher Schulbücher zur ökonomischen Bildung. Köln.

KMK = Kultusministerkonferenz (2008): Wirtschaftliche Bildung an allgemein bildenden Schulen. Bericht der Kultusministerkonferenz vom 19.10.2001 i.d.F. vom 27.06.2008. Bonn.

KMK = Kultusministerkonferenz (Hg.) (2002): Rahmenlehrplan für den Ausbildungsberuf Industriekaufmann/Industriekauffrau. Online: http://www.kmk.org/fileadmin/pdf/Bildung/BeruflicheBildung/rlp/industriekfm.pdf (Zugriff: 29.1.2018).

KMK = Kultusministerkonferenz (Hg.) (2011). Handreichung für die Erarbeitung von Rahmenlehrplänen der Kultusministerkonferenz für den berufsbezogenen Unterricht in der Berufsschule und ihre Abstimmung mit Ausbildungsordnungen des Bundes für anerkannte Ausbildungsberufe (aktualisierte Auflage, Juli 2017). Berlin. Online: http://www.kmk.org/fileadmin/Dateien/veroeffentlichungen_beschluesse/2011/2011_09_23_GEP-Handreichung.pdf (Zugriff: 29.1. 2018).

KMK = Kultusministerkonferenz (2018): Vereinbarung zur Gestaltung der gymnasialen Oberstufe und der Abiturprüfung. Beschluss der Kultusministerkonferenz vom 07.07.1972 i.d.F. vom 15.02.2018. Berlin.

Koch, Martina (2002): Bildungstheorie und ihre Performativität. Zur Transformation der wirklichkeitsgenerierenden Kraft bildungstheoretischer Begriffe. In: Friedrichs, Werner/Sanders, Olaf (Hg.): Bildung/Transformation. Kulturelle und gesellschaftliche Umbrüche aus bildungstheoretischer Perspektive. Bielefeld, S. 45–58.

Kocka, Jürgen (2017): Eigentümer – Manager – Investoren. Unternehmer im Wandel des Kapitalismus. In: Maurer, Andrea (Hg.): Handbuch der Wirtschaftssoziologie. Wiesbaden, S. 551–570.

Kocka, Jürgen/Merkel, Wolfgang (2015): Kapitalismus und Demokratie. Kapitalismus ist nicht demokratisch und Demokratie nicht kapitalistisch. In: Merkel, Wolfgang (Hg.): Demokratie und Krise. Zum schwierigen Verhältnis von Theorie und Empirie. Wiesbaden, S. 307–336.

Köhler, Christoph/Barteczko, Sebastian/Schröder Stefan/Bohler, Karl-Friedrich (2014): Der Arbeitskraftunternehmer ist tot – es lebe der Arbeitskraftunternehmer! Anmerkungen zu Fragen der Selbstvermarktung abhängig Beschäftigter. In: Arbeits- und Industriesoziologische Studien, 1/2014, S. 109–125.

Kohlmaier, Matthias (2015): Was Hauptschüler wollen. In: Süddeutsche Zeitung vom 18.8.2015. Online: http://www.sueddeutsche.de/bildung/benachteiligte-jugendliche-was-hauptschueler-wollen-1.2608543 (Zugriff: 2.10.2017).

Kölzer, Carolin (2014): „Hauptsache ein Job später". Arbeitsweltliche Vorstellungen und Bewältigungsstrategien von Jugendlichen mit Hauptschulhintergrund. Bielefeld.

Kölzer, Carolin/Krebs, Oliver (2013): Atypisch, flexibel, gut? Neue Trends in der Arbeitswelt. Themenheft Arbeitswelt. Böckler Schule. Düsseldorf.

Kowasch, Matthias/Fridrich, Christian/Oberrauch, Anna/Oesterreicher, Colleen/Pichler, Lisa/Schwendtner, Matthias (2018): Dekonstruktion des klassischen Konsumansatzes – ein Unterrichtsvorschlag. In: GW-Unterricht, 150/2018, S. 5–21.

Krell, Gertraude (2013): Wie und mit welchen Machtwirkungen werden Wirtschaft(ende) und Arbeit(ende) fabriziert? Inspektionen von Ökonomie in diskurs- und dispositivanalytischer Perspektive. In: Maeße, Jens (Hg.): Ökonomie, Diskurs, Regierung. Interdisziplinäre Perspektiven. Wiesbaden, S. 213–239.

Kremer, Hans-Hugo (2003): Handlungs- und Fachsystematik im Lernfeldkonzept. In: Gramlinger, Franz/Tramm, Tade (Hg.): bwp@ Ausgabe 4 – Lernfeldansatz zwischen Feiertagsdidaktik und Alltagstauglichkeit. Online: http://www.bwpat.de/ausgabe4/kremer_bwpat4.pdf (Zugriff: 29.1.2018).

Krol, Gerd-Jan (2001): „Ökonomische Bildung“ ohne „Ökonomik“? Zur Bildungsrelevanz des ökonomischen Denkansatzes. In: Sowi-onlinejournal. Zeitschrift für Sozialwissenschaften und ihre Didaktik, 2 (1). Online: http://www.sowi-online.de/node/1321 (Zugriff: 3.10.2018).

Krol, Gerd-Jan/Loerwald, Dirk/Müller, Christian (2011): Mit Ökonomik lernen! Plädoyer für eine problemorientierte, lerntheoretisch und fachlich fundierte ökonomische Bildung. In: Gesellschaft. Wirtschaft. Politik, 2/2011, S. 201–212.

Kruber, Klaus-Peter (1997): Stoffstrukturen und didaktische Kategorien zur Gegenstandsbestimmung ökonomischer Bildung. In: Ders. (Hg.): Konzeptionelle Ansätze ökonomischer Bildung. Bergisch Gladbach, S. 55–74.

Krzatala, Karin/Retzmann, Thomas (2014): Kompetenzdiagnostik in der Berufsorientierung. Eine Bestandsaufnahme der Potentialanalyse als Diagnose- und Förderinstrument in der Sekundarstufe I. In: Retzmann, Thomas (Hg.): Ökonomische Allgemeinbildung in der Sekundarstufe I und Primarstufe. Konzepte, Analysen, Studien und empirische Befunde. Schwalbach Ts., S. 128–143.

Kunter, Mareike/Trautwein, Ulrich (2013): Psychologie des Unterrichts, Paderborn.

Kutscha, Günter (1975): Ökonomie an Gymnasien. Ziele, Konflikte, Konstruktionen. München.

Kutscha, Günter (1976): Das politisch-ökonomische Curriculum. Wirtschaftsdidaktische Studien zur Reform der Sekundarstufe II. Kronberg.

Lahire, Bernard (2011): The Plural Actor. Cambridge, Malden.

Lamla, Jörn (2006): Politisierter Konsum – konsumierte Politik. Kritikmuster und Engagementformen im kulturellen Kapitalismus. In: Lamla, Jörn/Neckel, Sighard (Hg.): Politisierter Konsum – konsumierte Politik. Wiesbaden, S. 9–37.

Lange, Dirk/Fischer, Sebastian (Hg.) (2011): Politik und Wirtschaft im Bürgerbewusstsein. Untersuchungen zu den fachlichen Konzepten von Schülerinnen und Schülern in der politischen Bildung. Schwalbach/Ts.

Leinert, Johannes (2004): Finanzieller Analphabetismus in Deutschland. Schlechte Voraussetzungen für eigenverantwortliche Vorsorge. Vorläufige Version. Gütersloh.

Leven, Ingo/Quenzel, Gudrun/Hurrelmann, Klaus (2015): Familie, Bildung, Beruf, Zukunft – am liebsten alles. In: Shell-Deutschland Holding (Hg.): Jugend 2017. Eine pragmatische Generation im Aufbruch. Frankfurt/M., S. 47–110.

Lewald, Armin (2001): Kinder, Jugendliche und Schulden: Wächst eine Generation der Schuldenmacher heran? Ein Kurzbericht über ein Pilotprojekt und seine Ergebnisse. In: Kinder Jugend Gesellschaft 2/2001, S. 41–45.

Liening, Andreas/Mittelstädt, Ewald (2011): Börsen-Planspiele – Leuchttürme oder Irrlichter der Finanziellen Allgemeinbildung. In: Thomas Retzmann (Hg.): Finanzielle Bildung in der Schule. Mündige Verbraucher durch ökonomische Bildung. Schwalbach/Ts., S. 99–114.

Liessmann, Konrad Paul (2006): Theorie der Unbildung. Wien.

Loerwald, Dirk/Müller, Christian (2012): Hat das Homo-oeconomicus-Modell ausgedient? Fachdidaktische Implikationen aktueller Forschungen zur ökonomischen Verhaltenstheorie. In: Zeitschrift für Berufs- und Wirtschaftspädagogik, 3/2012, S. 438–453.

Loerwald, Dirk/Schröder, Rudolf (2011): Zur Institutionalisierung ökonomischer Bildung im allgemeinbildenden Schulwesen, in: Aus Politik und Zeitgeschichte, 12/2011, S. 9–15.

Lohr, Karin/Nickel, Hildegard Maria (2005): Subjektivierung von Arbeit – Riskante Chancen. In: Dies. (Hg.): Subjektivierung von Arbeit – Riskante Chancen. Münster, S. 207–239.

Lutter, Andreas (2005): Schülervorstellungen und sozialwissenschaftliche Vorstellungen über Migration. Ein Beitrag zur politdidaktischen Rekonstruktion. Oldenburg.

Lutz, Ronald (2008): Perspektiven der sozialen Arbeit. In: APuZ. Aus Politik und Zeitgeschichte. Themenheft: Wandel der Sozialen Arbeit, 12–13/2008, S. 3–10.

Maeße, Jens (2014): Diskursforschung zur Ökonomie. In: Angermüller, Johannes u.a.: Diskursforschung. Ein interdisziplinäres Handbuch, Bd. 1: Theorien, Methodologien, Kontroversen. Bielefeld, S. 300–316.

Manager-Magazin (o.V.) (2004): Der ahnungslose Wirtschaftsnachwuchs. Manager-Magazin 29.01.2004. Online: http://www.manager-magazin.de/unternehmen/karriere/0,2828,284006,00.html (Zugriff: 3.10.2018).

Mandl, Heinz/Gerstenmaier, Jochen (2000): Die Kluft zwischen Wissen und Handeln. Empirische und theoretische Lösungsansätze. Göttingen.

May, Hermann. (2004). Didaktik der ökonomischen Bildung. München.

Mazzucato, Mariana (2014): Das Kapital des Staates. Eine andere Geschichte von Innovation und Wachstum. München.

Mazzucato, Mariana/Semieniuk, Gregor (2017): Public financing of innovation. New questions. In: Oxford Review of Economic Policy, 1/2017, S. 24–48.

McCloskey, Deirdre N. (2015): Ökonomen leben in Metaphern. In: Diaz-Bone, Rainer/Krell, Gertraude (Hg.): Diskurs und Ökonomie. Diskursanalytische Perspektiven auf Märkte und Organisationen. Wiesbaden, S. 131–148.

Me'M. Denkfabrik für Wirtschaftsethik (2012). Für eine Erneuerung der Ökonomie. Online: http://www.mem-wirtschaftsethik.de-memorandum-2012 (Zugriff: 24.9.2014).

Meißner, Hanna (2010): Jenseits des autonomen Subjekts. Zur gesellschaftlichen Konstitution von Handlungsfähigkeit im Anschluss an Butler, Foucault und Marx. Bielefeld.

Meller, Marc/Nijhawan, Subin (2017): Economic Globalization. Wochenschau-Heft. Schwalbach/Ts.

Menzel, Mareike/Peinemann, Katharina (2015): Die Einbettung der Berufsorientierung in die Curricula der allgemeinbildenden Schulen der Sekundarstufe I in NRW als eine berufspädagogische Entwicklungsaufgabe. Online: http://www.bwpat.de/ausgabe27/menzel_peinemann_bwpat27.pdf (Zugriff: 11.12.2018).

Miyake, Naomi (2008): Conceptual Change through Collaboration. In: Vosniadou, Stella (Hg.): International Handbook of Research on Conceptual Change. New York, S. 453–478.

Möller, Kornelia (2010): Lernen von Naturwissenschaft heißt: Konzepte verändern. In: Labudde, Peter (Hg.): Fachdidaktik Naturwissenschaft 1.-9. Schuljahr. Bern, S. 57–72.

Mosch, Mirka (2013). Diagnostikmethoden in der politischen Bildung. Vorstellungen von Schüler/-innen im Unterricht erheben und verstehen. Dissertation. Gießen. Online: http://geb.uni-giessen.de/geb/volltexte/2013/9404/ (Zugriff: 21.1.2019).

Müller, Stefan (2016): Multiperspektivität und Reflexivität als Bezugspunkte politischer Bildung. In: zdg. Zeitschrift für Didaktik der Gesellschaftswissenschaften, 2/2016, S. 108–118.

Nachtwey, Oliver (2017): Die Abstiegsgesellschaft. Über das Aufbegehren in der regressiven Moderne. Frankfurt/M.

Nieswandt, Martina (2001): Von Alltagsvorstellungen zu wissenschaftlichen Konzepten: Lernwege von Schülerinnen und Schülern im einführenden Chemieunterricht. In: Zeitschrift für Didaktik der Naturwissenschaften, 7/2001, S. 33–52.

Ochs, Dietmar/Steinmann, Bodo (1978): Beitrag der Ökonomie zu einem sozialwissenschaftlichen Curriculum. In: Forndran, Eberhard/Hummell, Hans J./Süssmuth, Hans (Hg.): Studiengang Sozialwissenschaften. Zur Definition eines Faches. Düsseldorf, S. 186–223.

Oeftering, Tonio (2013): Das Politische als Kern der politischen Bildung? Hannah Arendts Beitrag zur Didaktik des politischen Unterrichts. Schwalbach/Ts.

Oeftering, Tonio/Oppermann, Julia/Fischer, Andreas (Hg.) (2017): Der „fachdidaktische Code" der Lebenswelt- und/oder (?) Situationsorientierung. Fachdidaktische Zugänge zu sozialwissenschaftlichen Unterrichtsfächern sowie zum Lernfeldkonzept. Baltmannsweiler.

Oeftering, Tonio/Oppermann, Julia/Fischer, Andreas (2018): Gestaltbarkeit aller Lebensbereiche. Der Bildungswert der Lebensweltorientierung für die sozioökonomische Bildung. In: Engartner, Tim/Fridrich, Christian/Graupe, Silja/Hedtke, Reinhold/Tafner, Georg. (Hg.): Sozioökonomische Bildung und Wissenschaft. Band 1. Wiesbaden, S. 163–184.

Opp, Karl-Dieter (2014): Methodologie der Sozialwissenschaften. Einführung in Probleme ihrer Theorienbildung und praktischen Anwendung. Wiesbaden.

Orléan, André (2014): The empire of value. A new foundation for economics. Cambridge.

Ostrom, Elinor (2010): Beyond Markets and States. Polycentric Governance of Complex Economic Systems. In: American Economic Review, 3/2010, S. 641–672.

Oxfam (2017): An Economy for the 99%. Oxfam Briefing Paper January 2017. Oxford. Online: https://oxf.am/2sozLKI (Zugriff: 15.2.2018).

Panayotakis, Costas (2013): Theorizing Scarcity: Neoclassical Economics and its Critics. In: Review of Radical Political Economics, 2/2013, S. 183–200.

Prenzel, Manfred/Doll, Jörg (2002): Einleitung in das Beiheft „Bildungsqualität von Schule: Schulische und außerschulische Bedingungen mathematischer, naturwissenschaftlicher und überfachlicher Kompetenzen". In: Zeitschrift für Pädagogik, Beiheft 45/2002, S. 9–29.

Priddat, Birger P. (2010): Das Dritte in der Ökonomie. Transaktion als multipler triadischer kommunikativer Prozess. In: Eßlinger, Eva/Schlechtriemen, Tobias/Schweitzer, Doris/Hons, Alexander (Hg.): Die Figur des Dritten. Ein kulturwissenschaftliches Paradigma. Berlin, S. 110–124.

Priddat, Birger P. (2014): Homo dyctos. Netze, Menschen, Märkte; über das neue Ich: market-generated identities. Marburg.

Priddat, Birger P. (2015): Economics of persuasion. Ökonomie zwischen Markt, Kommunikation und Überredung. Marburg.

Ratschinski, Günter (2009): Selbstkonzept und Berufswahl. Überprüfung der Berufswahltheorie von Gottfredson an Sekundarschülern. Münster, New York, München.

Reetz, Lothar (1984): Wirtschaftsdidaktik. Eine Einführung in Theorie und Praxis wirtschaftsberuflicher Curriculumentwicklung und Unterrichtsgestaltung. Bad Heilbrunn.

Reich, Kersten (2008): Konstruktivistische Didaktik. Lehr- und Studienbuch mit Methodenpool. 4. Aufl. Weinheim.

Reinfried, Sibylle (2005): Wie kommt Grundwasser in der Natur vor? – Ein Beitrag zur Praxisforschung über physisch-geographische Alltagsvorstellungen von Studierenden. In: Geographie und ihre Didaktik, 33/2005, S. 133–156.

Reinfried, Sibylle (2006): Alltagsvorstellungen – und wie man sie verändern kann. Das Beispiel Grundwasser. In: Geographie heute, 243/2006, S. 38–43.

Reinhardt, Sibylle (1988): Kontroverses Denken, Überwältigungsverbot und Lehrerrolle. In: Gagel, Walter/Menne, Dieter (Hg.): Politikunterricht. Handbuch zu den Richtlinien NRW. Rolf Schörken zum 60. Geburtstag. Opladen, S. 65–73.

Reinhardt, Sibylle (1997): Didaktik der Sozialwissenschaften. In: Sowi-Online e.V. (Hg.): Das Integrationsproblem der sozialwissenschaftlichen Fächer. Reader. Online: https://www.sowi-online.de/reader/integrationsproblem_sozialwissenschaftlichen_faecher/c_ziele.html (Zugriff: 24.6.2018).

Reinhardt, Sibylle (2000): Ökonomische Bildung für alle – aber wie? Plädoyer für ein integrierendes Fach. In: Gegenwartskunde, 4/2000, S. 413–422.

Reinhardt, Sibylle (2016): Wie normativ und wie politisch darf politische Bildung sein? Online: https://www.sowi-online.de/kontroverse/wie_normativ_wie_politisch_darf_politische_bildung_sein.html (Zugriff: 22.11.2018).

Renkl, Alexander (1996): Träges Wissen. Wenn Erlerntes nicht genutzt wird. Psychologische Rundschau, 47/1996, S. 78–92.

Retzmann, Thomas (2000): Der Berufsausbildungsvertrag: Ein Handel mit „Zitronen"? Ein Beitrag zur institutionenökonomischen Analyse des Ausbildungsmarktes. Schriften zur Didaktik der Wirtschafts- und Sozialwissenschaften Nr. 83. Universität Bielefeld. Fakultät für Wirtschaftswissenschaften.

Retzmann, Thomas (2008): Von der Wirtschaftskunde zur ökonomischen Bildung. In: Kaminski, Hans/Krol, Gerd-Jan (Hg.): Ökonomische Bildung – legitimiert, etabliert, zukunftsfähig? Bad Heilbrunn, S. 71–90.

Retzmann, Thomas (2012): Kompetenzentwicklung in der ökonomischen Domäne: Ein Kompetenzmodell nebst Standards für den mittleren Bildungsabschluss in Deutschland. In: GW Unterricht, 125/2012.

Retzmann, Thomas (Hg.) (2011a): Methodentraining für den Ökonomieunterricht I. 2. Aufl. Schwalbach/Ts.

Retzmann, Thomas (Hg.) (2011b): Methodentraining für den Ökonomieunterricht II. Schwalbach/Ts.

Retzmann, Thomas/Seeber, Günther/Remmele, Bernd/Jongebloed, Hans-Carl (2010): Ökonomische Bildung an allgemeinbildenden Schulen. Bildungsstandards. Standards für die Lehrerbildung. im Auftrag vom Gemeinschaftsausschuss der Deutschen Gewerblichen Wirtschaft. Essen. Online: https://bankenverband.de/media/files/Oekonomische_Bildung_an_allgemeinbil denden_Schulen.pdf (Zugriff: 3.10.2018).

Ribolits, Erich (2013): Abschied vom Bildungsbürger. Über die Antiquiertheit von Bildung im Gefolge der dritten industriellen Revolution. Wien.

Richter, Rudolf/Furubotn, Eirik G. (2010): Neue Institutionenökonomik. Eine Einführung und kritische Würdigung. 4. Aufl. Tübingen.

Robbins, Lionel (1932): An Essay on the Nature and Significance of Economic Science. London.

Robinsohn, Saul Benjamin (1967): Bildungsreform als Revision des Curriculum und ein Strukturkonzept für Curriculumentwicklung. Neuwied.

Rogall, Holger (2006): Volkswirtschaftslehre für Sozialwissenschaftler. Eine Einführung. Wiesbaden.

Röpke, Wilhelm (1979): Civitas humana: Grundfragen der Gesellschafts- und Wirtschaftsreform. Bern.

Rosendorfer, Tatjana (2000): Kinder und Geld. Gelderziehung in der Familie. Frankfurt/M.

Roth, Heinrich (1971): Pädagogische Anthropologie. Bd. II: Entwicklung und Erziehung. Hannover.

Schimank, Uwe (2010): Handeln und Strukturen. Einführung in die akteurtheoretische Soziologie. 4. Aufl., Weinheim.

Schimank, Uwe/Volkmann, Ute (2012): Die Ware Wissenschaft. In: Engels, Anita/Knoll, Lisa (Hg.): Wirtschaftliche Rationalität. Soziologische Perspektiven. Wiesbaden, S. 87–108.

Schmidt, Manfred G. (1998): Sozialstaatliche Politik in der Ära Kohl. Christlich-liberale Politik in Deutschland 1982–1998. Wiesbaden.

Schröder, Marco (2015): Studienwahl unter den Folgen einer radikalen Differenzierung. Bad Heilbrunn.

Schröder, Martin (2014): Varianten des Kapitalismus. Die Unterschiede liberaler und koordinierter Marktwirtschaften. Wiesbaden.

Schröter, Marius (2016): Eine ethnografische Studie zur didaktischen Inszenierung des fachdidaktischen Prinzips der Kontroversität im sozialwissenschaftlichen Unterricht. Online: https://www.sowi-online.de/node/1392 (Zugriff: 24.6.2018).

Schubert, Klaus/Klein, Martina (2011): Das Politiklexikon. Bonn.

Schuhen, Michael/Wohlgemuth, Michael/Müller, Christian (Hg.) (2012): Ökonomische Bildung und Wirtschaftsordnung. Stuttgart.

Schumpeter, Joseph A. (1993) [1942]: Kapitalismus, Sozialismus und Demokratie (US-amerikanische Originalausgabe: Capitalism, Socialism, and Democracy, New York 1942). Tübingen.

Scott, Phil H./Asoko, Hilary M./Driver, Rosalind H. (1997): Teaching for conceptual change: a review of strategies. In: Tiberghien, Andrée/Jossem, Leonard E./Barojas, Jorge (Hg.): Connecting Research in Physics Education with Teacher Education. International Commission on Physics Education, S. 71–78.

Seeber, Günter/Retzmann, Thomas/Remmele, Bernd/Jongebloed, Hans-Carl (2012): Bildungsstandards der ökonomischen Allgemeinbildung. Kompetenzmodell, Aufgaben, Handlungsempfehlungen. Schwalbach/Ts.

Sennett, Richard (1998): Der flexible Mensch. Die Kultur des neuen Kapitalismus. Berlin.

Sinatra, Gale M./Mason, Lucia (2008): Beyond Knowledge: Learner Characteristics Influencing Conceptual Change. In: Vosniadou, Stella (Hg.): International Handbook of Research on Conceptual Change. New York, S. 560–582.

Sloane, Peter F. E. (2003): Schulnahe Curriculumentwicklung. In: Gramlinger, Franz/Tramm, Tade (Hg.): bwp@ Ausgabe 4 – Lernfeldansatz zwischen Feiertagsdidaktik und Alltagstauglichkeit. Online: http://www.bwpat.de/ausgabe4/sloane_bwpat4.pdf (Zugriff: 14.12.2017).

Spinner, Helmut F. (1974): Pluralismus als Erkenntnismodell. Frankfurt/M.

Steffens, Gerd (2007): Curriculum (Lehrpläne, Richtlinien, Rahmenrichtlinien, Bildungsstandards, Kerncurriculum). In: Lange, Dirk/Reinhardt, Volker (Hg.): Basiswissen Politische Bildung. Bd. 3: Inhaltsfelder der Politischen Bildung. Hohengehren, S. 109–118.

Steffens, Gerd (2010): Die Krise als Lerngelegenheit. In: Polis, 1/2010, S. 7–8.

Stehr, Nico (2007): Die Moralisierung der Märkte. Eine Gesellschaftstheorie. Frankfurt/M.

Steinmann, Bodo (1997): Das Konzept ‚Qualifizierung für Lebenssituationen' im Rahmen der ökonomischen Bildung heute. In: Kruber, Klaus-Peter (Hg.): Konzeptionelle Ansätze ökonomischer Bildung. Bergisch Gladbach, S. 1–22.

Steinmann, Bodo/Ochs, Dietmar (1994): Der Beitrag der Ökonomie zu einem sozialwissenschaftlichen Curriculum. In: Kruber, Klaus-Peter (Hg.): Didaktik der ökonomischen Bildung. Baltmannsweiler, S. 36–43.

Steinmann, Bodo/Weber, Birgit (Hg.) (1995): Handlungsorientierte Methoden in der Ökonomie. Neusäss.

Stiglitz, Joseph E./Walsh, Carl E. (2010): Mikroökonomie. Band I zur Volkswirtschaftslehre. München.

Stöbe-Blossey, Sybille/Boockmann, Bernhard/Puhe, Henry (2015): Das Handlungsfeld „Studien- und Berufsorientierung" im Landesvorhaben kein Abschluss ohne Anschluss. Übergang Schule-Beruf in NRW. Ergebnisse der Evaluation. Online: https://www.mags.nrw/sites/default/files/asset/document/esf_kaoa_materialband_iaq.pdf (Zugriff: 11.12.2018).

Swedberg, Richard (2009): Grundlagen der Wirtschaftssoziologie. Wiesbaden.

Szukala, Andrea (2013): Der Zusammenhang zwischen epistemologischen Überzeugungen und Lehr-Lernüberzeugungen in der sozialwissenschaftlichen Domäne. In: Besand, Anja (Hg.): Lehrer- und Schülerforschung in der politischen Bildung. Schwalbach/Ts., S. 33–54.

Szukala, Andrea/Krebs, Oliver (2015): Sozialwissenschaftliche Kontroverse und die Ordnung des curricularen Wissens. In: Zeitschrift für Didaktik der Gesellschaftswissenschaften, 1/2015, S. 33–51.

Tschirner, Martina (2015): Unterrichtseinheit „Tarifvertrag". Böckler Schule. Düsseldorf. Online: https://www.boeckler.de/pdf/schule_ue_tarifvertrag_2015.pdf (Zugriff: 5.2.2018).

Tschirner, Martina (2016): Unterrichtseinheit „Mindestlohn II". Böckler Schule. Düsseldorf. Online: https://www.boeckler.de/pdf/schule_ue_mindestlohn_2_2016.pdf (Zugriff: 5.2.2018).

Tschirner, Martina (2017): Unterrichtseinheit „Ständige Erreichbarkeit". Böckler Schule. Düsseldorf. Online: https://www.boeckler.de/pdf/schule_ue_staendigeerreichbarkeit_2017.pdf (Zugriff: 5.2.2018).

Tschirner, Martina/Scheu, Julia (2016): Unterrichtseinheit „Industrie 4.0". Böckler Schule. Düsseldorf. Online: https://www.boeckler.de/pdf/schule_ue_industrie_4.0.pdf (Zugriff: 5.2.2018).

Ulrich, Peter (2001): Wirtschaftsbürgerkunde als Orientierung im politisch-ökonomischen Denken. sowi-onlinejournal, 2/2001, o.S. Online: http://www.sowi-online.de/journal/2001_2/ulrich_wirtschaftsbuergerkunde_orientierung_politisch_oekonomischen_denken.html (Zugriff: 30.3.2018).

Van de Vijver, Fons J. R. (1998): Towards a Theory of Bias and Equivalence. In: Harkness, Janet A. (Hg.): Cross-Cultural Survey Equivalence. Zuma-Nachrichten. Spezial Band 3. Mannheim, S. 41–66.

Vankan, Leon/Rohwer, Gertrude/Schuler, Stephan (2007): Diercke Methoden – Denken lernen mit Geographie. Braunschweig.

Verstraete, Claudia (2016): Kinder und Jugendliche: Konsumenten im digitalen Zeitalter. Wie die Generation Smartphone Konsumprozesse beeinflusst und gestaltet. In: Unterricht Wirtschaft + Politik, 3/2016, S. 2–8.

Vodafone Stiftung Deutschland gGmbH (Hg.) (2014): Studie: Schule, und dann? Herausforderungen bei der Berufsorientierung von Schülern in Deutschland. Düsseldorf. Online: https://www.vodafone-stiftung.de/uploads/tx_newsjson/Schule_und_dann.pdf (Zugriff: 11.12.2018).

Vosniadou, Stella/Vamvakoussi, Xenia/Skopeliti, Irini (2008): The Framework Theory Approach to the Problem of Conceptual Change. In: Vosniadou, Stella (Hg.): International Handbook of Research on Conceptual Change. New York, S. 3–34.

Voß, G. Günter/Pongratz, Hans J. (1998): Der Arbeitskraftunternehmer. Eine neue Grundform der Ware Arbeitskraft? In: Kölner Zeitschrift für Soziologie und Sozialpsychologie, 1/1998, S. 131–158.

Walker, Eva-Maria (2014): Performanz von Akteuren, Gütern und Märkten. Abschnitt 3.3 in: Hedtke, Reinhold: Wirtschaftssoziologie. Konstanz, S. 118–128.

Weber, Birgit (2005): Bildungsstandards, Qualifikationserwartungen und Kerncurricula: Stand und Entwicklungsperspektiven der ökonomischen Bildung. In: Weitz, Bernd (Hg.): Standards in der ökonomischen Bildung. Bergisch Gladbach, S. 17–50.

Weber, Birgit (2007): Die curriculare Situation der ökonomischen Bildung im allgemeinen Schulwesen. In: Unterricht-Wirtschaft 29 (1), S. 57–61.

Weber, Birgit (2008): Haushalt und Konsum. In: Hedtke, Reinhold/Weber, Birgit (Hg.): Wörterbuch ökonomische Bildung. Schwalbach/Ts., S. 155–158.

Weber, Birgit (2010a): Weder isolierte ökonomische, noch dominante politische Bildung! Sozialwissenschaftliche Bildung als Ausweg? In: Seminar – Lehrerbildung und Schule, 2/2010, S. 104–111.

Weber, Birgit (2010b): Wirtschaftswissen zwischen Bildungsdefiziten und Unsicherheiten. In: Zeitschrift für Didaktik der Gesellschaftswissenschaften, 1/2010, S. 91–114.

Weber, Birgit (2011a): Konsum und Produktion. Wochenschau Basisheft, Nr. 5./6, September bis Dezember 2011, Sek. I, Schwalbach.

Weber, Birgit (2011b): Schülerfirmen als Gegenstand und Methode ökonomischer Bildung. In: Retzmann, Thomas (Hg.): Methodentraining für den Ökonomieunterricht I. 2. Aufl. Schwalbach/Ts., S. 185–204.

Weber, Birgit (2013): Zwischen Subjekt, Lebenswelt, Wissenschaft und Verantwortung. Ökonomische Bildung im Spannungsfeld der Interessen. In: GW-Unterricht 132, S. 5–16. Online: http://www.gw-unterricht.at/images/pdf/gwu_132_005_016_weber.pdf (Zugriff: 17.12.2018).

Weber, Birgit (2014a): Grundzüge einer Didaktik sozio-ökonomischer Allgemeinbildung. In: Fischer, Andreas/Zurstrassen, Bettina (Hg.): Sozioökonomische Bildung. Bonn, S. 128–154.

Weber, Birgit (2014b): Ökonomische Bildung – angemessen integriert? Curriculare Verankerung jenseits von Illusionen. In: Polis, 4/2014, S. 6–10.

Weber, Birgit (2015): Ökonomische Grundbildung für Kinder. 3. Auflage. Stuttgart.

Weber, Birgit (2017): Politik-Sozialkunde – (k)ein Ankerfach für die ökonomische Bildung? In: Engartner, Tim/Krisanthan, Balasundaram (Hg.): Wie viel ökonomische Bildung braucht politische Bildung? Schwalbach/Ts., S. 43–51.

Weber, Birgit (2018a): Wirksamer Wirtschaftsunterricht aus der Perspektive von Expertinnen und Experten – Ein Fazit. In: Weber, Birgit (Hg.): Wirksamer Wirtschaftsunterricht. Baltmannsweiler, S. 217–254.

Weber, Birgit (Hg.) (2018b): Wirksamer Wirtschaftsunterricht aus der Perspektive von Expertinnen und Experten. Baltmannsweiler.

Weber, Birgit (2019a): Bedeutsames Wirtschaftswissen aus wissenschaftlicher Perspektive. In: dies. (Hg.): Alltagswissen, Wissenschaftswissen und sozioökonomische Bildung. Frankfurt/M. (im Erscheinen).

Weber, Birgit (2019b): Was Jugendliche über Wirtschaft wissen und können sollen. Eine vergleichende Curriculumanalyse der Relevanz, Inhalte und Kompetenzerwartungen in der Sekundarstufe I. Frankfurt/M. (in Vorbereitung).

Weingart, Peter (2003): Wissenschaftssoziologie. Bielefeld.

Weinrach, Stephen G./Srebalus, David J. (1994): Die Berufswahltheorie von Holland. In Brown, Duane/Brooks, Linda (Hg.): Karriere-Entwicklung. Stuttgart, S. 44–74.

Weis, Hans Christian (2012): Marketing. Herne.

Westermann (fortlaufend): Praxis Politik. Online: www.westermann.de/zeitschriften/sekundarstufe/praxis-politik/ (Zugriff 21.1.2019).

Wittau, Franziska/Zurstrassen. Bettina (2017): Lebenswelt und Arbeitswelt – Lebensweltliche Bezüge in der Berufsbildung. In: Oeftering, Tonio/Oppermann, Julia/Fischer, Andreas (Hg.): Der „fachdidaktische Code" der Lebenswelt- und/oder (?) Situationsorientierung. Fachdidaktische Zugänge zu sozialwissenschaftlichen Unterrichtsfächern sowie zum Lernfeldkonzept. Baltmannsweiler, S. 137–152.

Wobker, Inga/Kenning, Peter/Lehmann-Waffenschmidt, Marco/Gigerenzer, Gerd (2014): What do consumers know about the economy. In: Journal für Verbraucherschutz und Lebensmittelsicherheit 9/2014, S. 231–242.

Wobker, Inga/Lehmann-Waffenschmidt, Marco/Kenning, Peter/Gigerenzer, Gerd (2010): What do people know about the Economy. A test of minimal Economic knowledge in Germany. Dresden Discussion Paper in Economics No. 3/12. Online: https://tu-dresden.de/bu/wirtschaft/res sourcen/dateien/forschung_wiwi/publikationen/vwi/ddpvwi2012_3.pdf (Zugriff: 3.10.2018).

Young, Brigitte/Hegelich, Simon (2003): Shareholder Kapitalismus und das Casino Spiel an den Aktienbörsen. In: Österreichische Zeitschrift für Politikwissenschaft 1/2003, S. 77–96.

Young, Michael/Muller, Johan (2013): On the powers of powerful knowledge. In: Review of Education, 3/2013, S. 229–250.

Zinn, Karl Georg (1992): Soziale Marktwirtschaft. Idee, Entwicklung und Politik der bundesdeutschen Wirtschaftsordnung. Mannheim.

Zurstrassen, Bettina (2016): Berufsorientierung: Die Schüler sind doof, die Lehrer können es nicht, es bedarf noch mehr … Online: https://www.sowi-online.de/blog/berufsorientierung_sch% C3%BCler_sind_doof_lehrer_k%C3%B6nnen_es_nicht_es_bedarf_noch_mehr.html (Zugriff: 11.12.2018).

Zurstrassen, Bettina/Becker, David (2013): Go and find out! Die Betriebserkundung in der Arbeitswelt. Eine Handreichung für die sozioökonomische Bildung. Hg. GEW Hauptvorstand und IG Metall Vorstand, Coburg.

Verzeichnis der Abbildungen und Übersichten

Autorengruppe Sozioökonomische Bildung

Engartner, Tim, Dr., Professor für Didaktik der Sozialwissenschaften mit dem Schwerpunkt politische Bildung an der Goethe-Universität Frankfurt am Main, Fachbereich Gesellschaftswissenschaften, Theodor-W.-Adorno-Platz 6, Hauspost PEG 19, 60323 Frankfurt am Main, E-Mail: engartner@soz.uni-frankfurt.de, Homepage: www.fb03.uni-frankfurt.de/politikdidaktik

Famulla, Gerd-E., Dr., Professor für Wirtschaftswissenschaften und ihre Didaktik, ehem. Universität Flensburg. E-Mail: gerd.famulla@socioeconomics.eu

Fischer, Andreas, Dr., Professor für Wirtschaftsdidaktik und Wirtschaftspädagogik an der Leuphana Universität Lüneburg, Fakultät Wirtschaft, Universitätsallee 1, 21335 Lüneburg, E-Mail afischer@leuphana.de, Homepage: www.leuphana.de/andreas-fischer

Fridrich, Christian, Dr., Professor für Geographische und Sozioökonomische Bildung an der Pädagogischen Hochschule Wien, Institut für Allgemeinbildung in der Sekundarstufe, Grenzackerstraße 18, A-1100 Wien, E-Mail: christian.fridrich@phwien.ac.at, Homepage: https://www.ph-online.ac.at/ph-wien/visitenkarte.show_vcard?pPersonenId=C0323E2A6372DA97&pPersonenGruppe=3

Hantke, Harald, Wissenschaftlicher Mitarbeiter an der Leuphana Universität Lüneburg, Arbeitseinheit Wirtschaftspädagogik, Universitätsallee 1, 21335 Lüneburg, E-Mail: harald.hantke@leuphana.de, Homepage: www.leuphana.de/harald-hantke

Hedtke, Reinhold, Dr., Professor für Wirtschaftssoziologie und Didaktik der Sozialwissenschaften an der Universität Bielefeld, Fakultät für Soziologie, Universitätsstr. 24, 33615 Bielefeld, Gebäude X, E-Mail: reinhold.hedtke@uni-bielefeld.de, Homepage: http://www.uni-bielefeld.de/soz/personen/hedtke/

Weber, Birgit, Dr., Professorin für Sozialwissenschaften mit dem Schwerpunkt ökonomische Bildung an der Universität zu Köln, Humanwissenschaftliche Fakultät, Department Erziehungs- und Sozialwissenschaften, Gronewaldstr. 2, 50931 Köln, E-Mail: birgit.weber@uni-koeln.de, Homepage: http://www.hf.uni-koeln.de/30556

Zurstrassen, Bettina, Dr., Professorin für Didaktik der Sozialwissenschaften an der Universität Bielefeld, Fakultät für Soziologie, Universitätsstr. 24, 33615 Bielefeld, Gebäude X C3-240, E-Mail: Bettina.Zurstrassen@uni-bielefeld.de, Homepage: http://www.uni-bielefeld.de/soz/personen/zurstrassen/